Revista de Direito Tributário

62

MALHEIROS EDITORES

Revista de Direito Tributário

Publicada sob os auspícios do

IDEPE — Instituto Internacional de Direito Público e Empresarial
e do
IBET — Instituto Brasileiro de Estudos Tributários

ISSN 0102-7956

REVISTA DE DIREITO TRIBUTÁRIO publicação trimestral de MALHEIROS EDITORES LTDA.
Rua Paes de Araújo, 29, 17º andar - conj. 171 - CEP 04531-940
São Paulo, SP - Brasil - Tels. 822-9205 - 820-9718 - 820-5549 - Fax. 829-2495

Assinaturas e comercialização:
CATAVENTO DISTRIBUIDORA DE LIVROS S.A.
Rua Conselheiro Ramalho, 928 - CEP 01326
São Paulo, SP - Brasil - Tel. 289-0811 - Fax 251-3756

Diretor Responsável: Álvaro Malheiros
Diretora: Suzana Fleury Malheiros
Supervisão Gráfica: Vânia Lúcia Amato

Composição: HELVÉTICA EDITORIAL
Impressão: Gráfica e Editora FCA (Fundação de Ciências Aplicadas)

SUMÁRIO

CADERNOS DE DIREITO TRIBUTÁRIO

ISS E "PLANOS DE SAÚDE" — INCONSTITUCIONALIDADE DO ITEM 6 DA NOVA LISTA DE SERVIÇOS
— **Xavier de Albuquerque** 7

ILÍCITO TRIBUTÁRIO (NOTAS FRIAS)
— **Celso Antônio Bandeira de Mello** 22

IMPOSTO DE RENDA E BOLSA DE ESTUDOS
— **Geraldo Ataliba** 33

MANDADO DE SEGURANÇA EM MATÉRIA TRIBUTÁRIA
— **Lúcia Valle Figueiredo** 50

PUBLICAÇÃO DA LEI E TERMO INICIAL DE VIGÊNCIA DA LEI
— **Eros Roberto Grau** 62

A OBRIGAÇÃO TRIBUTÁRIA — NASCIMENTO E MORTE — A TRANSAÇÃO COMO FORMA DE EXTINÇÃO DO CRÉDITO TRIBUTÁRIO
— **Sacha Calmon Navarro Coêlho** 69

A IMUNIDADE RECÍPROCA, O PRINCÍPIO FEDERAL E A EMENDA CONSTITUCIONAL N. 3, DE 1993
— **Misabel Abreu Machado Derzi** 76

SERVIÇO PÚBLICO: INTRIBUTABILIDADE POR MEIO DE IMPOSTO — SERVIÇOS DE TRANSPORTES URBANOS E ISS
— **Cléber Giardino e Aires Barreto** 99

CONFERÊNCIAS E DEBATES

LIMITAÇÕES CONSTITUCIONAIS AO PODER DE TRIBUTAR
— **Geraldo Ataliba** 111

EL PRINCIPIO DE SEGURIDAD JURIDICA EN LA CREACIÓN Y APLICACIÓN DEL TRIBUTO (TRABALHO DO RELATOR GERAL DAS "XVI JORNADAS LATINOAMERICANAS DE DERECHO TRIBUTÁRIO", PROMOVIDAS PELO ILADT, LIMA, PERÚ, 1993)
— **Humberto Medrano C.** 133

DIREITO TRIBUTÁRIO ATUAL

OPERAÇÃO FINANCEIRA DE RENDA FIXA — CARACTERIZAÇÃO . 157

TRATAMENTO TRIBUTÁRIO DAS OPERAÇÕES DE "FACTORING".. 160

A NÃO INCIDÊNCIA DO ICMS NA EXPORTAÇÃO DE PRODUTOS INDUSTRIALIZADOS 165

NOTICIÁRIO

AS CONTRIBUIÇÕES SOCIAIS NO SISTEMA TRIBUTÁRIO
— **Wagner Balera** 169

IDEPE — INSTITUTO INTERNACIONAL DE DIREITO PÚBLICO E EMPRESARIAL — VII CONGRESSO BRASILEIRO DE DIREITO TRIBUTÁRIO (SETEMBRO DE 1993 — SÃO PAULO) 171

ILADT — XVI JORNADAS LATINOAMERICANAS DE DERECHO TRIBUTARIO, LIMA, PERÚ, DEL OS AL 10 DE SETIEMBRE DE 1993 178

VERSIÓN FINAL APROBADA SIN MODIFICACIONES — XVI JORNADAS LATINOAMERICANAS DE DERECHO TRIBUTÁRIO, LIMA, PERÚ, DEL 05 AL 10 DE SETIEMBRE DE 1993 180

ALFREDO AUGUSTO BECKER 183

JURISPRUDÊNCIA 187

Revista de Direito Tributário

CADERNOS DE DIREITO TRIBUTÁRIO

Fundador: Rubens Gomes de Souza (†)

CADERNOS DE DIREITO TRIBUTÁRIO

CADERNOS DE DIREITO TRIBUTÁRIO

ISS E "PLANOS DE SAÚDE" INCONSTITUCIONALIDADE DO ITEM 6 DA NOVA LISTA DE SERVIÇOS

XAVIER DE ALBUQUERQUE
Ministro do Supremo Tribunal Federal, aposentado

I — Objeto da consulta. II — ISS, assistência médico-hospitalar, seguro-saúde. III — Alguns traços do ISS. IV — ISS sobre "planos de saúde": inconstitucionalidade. V — Conclusão.

I. Objeto da consulta

1. Consulta-nos a Golden Cross — Assistência Internacional de Saúde sobre a sujeição de sua atividade de cobertura de custos médicos e hospitalares, a tributação pelo imposto municipal sobre serviços de qualquer natureza (ISS) de que trata o art. 156, IV, da Constituição.

2. A consulente submete-nos exemplar do contrato-padrão relativo ao plano que opera sob a designação "Plano de Assistência Integral (PAI)", do qual se utiliza para pactuar com os contratantes titulares, seus associados, a cobertura objetivada, seja em favor destes, seja em proveito dos respectivos dependentes, uns e outros compreendidos como beneficiários. A determinação do conteúdo jurídico desse contrato reclama o exame de algumas de suas disposições.

"O objeto deste contrato" — lê-se na Cláusula 1ª — "é a prestação de assistência médico-hospitalar ao *contratante*, seus dependentes e demais beneficiários incluídos, quando os mesmos forem atingidos por eventos mórbidos e aleatórios previstos neste contanto, posteriores à sua assinatura, exclusivamente através de serviços credenciados.

A prestação, "exclusivamente através de serviços credenciados", da assistência médico-hospitalar assegurada, dissipa a impressão, que a literalidade da regra pode causar, de prestá-la diretamente a consulente. Além disso, outros tópicos do contrato enfatizam o pormenor. Para consulta médica, a Cláusula 6ª dispõe que os beneficiários "serão atendidos... exclusivamente por médicos credenciados". Para a eventualidade de exames complementares (tomografia computadorizada, ultra-sonografia, ecocardiografia convencional, etc.) e serviços auxiliares (fisioterapia, radioterapia, etc.), a Cláusula 9ª, § 1º, reclama a existência, na região, de "serviço credenciado" apto a realizá-los. A "hospital credenciado" aludem as Cláusulas 9ª, § 3º, e 18ª, esclarecendo esta última que a consulente lhe "pagará diretamente" as diárias de internação e mais custos reputados ordinários.

Duas outras cláusulas contribuem para esclarecer cabalmente a matéria. "Os serviços médicos e hospitalares integrantes deste contrato" — reza a Cláusula 10ª — "serão sempre e exclusivamente prestados através de credenciados, não havendo reembolso para tratamento efetuado fora desses serviços, a não ser nos termos previstos no parágrafo primeiro desta cláusula." O § 1º, objeto da ressalva, prevê o reembolso nos casos de emergência, estatuindo o § 2º que ele se fará com base na "tabela de honorários e serviços para credenciados". Por sua vez, dispõe a Cláusula 35ª: "Nenhuma responsabilidade caberá à *Contratada*, pelos atendimentos previstos neste contrato, por dano resultante de dolo ou culpa, concordando expressamente o *Contratante* que tal responsabilidade será exclusiva do profissional ou da entidade hospitalar que a ele deu causa."

Também ajudam a dilucidar a questão, as fórmulas contratuais adotadas pela consulente, das quais nos propiciou exemplares, para o fim de credenciamento. No caso de médicos, o "Termo de compromisso para credenciamento médico e outros pactos"; no de hospitais, o "Contrato para credenciamento de Hospitais, Casas de Saúde e similares".

No primeiro, reza o item 7: "O *Médico* será reembolsado pelos atendimentos efetuados aos associados e/ou associados-dependentes (...) diretamente pela *Compromitente* e (segundo) critério da Tabela de Serviços Credenciados da *Compromitente* que fica fazendo parte integrante deste." E o item 8: "O presente termo não consubstancia qualquer subordinação vinculada em termos empregatícios, entre o *Médico* e a *Compromitente*, estando ambos expressamente cientes e se obrigando a nada reclamarem em razão disso."

No segundo, estatui a Sexta Cláusula: "A Contratante pagará à Contratada pelos serviços constantes da quarta e quinta cláusulas os preços estipulados na tabela anexa (...)." Dispõe, finalmente, a 11ª Cláusula: "A *Contratada* obriga-se a assumir todos os ônus fiscais e/ou parafiscais advindos do objeto deste contrato, não podendo em hipótese alguma, mesmo sendo de sua natureza jurídica e/ou econômica, transferi-los à *Contratante*."

3. Extrai-se desse exame que a consulente, ela própria, não presta serviço de atendimento médico ou hospitalar. Seus associados e os dependentes que inscrevem, genericamente designados como beneficiários, são atendidos por profissionais autônomos e/ou estabelecimentos hospitalares independentes, por ela selecionados e qualificados, sob a forma de credenciamento, para o fim de prestarem tais serviços. Eventualmente, à face do caráter emergencial do atendimento, este pode ser prestado por profissional e/ou estabelecimento não credenciados. No primeiro caso, que ordinariamente ocorre, a consulente paga diretamente ao profissional ou estabelecimento o custo do serviço prestado; no segundo, reembolsa o associado, nos limites da tabela adotada, do que este haja pago ao profissional ou estabelecimento.

Num caso, como noutro, a obrigação tributária relacionada com o ISS afeta pessoalmente o profissional (ou estabelecimento) prestador do serviço, que presumivelmente a cumpre.

4. Esclarece a consulente que, enquanto prevaleceu a lista de serviços expedida com o Decreto-lei n. 406/68, na redação que lhe deu o Decreto-lei n. 834/69, foi-lhe judicialmente reconhecida a não-sujeição ao ISS. Deu-se isso, dentre outros, em litígios que sustentou com a Prefeitura Municipal de São Paulo, nos quais o 1º Tribunal de Alçada Civil do Estado de São Paulo, por várias de suas Câmaras, reiteradamente, terminou por lhe acolher embargos que oferecera em execuções fiscais da Municipalidade paulistana.

Semelhantemente decidiu, em feito do interesse de outra empresa do ramo, o 1º Tribunal de Alçada do Estado do Rio de Janeiro. O respectivo acórdão tomou a seguinte ementa:

"Apelação. Mandado de Segurança. ISS.

"Seguro-Saúde. Inteligência dos arts. 129 e 130 do Decreto-lei 73/66. Contrato aleatório de atividade típica.

"Cobertura dos gastos de assistência médico-hospitalar nos limites contratuais que o associado num determinado período tivesse de efetuar, se e quando necessários. Se nenhuma despesa tiver o associado nada lhe será devido, muito embora persista a sua obrigação de pagar a taxa devida.

"Atividade securitária alheia à competência tributária municipal ante os encerros dos arts. 21, VI e 24, II da Constituição Federal.

"O ISS, como qualquer tributo, tem como fato gerador o ato ou fato econômico que, na forma da lei, justifica a cobrança.

"O tributo municipal não é cobrável para qualquer tipo de serviço genericamente, mas, tão somente, para os que estão especificamente referidos na lista tributada, *ex vi* dos Decretos-leis 406/68 e 834/69, vedada, expressamente, a inclusão analógica pelo Código Tributário Nacional.

"Incidência tributária intolerável fazendo gravar o mesmo serviço por um duplo pagamento: sobre quem executa o serviço e sobre quem paga o preço.

"Direito líquido e certo da Apelante suscetível à proteção mandamental.

"Segurança concedida. Sentença reformada. Recurso provido."

Inconformada com essa decisão, a Prefeitura Municipal do Rio de Janeiro, ali vencida, recorreu extraordinariamente para a mais alta Corte nacional. Mas o Supremo Tribunal Federal, não conhecendo do recurso, placitou o entendimento do Tribunal estadual e deu ao seu acórdão a ementa que segue (RE 115.308, *DJ* 1.7.88):

"***ISS. Seguro saúde***. Decreto-lei n. 73/1966, arts. 129 e 130. Cobertura de gastos de assistência médica e hospitalar, nos limites contratuais, em período determinado, quando o associado os tiver de efetuar. Os valores recebidos do associado não se destinam à contraprestação imediata por qualquer serviço médico ou hospitalar prestado pela entidade. Quem presta os serviços de assistência é o médico ou o hospital credenciado, sob responsabilidade própria. Riscos futuros. Não caracterização da figura do agenciador de serviço. Situação de fato e cláusulas contratuais discutidas no acórdão e insuscetíveis de reexame em recurso extraordinário. Súmulas 279 e 454. Não enquadramento em hipótese de incidência do ISS. Constituição, arts. 24, II, e 21, VI. Decreto-lei n. 834/1969 e Lista de Serviços. Lei Complementar n. 56, de 15.12.1987, e a nova Lista de Serviços, onde se incluem, no item 6, como sujeitos ao ISS, os serviços de 'Planos de saúde, prestados por empresa que não esteja incluída no item 5 desta Lista e que cumpram através de serviços prestados por terceiros, contratados pela empresa ou apenas pagos por esta, mediante indicação do beneficiário do plano'. Não aplicação ao caso concreto da Lei Complementar n. 56/1987. Recurso extraordinário não conhecido."

5. A partir de 1988, todavia, reabriu-se o contencioso, tanto administrativo quanto judicial, entre a consulente e Municípios que lhe querem cobrar o ISS. E isso em virtude de a Lei Complementar n. 56, de 15.12.87 — que o Supremo Tribunal Federal, na prefalada decisão, declaradamente afastou de sua consideração, porque superveniente aos fatos e conseqüentemente inaplicável ao caso ali examinado —, haver expedido nova lista que contempla, como sujeitos ao ISS, os serviços de:

"1. Médicos, inclusive análises clínicas, eletricidade médica, radioterapia, ultra-sonografia, radiologia, tomografia e congêneres.

"2. Hospitais, clínicas, sanatórios, laboratórios de análise, ambulatórios, prontos-socorros, manicômios, casas de saúde, de repouso e de recuperação e congêneres.

"3. Bancos de sangue, leite, pele, olhos, sêmen e congêneres.

"(...)

"5. Assistência médica e congêneres previstos nos itens 1, 2 e 3 desta Lista, prestados através de planos de medicina em grupo, convênios, inclusive com empresas para assistência a empregados.

"6. Planos de saúde, prestados por empresa que não esteja incluída no item 5 desta Lista e que se cumpram através de serviços prestados por terceiros, contratados pela empresa ou apenas pagos por esta, mediante indicação do beneficiário do plano."

É sobre tal contencioso, notadamente na perspectiva da legitimidade constitucional do item 6 da lista de serviços expedida com a Lei Complementar n. 56/87, que a Golden Cross solicita nossa opinião.

II. ISS, assistência médico-hospitalar, seguro-saúde

6. Antes que a solvesse, na decisão já referida, o Supremo Tribunal Federal, a controvérsia sobre a sujeição ao ISS de sociedades prestadoras de assistência médico-hospitalar ou, como a consulente, meramente garantidora da cobertura de seus custos, alinhou prosélitos de endereços opostos.

Como a lista de serviços tributáveis, então prevalecente, incluía, no seu item 4, os de "hospitais, sanatórios, ambulatórios, pronto-socorros, bancos de sangue, casas de saúde, casas de recuperação ou repouso sob orientação médica", tratadistas da matéria aí enquadraram, indiferentemente, entidades que tais, dizendo-as sujeitadas, todas, ao tributo. "Na prática — escreveu Bernardo Ribeiro de Morais — encontramos entidades de assistência médica, que reúnem os serviços dos hospitais e do corpo clínico para oferecer, aos seus associados, assistência médica, hospitalar e cirúrgica. São entidades que, além de desenvolverem clientela para os hospitais e médicos, promovem benefícios aos seus associados. Vendem serviços médicos, embora de terceiros. Estão sujeitas ao ISS".[1] Semelhantemente opinaram Alexandre da Cunha Ribeiro Filho e Vera Lucia Ferreira de Mello Henriques, assim: "Na prática, esse tipo de empresa contrata com seus associados a prestação de assistência médica, paramédica, hospitalar, farmacêutica, odontológica, protética, radiológica, de laboratório e outros serviços indispensáveis à preservação e conservação da saúde, diretamente através de instituições ou profissionais médicos, paramédicos, hospitais, e clínicas especializadas, devidamente habilitadas e legalizadas no País. — Para fazer frente à

1. *Doutrina e Prática do Imposto sobre Serviços*, 1975, p. 184.

prestação de serviços que oferece aos associados, a sociedade cobra um preço antecipado, isto é, sua remuneração. Portanto, claro está que a prestação de serviços assim contratada encontra-se no rol das hipóteses tributáveis pelo ISS. — No caso, é irrelevante o fato de a entidade prestar os serviços contratados através de terceiros, uma vez que assume, perante os associados, todos os riscos da atividade que se propõe a prestar.''[2]

Em sentido diametralmente contrário, quando menos no concernente a atividade do tipo da que a consulente exerce, opinaram, aqui enumerados por ordem cronológica de suas manifestações, professores da matéria e juristas de tomo: João Maurício de A. Pinho,[3] Geraldo Ataliba e Ayres F. Barreto,[4] João Gusmão Bastos,[5] José Souto Maior Borges[6] e Leitão de Abreu.[7] Concluíram todos, uniformemente, pela não-sujeição ao ISS da atividade da consulente ou de qualquer outra entidade que semelhantemente a exerça.

Parece inegável o maior acerto da segunda corrente, que afinal restou confirmado pelo julgamento do STF. Nem por isso, todavia, dir-se-á total o desacerto da primeira. Seu pecado foi o de não discernir entre situações perfeitamente distintas, estendendo sua conclusão àquela que a não comportava.

2. *O Imposto sobre Serviços Comentado*, 2ª ed. p. 273.

3. Parecer de 22.2.84 sob consulta da AMIL, aparentemente não publicado.

4. ''ISS e seguro-saúde'', parecer de 2.3.84 sob consulta da AMIL, aparentemente não publicado.

5. Parecer de 29.3.84 sob consulta da AMIL, aparentemente não publicado.

6. ''Inconstitucionalidade e ilegalidade da cobrança do ISS sobre contratos de assistência médico-hospitalar'', parecer de 7.10.86 sob consulta da Golden Cross, *Revista de Direito Tributário* 38/164-177.

7. Parecer de 8.1.88 sob consulta da AMIL, aparentemente não publicado.

7. Distinguem-se, com efeito, em pelo menos duas categorias principais, as empresas chamadas *de saúde*, ou *de assistência médico-hospitalar*.

A primeira categoria compreende aquelas que contratam com seus associados ou participantes a própria *prestação dos serviços médico-hospitalares* de que estes venham a necessitar. Seu vínculo obrigacional envolve um *fazer*, consubstanciado em *prestação de serviços* que elas realizam diretamente por meio de profissionais de seus próprios quadros, admitidos ou contratados, e de estabelecimentos hospitalares que mantêm, integrados em sua estrutura organizacional.

Diferentemente, as da segunda categoria contratam com seus associados ou participantes a *cobertura dos custos dos serviços médico-hospitalares* de que estes venham a necessitar, se e quando prestados por terceiros. Seu vínculo obrigacional envolve um *dar*, consubstanciado em *pagamento*, diretamente aos terceiros prestadores dos serviços, dos respectivos custos, ou em *reembolso*, aos associados ou participante que os hajam pago aos mesmos terceiros, dos custos referidos. Estas não mantêm quadros próprios de profissionais de saúde, nem estabelecimentos hospitalares.

As da primeira categoria, que exercem atividade de *prestação de serviços*, podem sujeitar-se, se lei complementar especificamente os contempla como tributáveis, à incidência do ISS. Não assim, porém — mesmo que lei complementar a especifique entre as submetidas à dita tributação, como se verá mais de espaço —, as da segunda, que exercem pura atividade de *cobertura de custos*. Pode ocorrer que a mesma empresa, dado o âmbito nacional de sua atuação, opere distintamente aqui e ali: em lugares nos quais mantenha estrutura médico-hospitalar própria, com as notas inerentes à primeira categoria, ao passo que em outros, servindo-se apenas do instrumento do credenciamento, com as que caracterizam a segunda. Naquele caso, mas não neste, pode cogitar-se da imposição tributária.

8. A qualificação do contrato de *cobertura de custos*, que é o tipo contratual adotado pela consulente e, de modo geral, ressalvadas nuanças de pormenor, pelas empresas da segunda categoria, chegou a ser versada, com prestígio redobrado pela autoria ilustríssima e pela circunstância de não haver motivado qualquer preocupação jurídico-tributária, pelo saudoso Orlando Gomes. "À vista dos preceitos legais" — escreveu o Mestre da Bahia — "que instituíram o *seguro-saúde* (Dec.-lei n. 73, de 21.11.1966, arts. 129 e s.), tornou-se ociosa qualquer discussão acerca da qualificação do contrato que concluem as Consulentes para realizar o fim a que se propõem. Terá, com efeito, essa qualidade todo contrato para dar cobertura aos riscos de assistência médica e hospitalar, cuja garantia consiste no pagamento em dinheiro, pelo segurador, a quem a preste a segurado (arts. 129 e 130 do decreto-lei citado linhas acima). Outra não é a *causa* do contrato que celebram *em série* e em massa as Consulentes. Nenhuma dúvida, pois, de que é *contrato de seguro-saúde*."[8] E mais adiante: "É de *seguro* o contrato que celebram, em série, as Consulentes. Seguro-saúde, na taxinomia legal. A lei o instituiu precisamente para dar cobertura aos riscos de assistência médica e hospitalar, prescrevendo que há de consistir no pagamento em dinheiro ao médico ou ao hospital a ser efetuado pelo segurador (Dec.-lei n. 73, de 21.11.1966, arts. 129 e 130). É à prática dessas operações para prevenção de riscos determinados que se dedicam as Consulentes, ainda que não sejam companhias de seguro no conceito legal".[9]

Semelhantemente concluiu, com não menor autoridade, o Ministro Leitão de Abreu: "Longe de ser contrato de assistência médica e hospitar, longe de constituir contrato de credenciamento ou de intermediação de natureza mercantil, a relação jurídica, sobre cuja natureza se contende, é um contrato de seguro, pelo qual a empresa seguradora se obriga, para com o associado, mediante mensalidade convencionada, a indenizá-lo do prejuízo resultante de risco oriundo dos custos de assistência médica e hospitalar, em que tenha incorrido".[10] Logo a seguir, reitera o douto opinante: "O contrato celebrado entre a AMIL — Assistência Médica Internacional Ltda. e os seus associados é tipicamente um contrato de seguro-saúde, regido pela lei civil".[11]

Para José Souto Maior Borges, posto não lhe pareça que a questão de se tratar, ou não , de contrato de seguro, tenha peso decisivo para a solução da pendência,[12] não há hesitar na qualificação do contrato: "O contrato de seguro-saúde, chamemo-lo assim sem medo, não configura prestação de serviço tributável pelo ISS".[13]

9. Objeção menor, alhures levantada, concerne à necessidade de autorização governamental para que as sociedades seguradoras funcionem como tal e possam operar em ramos específicos.

Rebateu-a, no acórdão mantido pelo Supremo Tribunal Federal (n. *4*, *retro*), a 2ª Câmara Cível do 1º Tribunal de Alçada do Estado do Rio de Janeiro, nestes termos: "O objetivo social de uma empresa determina, apenas, o que ela, segundo entendimento dos que participam do seu capital, está apta a fazer. — Para a cobrança dos tributos o que importa é o que ela faz e não o que ela estaria

8. "Indexação de mensalidade e alteração do índice", *Novas Questões de Direito Civil*, 2ª ed., pp. 225-241, 227; também publicado na *RDP* 76/249-258.

9. Ob. cit., pp. 240-241.

10. Ob. cit., pp. 14-15.

11. Ob. cit., pp. 17-18.

12. Ob. cit., p. 173.

13. Ob. cit., pp. 176-177.

com possibilidades legais de fazer, segundo o acordo daqueles que formaram o seu capital. — Desta forma, pouco interesse desperta como está cadastrada a Apelante. — O cadastro considera, tão somente, o objetivo social que é irrelevante à determinação da obrigação tributária. — Esta regra, aliás, está expressa no art. 118, I, do Codigo Tributário Nacional, que reza, textualmente, independer o *fato gerador:* 'I — da validade jurídica dos fatos efetivamente praticados pelos contribuites, responsáveis, ou terceiros, bem como da natureza do seu objeto ou dos seus efeitos'."

A irrelevância da objeção também foi salientada pelo Ministro Leitão de Abreu, *verbis:* "O que está em causa, porém — como centro de gravidade da questão —, não é saber se a rccorrida pode, ou não, exercer atividade de seguradora, mas verificar se é prestadora do serviço de assistência médica".[14]

Ocuparam-se, igualmente, com a questão, Geraldo Ataliba e Ayres F. Barreto. Escreveram eles, com a vivacidade de seu estilo: "Nem se acene, também — para descaracterizar as suas atividades securitárias — com a falta de autorização, regulamentação, etc. O ISS incide sobre fatos, e não sobre autorizações. Supondo, porém por absurdo, que esse dado fosse relevante (e não os fatos), não se poderia pretender, sem ser contraditório, submeter a consulente ao ISS. É que a consulente também não está autorizada a prestar serviços médicos, laboratoriais e mesmo hospitalares! — Se alguém promover operação financeira (IOF) em não estando autorizado a fazêlo, nem por isso se pode chegar ao dislate de concluir que, por isso (falta de autorização), transmudada estaria essa operação em atividade outra qualquer, como, *por exemplo, a de prestar serviço*".[15]

14. Ob. cit., p. 11.
15. Ob. cit., p. 21.

10. Como quer que seja, o certo é que o Supremo Tribunal Federal endossou o enquadramento jurídico da atividade a que também se dedica a consulente (n. **2**, *retro*), reconhecendo tratar-se de operações de *seguro-saúde*.

Onde não chegou, com toda propriedade, a Corte Suprema, foi no exame da tributabilidade, pelo ISS, dessa atividade, à vista do item 6 da lista de serviços expedida com a Lei Complementar n. 56/87.

É o que passaremos desde agora, e com as adequadas observações propedêuticas, a considerar.

III. Alguns traços do ISS

11. A primeira reflexão que se impõe, ao introduzirmo-nos na análise da questão que passamos a versar, diz respeito à extensão da própria competência tributária dos Municípios, relativamente à instituição do ISS.

Na Constituição precedente, dizia-se competir aos Municípios instituir impostos sobre "serviços de qualquer natureza não compreendidos na competência tributária da União ou dos Estados" (art. 24, II). Na Constituição atual, um tanto diversamente, diz-se competir aos Municípios instituir impostos sobre "serviços de qualquer natureza, não compreendidos no art. 155, I, *b*", preceito esse que se refere aos "serviços de transporte interestadual e intermunicipal e de comunicação".

Quereria isto significar, que, atualmente, podem os Municípios tributar serviços de qualquer natureza, excetuados tão-somente os de transporte interestadual e intermunicipal e de comunicação, mesmo que compreendidos na competência tributária da União e dos Estados e Distrito Federal? Parece óbvio que não.

O problema não escapou a Ives Gandra da Silva Martins, que o examinou cumpridamente. "Ao leitor menos avisado" — escreveu — "poderá parecer ter havido alteração da *mens legis*, na medida em que o constituinte já não fala mais em serviços de competência da União e dos Estados, mas apenas naqueles incluídos no ICMS." "Apenas ao leitor menos avisado" — prosseguiu — "tal consideração poderia impressionar, posto que se apenas a área de atuação dos Estados estivesse preservada, à evidência, a competência privativa da União desapareceria, permitindo-se aos Municípios a instituição do ISS sobre os mesmos fatos geradores que diriam respeito aos impostos em que há serviços embutidos (IPI, IE, II) ou não (IOF)."[16] Logo adiante, após concluir que "a competência impositiva da União sobre as operações de crédito, câmbio e seguro ou relativas a títulos ou valores mobiliários é privativa e não aberta à invasão por outros poderes tributantes", antecipou-se à objeção de que a União poderá não tributar determinados desses fatos, repelindo-a nestes termos: "Ora, uma competência impositiva não exercida, nem por isto pode ser ocupada por outra unidade federativa para que o fato econômico passe a receber carga tributária. O não-exercício, por lei ordinária, de poderes facultados pela lei maior apenas exime o contribuinte potencial de sofrer a imposição, mas não admite, pela rígida discriminação constitucional das rendas tributárias, que outro ente federativo invada tal área que não lhe cabe".[17]

Aliás, a ponderação final do escritor constitui, em nosso direito positivo, normal geral de Direito Tributário. Dita-a, com clareza solar, o art. 8º do Código Tributário Nacional: "O não-exercício da competência tributária não a defere a Pessoa Jurídica de Direito Público diversa daquela a que a Constituição a tenha atribuído".

Havemos de concluir, portanto, que, sem embargo da diferente formulação da norma constitucional pertinente e hoje imperante, continuam insuscetíveis de tributação municipal pelo ISS aqueles serviços que se radiquem em fatos geradores de tributos federais ou estaduais, como é o caso das operações de seguro, cuja tributabilidade a Constituição atribui à União (art. 153, V).

A limitação, posto implícita, é inafastável, porque ínsita ao sistema constitucional tributário. Pode dizer-se, de resto, estar ela explicitada na norma que, permitindo à União a instituição de outros impostos não previstos na Constituição, condiciona-os, todavia, a que não tenham fato gerador ou base de cálculo próprios dos nela discriminados (art. 154, I).

12. Também merece ponderação o perfil que ostenta, como decorrência da própria índole do tributo, o fato gerador do ISS, ou sua hipótese de incidência.

Em plano genérico, ensina Paulo de Barros Carvalho: "O critério material da hipótese tributária pode bem ser chamado de núcleo, pois é o dado central que o legislador passa a condicionar, quando faz menção aos demais critérios."[18] Pouco adiante, acrescenta: "Esse núcleo, ao qual nos referimos, será formado, invariavelmente, por um verbo, seguido do seu complemento".[19]

Na aplicação, agora específica, desse dado teórico à análise do fato gerador do ISS, observa Jorge Ferreira: "Linhas atrás, no tratamento genérico da hi-

16. "O seguro-saúde não é fato imponível do ISS — Inconstitucionalidade da Lei Complementar 56/87", parecer de 9.3.90 sob consulta da AMIL, *Boletim legislativo ADCOAS* 1990/231-239, 234.

17. Ob. cit., p. 235.

18. *Teoria da Norma Tributária*, 2ª ed., p. 75.

19. Ob. cit., p. 76.

pótese de incidência tributária, dissemos que a materialidade da hipótese nesse imposto não reside no termo 'serviço' mas sim na formulação lingüística 'prestação de serviços', visto que o aspecto material há de ser expresso por um verbo seguido de seu complemento. O verbo pode apresentar-se no infinitivo impessoal ou em forma substantivada, como é o caso de 'prestação', que é variação do verbo 'prestar'''.[20]

Daí resulta, consoante a subseqüente análise desse monografista, que o fato gerador do ISS envolve sempre um *fazer*. "Em rigor" — afirma pouco adiante — "o referido 'serviço', enquanto conduta humana — e só como tal pode ser visto — cataloga-se numa obrigação do tipo 'fazer' melhor compreendida no verbo 'prestar'."[21]

Afinam pelo mesmo diapasão, em virtual unanimidade, os estudiosos da matéria. Para Luiz Gonzaga Modesto de Paula, "nas relações jurídicas subjacentes (prestação de serviços) às relações jurídico-tributárias do ISS, a relação obrigacional que se instaura entre o prestador de serviços e o consumidor desses serviços é nitidmente uma *obrigação de fazer*".[22] No mesmo sentido pronuncia-se Agostinho Sartin.[23] Em síntese final, Bernardo Ribeiro de Morais remata: "Quando existe uma obrigação de fazer, estamos diante de *serviços*; quando existe uma obrigação de dar, estamos diante de *mercadorias* ou *produtos*".[24]

20. "Aparências do aspecto material da hipótese de incidência do imposto sobre serviços de qualquer natureza", *Revista de Direito Tributário* 19-20/194-218, 202.

21. Ob. cit. p. 204.

22. "O desenho constitucional da hipótese de incidência do imposto sobre serviços", *Revista de Direito Tributário*, 19-20/240-254, 246.

23. "ICMS e ISS e obrigações de dar e de fazer", *Revista de Direito Tributário*, 19-20/48-62, *passim*.

24. Ob. cit., p. 408.

A ênfase, portanto, recai, não sobre os serviços que são objeto da ação de prestá-los, senão propriamente nesta, isto é, em sua *prestação*. Demonstra-o, aliás , a própria Constituição que, ao transformar no atual ICMS o anterior ICM, disse-o incidente "sobre ... operações relativas à circulação de mercadorias e *sobre prestações de serviços*" (art. 155, I, *b*; itálicos da transcrição).

13. Não é, porém, *o obrigar-se a fazer*, mas o *fazer concreto e efetivo* que dá ensejo à incidência do ISS. Como observa Roque Carrazza, "o ISS, pela sua própria natureza — constitucionalmente estabelecida — só pode alcançar o fato jurídico da prestação de serviços e, não o ato jurídico (ou os atos jurídicos) que a viabiliza. Invocando Amílcar de Araújo Falcão podemos dizer que este é um imposto sobre *fatos jurídicos* e, não sobre atos jurídicos".[25] Esclarece, de sua vez, José Souto Maior Borges: "O ISS não é, ao contrário do ICM e do IOF, p.ex., um imposto incidente sobre atos jurídicos. Sua hipótese de incidência é um *estado de fato*: a prestação efetiva de serviços".[26]

Não há, pois, incidência do ISS sobre a prestação *potencial* de serviços, e nisso também estão de acordo os doutrinadores. "Uma prestação (venda) de serviços efetiva" — ensina Bernardo Ribeiro de Morais — "é essencial para a incidência do ISS. Não basta a possibilidade latente ou potencial da prestação de serviço."[27] Para José Souto Marior Borges, "o imposto é, na sua formulação constitucional, sobre serviços de qualquer natureza. Não sobre a prestação potencial de serviços, nem sequer alternativamente sobre a prestação efetiva e/ou

25. "Imposto sobre serviços...", *Revista de Direito Tributário* 33/242-247, 243.

26. Ob. cit., p. 170.

27. Ob. cit., pp. 113-114.

potencial de serviços. Incide tão só sobre a prestação efetiva de serviços. Serviços tributáveis são, noutros termos, só os concreta e efetivamente prestados. A Constituição Federal não cede espaço para a tributação de prestação potencial de serviços''.[28] Para Geraldo Ataliba e Ayres F. Barreto, seria ''absurdo insuperável''[29] admitir que o ISS incide sobre a prestação potencial de serviços. São de Leitão de Abreu, por fim, estas considerações: ''Além de constar da lista, ou de se achar compreendido nos lindes da atividade nela descrita, o serviço, para sujeitar-se ao ISS, deve ser prestado de modo real e efetivo. Logo, se o serviço, por este ou aquele motivo, não vem a ser prestado, não incide o imposto, por inexistência do fato gerador. Pela mesma razão, não se submete a esse tributo o serviço meramente potencial''.[30]

14. Fixemos, pois, em recapitulação e antes de prosseguirmos, estes traços fundamentais do ISS:

a) excluem-se da competência tributária dos Municípios, prestações de serviços, quaisquer que sejam estes, que se radiquem em fatos geradores de tributos federais ou estaduais; especificamente, dela se excluem prestações de serviços acaso embutidos na realização de operações de seguro, sujeitáveis, tão-somente, a imposto federal;

b) o fato gerador do ISS envolve sempre um *fazer*, não um *dar*;

c) esse *fazer* há de ser *concreto e efetivo*, não meramente *potencial*.

IV. ISS sobre ''planos de saúde'': inconstitucionalidade

15. Como visto anteriormente (n. **5**, *retro*), a lei Complementar n. 56/87 incluiu na nova lista, que expediu, de serviços sujeitos ao ISS, não somente os de *assistência médica* e congêneres (hospitalar, etc., de bancos de sangue, etc.) ''prestados através de planos de medicina em grupo'' (item 5), mas também para alcançar as empresas não abrangidas por essa primeira definição, os de *planos de saúde* ''que se cumpram através de serviços prestados por terceiros, contratados pela empresa ou apenas pagos por esta'' (item **6**). É visível que, no item **5**, o elaborador da lei teve em vista a primeira categoria e, no item **6**, a segunda categoria das empresas chamadas *de saúde* ou de *assistência médico-hospitalar*, ambas já caracterizadas (n. **7**, *retro*).

É obscuro e enigmático o ditado legal. O vocábulo *plano* comporta acepções muito diversas. Em matéria econômica, em cujo âmbito seu uso é mais difundido, denota expressão de *planejamento*, à maneira de como figura mais de uma vez na Constituição (arts. 43, § 1º, II, e 174, § 1º). Em matéria jurídica, sói aparecer em temas de seguro, de previdência social, de poupança e crédito.

Salientou-se, aliás, em doutrina, a ''infeliz redação dos itens **5** e **6**, da lista atual'',[31] acrescentando-se: ''Se guardarmos à vista o permissivo constitucional e os do Dec.-lei 406/68, se pode dizer que o ISS não incide realmente sobre os referidos 'planos', mas sim sobre os serviços que a prática dos mesmos acarrete, por isso mesmo que o ISS, como seu nome diz, é um tributo que incide sobre serviços prestados e não meramente sobre contratos (atos jurídicos consensuais) que sejam a causa da prestação de serviços''.[32]

16. Efetivamente, quando a Constituição atribui aos Municípios compe-

28. Ob. cit., p. 168.
29. Ob. cit., p. 19.
30. Ob. cit., p. 10.

31. Cf. Rubens Miranda de Carvalho, ''O ISS e atos praticados pelas cooperativas de trabalho médico e hospitalar'', *Revista de Direito Tributário*, 50/96-108, 105.

32. Mesmo autor e obra, p. 106.

tência para "instituir impostos sobre ... serviços de qualquer natureza" (art. 24, II, da Constituição anterior; art. 156, IV, da atual), ela seguramente se quer referir, embora o faça elipticamente, a imposto sobre *prestações de serviços* de qualquer natureza. O ponto já foi anotado precedentemente (n. **12**, *retro*), não sendo necessário voltar-se a ele.

Ora, os *planos de saúde* (expressão que designa, também elipticamente, *planos de seguro-saúde*), em si mesmos, ou ainda, admita-se, sua implantação e operação, tanto quanto as de *planos de capitalização*,[33] ou de *planos de seguro* em geral,[34] ou de *planos de pecúlios ou de rendas* da área da previdência privada,[35] ou de *planos de previdência social* pública, ou *planos previdenciários*,[36] não constituem, à evidência, *prestações de serviços* de nenhuma natureza. Antes que um *fazer*, envolvem tipicamente um *dar*.

E como à lei complementar, à face do caráter rígido do nosso sistema constitucional tributário, não é dado erigir em serviço o que serviço não seja segundo a natureza das coisas,[37] segue-se como conclusão inarredável que o item **6** da nova lista, de que estamos a cuidar, padece, visceralmente, de inconstitucionalidade, por contrariar tanto o art. 24, II, da Constituição anterior, sob o qual foi editado, quanto o art. 156, IV, da Constituição ora vigente.

33. Veja-se alusão a *planos* no art. 1º, parágrafo único, do Decreto n. 22.456, de 10.2.33.

34. Veja-se alusão semelhante no art. 78 do Decreto-lei n. 73, de 21.11.66.

35. Veja-se alusão a tais *planos* no art. 1º e § 1º do Decreto n. 81.402, de 23.2.78, que regulamentou parcialmente a lei n. 6.435, de 15.7.77.

36. Veja-se a menção desses *planos* pela própria Constituição, art. 201, *caput*, e § 1º.

37. Pode dizer-se que a proposição reúne a unanimidade dos doutrinadores. Cf., por todos, Geraldo Ataliba e Ayres F. Barreto, "ISS — Locação e 'leasing'", *Revista de Direito Tributário* 51/52-61, 56.

17. Esse caráter rígido e fechado do nosso sistema constitucional tributário provém da Emenda n. 18, de 1965, à Constituição de 1946, cujo art. 5º o explicitava sob a fórmula categórica de que "os impostos componentes do sistema tributário nacional são exclusivamente os que constam desta Emenda". Mantiveram-no as constituições subseqüentes, com a única exceção de possíveis outros impostos, passíveis de instituição no âmbito da competência residual da União. Desse modo, os impostos integrantes do sistema continuaram a ser os "previstos nesta Constituição" (art. 18, *caput*, da Constituição de 1969) ou "discriminados nesta Constituição" (art. 146, III, *a*, da Constituição de 1988).

"Os conceitos que correspondem às diferentes espécies de impostos," preleciona Pontes de Miranda — "se constam da Constituição, são *conceitos de direito constitucional*, e não *de legislação ordinária*. O legislador ordinário somente pode trabalhar com as *variáveis* que determinam o valor do imposto, ou de algum dos elementos do suporte fático (*e.g.*, *tantos* por cento, se a renda exceda de *x*); não pode alterar, de modo nenhum, o conceito do imposto. Imposto de transmissão de propriedade imobiliária, como imposto sobre circulação de mercadorias, é o que se considera tal na Constituição; a revelação do que ele é entra na classe das quesões de interpretação da Constituição."[38] Daí que, segundo o mesmo jurisconsulto,[39] "a regra jurídica, que se diz sobre o imposto *a*, descreve, como seu suporte fático, o que a Constituição previu".

Assim é, porque, como anota Aliomar Baleeiro, a primeira fonte do Direito Tributário, no Brasil, "brota da própria Constituição".[40] Esse mesmo Mes-

38. *Comentários à Constituição de 1967 com a emenda n. 1 de 1969*, tomo II, 3ª ed., p. 365.

39. Ob. cit., p. 364.

40. *Limitações Constitucionais ao Poder de Tributar*, 3ªed., pag. 326.

tre disserta em outra passagem: "Fato gerador e base de cálculo são conceitos constitucionais (Emenda n. 1/1969, arts. 18, §§ 2º e 5º, 21, § 1º) indissocialmente vinculados à legalidade, porque fornecem o elemento fundamental para a identificação, a classificação e a diferenciação dos impostos, que a Constituição, nos arts. 21 a 26, discriminou e distribuiu à União, aos Estados-membros e aos Municípios".[41]

Disso tudo resulta, como já observamos, que a lei complementar, à face de sua inarredável submissão aos cânones e parâmetros constitucionais, não pode qualificar arbitrariamente como serviço, para sujeitá-la ao ISS, atividade econômica que ontologicamente não o seja. Debruçado precisamente sobre tal hipótese, escreve Yoshiaki Ichiara: "A definição em lei complementar, na realidade, não poderá ampliar e nem restringir o campo de incidência deste imposto, sob pena de ferir a autonomia municipal ou ferir um direito fundamental do indivíduo. Não podem, por exemplo, a lei complementar e a lei municipal falar que *leasing* é serviço, porque serviço não é; ou dizer que locação é serviço, quando não é".[42]

18. Deparamo-nos, certa vez, em nossa judicatura, com hipótese na qual a norma tributária infraconstitucional examinada destoava do parâmetro constitucional de identificação do tributo.[43] Tratava-se do imposto de importação que, enquanto as Constituições mais antigas diziam incidir sobre importação de *procedência estrangeira*, ou importação de mercadorias de *procedência estrangeira*, as mais recentes passavam a relacionar com a importação de *produtos estrangeiros*. A norma infraconstitucional — art. 93 do Decreto-lei n. 37, de 18.11.66 — mandava considerar estrangeira, para efeito de incidência do imposto, a mercadoria nacional ou nacionalizada reimportada depois de um ano contado da sua exportação temporária. "Não creio que," — dissemos em nosso voto — "considerados os princípios da legalidade e da tipicidade da tributação, possa considerar-se indiferente a mudança de linguagem dos textos constitucionais e legais. Importação de mercadoria de *procedência estrangeira* é conceito abrangente, que pode compreender a entrada no território brasileiro de mercadoria nacional procedente do exterior; mas importação de *produtos estrangeiros* é conceito de contornos muito mais restritos, que não admite semelhante enxertia".[44] Por isso e ao fim, declarávamos a inconstitucionalidade do preceito legal questionado.

Nosso voto, embora granjeasse a adesão de mais três colegas, terminou por não prevalecer. Mas isso se deveu, ao menos explicitamente, a tecnicalidades inerentes ao conhecimento do recurso extraordinário, que a maioria terá encarado com maior rigor. Esclareceu-o o Ministro Leitão de Abreu, assim: "Suscitou o eminente Relator relevante questão jurídica, quando distingue, em face da evolução constitucional, entre imposto sobre a importação de produtos estrangeiros e impostos sobre mercadorias de procedência estrangeira, (...) Estaria propenso a acompanhar, com base nessa distinção, as conclusões do voto de Sua Excelência, se pudesse julgar a causa. Entretanto, diante dos termos em que se acha posto o recurso extraordinário, não me parece que dele se possa conhecer".[45]

Parece lícito supor que, não fossem as vicissitudes técnicas reconhecidas pela

41. Ob. cit., pp. 33-34.

42. *Direito Tributário na Nova Constituição*, p. 154, *apud* Ives Gandra da Silva Martins, *Comentários à Constituição do Brasil*, 6º vol., tomo I, p. 546, nota 5.

43. RE 90.512, que nos coube relatar em julgamento que afetamos ao Plenário do STF; *RTJ* 99/256-264.

44. *RTJ* 99/258.

45. *RTJ* 99/264.

maioria vencedora, nosso entendimento se teria convertido em decisão do Plenário da Corte. De todo modo, fica o registro do episódio, como testemunho da coerência do nosso pensamento sobre o primado absoluto das matrizes constitucionais do sistema tributário nacional.

19. É bem verdade que, tomada sem as reservas que se impõem, certa decisão do Supremo Tribunal Federal pode parecer que se antepõe ao que vimos de enunciar. Havendo a antiga lista de serviços definido como tal a *locação de bens móveis*, argüiu-se-lhe, no ponto, a inconstitucionalidade, argüição que a Corte afastou nos termos desta ementa, aposta ao acórdão:

"*Tributário*. ISS na locação de bens móveis. O que se destaca, *utilitatis causa*, na locação de bens móveis, não é apenas o uso e gozo da coisa, mas sua utilização na prestação de um serviço. Leva-se em conta a realidade econômica, que é a atividade que se presta com o bem móvel, e não a mera obrigação de dar, que caracteriza o contrato de locação, segundo o art. 1.188 do Código Civil. Na locação de guindastes, o que tem relevo é a atividade com eles desenvolvida, que adquire consistência econômica, de modo a tornar-se um índice de capacidade contributiva do Imposto sobre Serviços. Recurso não conhecido".[46]

No contexto do acórdão, que se exaure em seu voto condutor, é esclarecido ser de Amílcar de Araújo Falcão a lição acolhida e adotada.[47] Declina-a, com efeito, o saudoso tributarista, em seu livro de estréia.[48]

20. Esse julgado fez, quiçá inadvertidamente, opção relevante e grave, pois deu guarida à chamada interpretação econômica em matéria tributária. Dela, com efeito, Amílcar de Araújo Falcão foi um dos arautos,[49] chegando-se mesmo a apontá-lo como o seu "defensor mais brilhante".[50]

A questão, porém, é inçada de controvérsia. Posto admitida por alguns, mas em franca minoria, essa modalidade de interpretação é combatida, como infringente do princípio da estrita legalidade tributária que entre nós impera, por doutores de grande peso, *v.g.*, Bilac Pinto,[51] Gilberto de Ulhoa Canto,[52] Alfredo Augusto Becker[53] e Fernando Antônio Albino de Oliveira.[54]

"Assim, no Brasil," — resume este último estudioso da matéria — "quer perante a doutrina, quer diante do direito legislado, o método de interpretação criado por Enno Becker é problema aberto e passível de debates e discussões".[55]

46. RE 112.947, 2ª Turma, 19.6.87, *RTJ* 125/361. Sob a invocação deste acórdão, a mesma Turma decidiu semelhantemente no Ag (AgRg) 119.117, *RTJ* 124/167.

47. *RTJ* 125/362.

48. *Introdução ao Direito Tributário*, 1959, pp. 29-30 e 98-99.

49. Cf. Edgard L. de Proença Rosa, "O negócio jurídico indireto e suas repercussões no Direito Tributário", *Revista de Direito Tributário* 15-16/135-144, 141, e Carlos Valder do Nascimento, "Interpretação no Direito Tributário", *Interpretação no Direito Tributário* (coletânea), 1989, pp. 53-70, 66.

50. Cf. Fernando Antônio Albino de Oliveira, "A chamada 'interpretação econômica' no Direito Tributário", *Revista de Direito Público* 18/396-424, 413.

51. "Isenção fiscal...", *Estudos de Direito Público*, pp. 55-94, especialmente pp. 72-84.

52. "Imposto do selo — Incidência sobre empréstimo — Forma jurídica e realidade econômica", *RF* 163/126-140, especialmente pp. 134-139.

53. *Teoria Geral do Direito Tributário* e "A interpretação das leis tributárias e a teoria do abuso das formas jurídicas e da prevalência do conteúdo econômico", *apud* Fernando Antônio Albino de Oliveira, ob. cit., p. 411. Recentemente, voltou Becker a profligar "aquela teoria nazista", "que autorizou a morte financeira dos contribuintes alemães de forma igual à morte física dos judeus", por ele qualificada como "a responsável pelo maior equívoco na história da doutrina do Direito Tributário" (*Carnaval Tributário*, 1989, pp. 20 e 103-122, especialmente 103).

54. Ob. cit, p. 419.

55. Ob. cit., p. 412.

Depõe, a propósito, Zelmo Denari: "De fato, o tema foi vivamente debatido no XIII Simpósio Nacional de Direito Tributário realizado em São Paulo, mas — à exceção dos tributaristas Vitório Cassone, Carlos Celso Orcesi da Costa, Hugo de Brito Machado e Pietro Villani — todos os demais participantes, num total de 14, negaram-lhe aplicação em nosso sistema tributário".[56] Efetivamente, à pergunta — *A denominada interpretação econômica foi acolhida pelo direito tributário brasileiro?* —, respondeu o referido Simpósio: "A assim denominada interpretação econômica não é acolhida pelo Direito Tributário Brasileiro, em razão do princípio da tipicidade, corolário do princípio da reserva absoluta de lei."[57]

Por tudo isso, não cremos que o citado aresto possa ser tomado, sem reservas, como expressivo do entendimento do Supremo Tribunal Federal a respeito da momentosa questão. Justificam-se essas reservas, *data venia*, por diferentes motivos. Primeiro, porque o julgado encerra, como já dito, opção grave e relevante. Segundo, porque a fez uma das Turmas, e não o Plenário do Tribunal, e assim mesmo, com a presença do *quorum* mínimo de seus integrantes e sem nenhum debate. Finalmente, porque o Plenário havia, desde há muito, tomado posição diversa.

Esclareçamos esse derradeiro motivo. Muito se discutiu, em certo momento, a respeito da incidência, que se negava, do imposto de consumo nas aquisições feitas por compradores que gozavam de imunidade ou isenção, distinguindo-se, para isso, entre *contribuinte de fato* e *contribuinte de direito*. Depois de vacilar a respeito da questão, o Supremo Tribunal Federal, pelo seu Plenário, decidiu-a, após amplo debate e por maioria, no sentido da incidência do tributo.[58] E ao fazê-lo — conseqüência que se tira das colocações teóricas oportunamente lançadas no voto (vencedor) do saudoso Ministro Bilac Pinto[59] —, parece-nos que repudiou a chamada interpretação econômica em matéria tributária.

21. Como quer que seja, mesmo os prosélitos de tal modalidade de interpretação — a começar por Amílcar de Araújo Falcão, havido como seu mais brilhante defensor[60] — restringem-na a casos patológicos de abuso da forma jurídica. "Para tanto" — sentencia o saudoso publicista — "é indispensável que haja uma distorção da forma jurídica, uma atipicidade ou anormalidade desta última em confronto com a relação econômica que através dela se exterioriza".[61]

Em seu estudo citado, no qual prefere designá-la como interpretação estritamente teleológica, Fernando Antônio Albino de Oliveira bem resume o estado da questão: "Como vimos, a doutrina nacional, na ausência de uma manifestação, expressa ou implícita, do nosso Código Tributário, é unânime num ponto: a interpretação estritamente teleológica deve ser aplicada para reprimir a manifestação de forma jurídica pelo contribuinte, com o fito de retardar, diminuir ou evitar o cumprimento da obrigação tributária de pagar o tributo. Vimos também que a doutrina considera manipulação de forma jurídica (ou *abuso* de forma) a utilização de uma forma atípica, anormal ou inadequada para exteriorização de um negócio jurídico. Essa é, portanto, a única hipótese de aplicação da interpretação estritamente teleológica".[62]

56. "A interpretação econômica do nosso sistema tributário", *Revista de Direito Tributário*, 55/343-351, 348.

57. *Apud* Vittorio Cassone, *Sistema Tributário Nacional da Nova Constituição*, 2ª ed., p. 74.

58. ERE 68.215, *RTJ* 57/244-261.

59. *RTJ* 57/257-258.

60. *Fato Gerador da Obrigação Tributária*, 2ª ed., pp. 71, 73, 74-75.

61. Ob. cit., p. 73.

62. Ob. cit., pp. 419-420.

Adstrita a essa única hipótese, mesmo que fosse admissível em tese, a interpretação econômica não poderia caber para legitimar-se a submissão da *locação de bens móveis*, como se serviço fosse, ao tributo municipal. Seria incivil entrever-se, aí, manipulação abusiva de forma jurídica. Outro tanto deve dizer-se no concernente à implantação e operação de *planos de saúde*.

22. Não só por isso, todavia, incide em inconstitucionalidade o item **6** da nova lista. Também o macula a circunstância de submeter a tributo municipal, fato gerador — operação de *seguro-saúde* — que a Constituição afeta a tributo federal (art. 21, VI, da Constituição anterior; art. 153, V, da atual).

Confrontem-se os enunciados do referido item **6** e dos arts. 129 e 130 do Decreto-lei n. 73/66. Rezam estes:

"Art. 129. Fica instituído o Seguro-Saúde para dar cobertura aos riscos de assistência médica e hospitalar.

"Art. 130. A garantia do Seguro-Saúde consistirá no pagamento em dinheiro, efetuado pela Sociedade Seguradora, à pessoa física ou jurídica prestante da assistência médico-hospitalar ao segurado."

Repita-se, agora, o enunciado do questionado item **6**:

"6) Planos de saúde, prestados por empresa que não esteja incluída no item 5 desta Lista e que se cumpram através de serviços prestados por terceiros, contratados pela empresa ou apenas pagos por esta, mediante indicação do beneficiário do plano."

O confronto evidencia, a salvo de qualquer dúvida razoável, que o item 6 da lista anexa à Lei Complementar n. 56/87 erigiu em elemento material de certa hipótese de incidência do ISS ("planos de saúde ... que se cumpram através de serviços prestados por terceiros, contratados pela empresa ou apenas pagos por esta"), precisamente a garantia, assim definida por lei, do *seguro-saúde* ("pagamento em dinheiro, efetuado pela Sociedade Seguradora, à pessoa física ou jurídica prestante da assistência médico-hospitalar ao segurado"), isto é, um dos componentes do elemento material de hipótese de incidência — eventual, pois sua configuração depende do tratamento que lhe dê a lei federal instituidora — do chamado IOF.

Sendo constitucionalmente inadmissível a migração, da órbita da competência tributária da União para a daquela dos Municípios, de qualquer fato econômico-jurídico (n. **11**, *retro*), não há também como duvidar-se, por via de conseqüência, da inconstitucionalidade apontada.

V. Conclusão

23. Isto posto, concluímos que a atividade da consulente, de realização de operações de *seguro-saúde* traduzidas nos chamados *planos de saúde*, permanece insuscetível de tributação municipal pelo ISS, em virtude de ser materialmente inconstitucional, tanto à face da Constituição de 1969, quanto à da Constituição de 1988, o item 6 da lista de serviços expedida pela Lei Complementar n. 56/87.

Brasília, outubro de 1992.

CADERNOS DE DIREITO TRIBUTÁRIO

ILÍCITO TRIBUTÁRIO

(NOTAS FRIAS)

CELSO ANTÔNIO BANDEIRA DE MELLO
Professor Titular da Faculdade de Direito da Universidade Católica de São Paulo

ICM — 'Notas Frias' — Infração objetiva — Publicidade de atos administrativos. — Dever de investigar — Personalidade da responsabilidade por infrações. — Dever e sanção — O dever de colaborar não transforma o contribuinte em fiscal — Presunção de má-fé — Crime de abuso de autoridade — Crime omissivo de Secretário de Estado.

Consulta

1. O Fisco estadual, ao verificar ocorrência de comportamento irregular de empresas inscritas como contribuintes, pratica um ato que denomina de ''bloqueamento de inscrição'', com efeitos práticos equivalentes a um cancelamento com eficácia retroativa. É que atribui a dito ato o efeito de tornar — desde a data em que a empresa se inscrevera no cadastro estadual — ineficazes todos os documentos fiscais por ela emitidos constitutivos de créditos de ICMS.

2. O referido ato de bloqueamento não é publicado, não existe serviço algum instituído para fornecer informações aos contribuintes sobre as empresas que estão com inscrição bloqueada, e, ademais, é negada tal informação a quem a solicite.

3. Sem embargo de que dito bloqueamento permanece confinado à intimidade da Administração (bem como, presumivelmente, aos assujeitados por tal sanção) o Fisco, *com base em levantamento das notas fiscais emitidas pelas empresas cujas inscrições hajam sido bloqueadas, e simplesmente em razão de tal fato, autua e multa quaisquer contribuintes que, na conformidade das notas fiscais aludidas, se creditaram das correspondentes parcelas do ICMS.*

4. Tal autuação e imposição de multa são procedidos sem investigação alguma para apurar se existiram ou não e se são ou não verazes as transações estampadas nas notas fiscais, de nada adiantando a demonstração de que, tal como demandado nos arts. 22 da lei do ICMS e 32 de seu regulamento, o contribuinte exigiu a exibição do FIC da contraparte, e conferiu sua regularidade formal. Além disto, os autos de infração e multa são lavrados mesmo que as operações representadas nas notas fiscais em apreço hajam se realizado alguns anos antes dos referidos bloqueamentos. Acresce que a Fazenda diligencia, ainda, a abertura de procedimento penal por sonegação fiscal contra os contribuintes dessarte autuados.

5. Tal estranha e inexplicável maneira de agir da fiscalização fazendária cria um estado de insegurança absoluta — que poderia ser eliminada com a providência óbvia e simplicíssima de publicar a relação das empresas com inscrições bloqueadas — e contra ela de nada têm valido a adoção de extremadas cautelas tomadas, quais as de copiar ou fotocopiar o documento de inscrição dos fornecedores ou, muitas vezes, reclamarlhes a exibição de contrato de locação, arquivando fotocópia de tal documento, ou mesmo, em certos casos, o oneroso trabalho de investigação, "in loco", das instalações de fornecedores eventuais não conhecidos, para conferir se possuem porte compatível com o volume da operação. Nenhuma destas cautelas sensibiliza a sanha fazendária que, para lavrar os mencionados autos de infração e multa, não se dá sequer ao trabalho de verificar se o movimento de entrada e saída de mercadorias, constante de livros de inventário oferecidos a exame, confere com o retratado nas notas fiscais correspondentes ao ingresso delas, mesmo quando as saídas concernem a vendas efetuadas para contribuintes de notória respeitabilidade no mercado.

6. Ante o exposto, indaga-se:

I — São legítimos ou, pelo contrário, caracterizam-se como nulos os autos de infração e multa lavrados nas condições acima descritas?

II — Ato praticado pela Administração e confinado ao seu âmbito interno, isto é, não publicado e sem que exista para o contribuinte acessibilidade em relação ao seu teor, pode produzir efeitos em relação a terceiros, servindo de base para fazer presumir ou concluir que estes, ao atuarem em desconformidade com as pretendidas conseqüências do referido ato, cometeram infração que os deve assujeitar às correlatas sanções?

III — O procedimento da Fazenda descrito na consulta pode ser considerado abusivo e ensejar, além das providências de defesa judicial contra as específicas autuações e multas, alguma outra providência de alcance mais genérico, tendente a fazer cessar-lhe a continuidade e responsabilizar quem a determine?

Às indagações respondo nos termos que seguem.

Parecer

1. Parafraseando o eminente ex-Ministro do Supremo Tribunal Federal, Orozimbo Nonato, pode-se dizer, ao propósito da primeira questão submetida à Consulta, o que disse ele ao respeito de outra, na qual a resposta era igualmente de evidência solar: "*O mesmo é propor a questão que lhe dar resposta negativa*".

Possivelmente, raras vezes tem sido submetida a parecer alguma indagação cujo desate seja tão óbvio e na qual esteja em pauta comportamento administrativo tão flagrantemente absurdo e descompassado com o Direito.

2. Deveras, consoante informa a Consulta, o Fisco paulista lavra autos de infração e multa irrogando a empresas, assim agravadas, a inculca de faltosas, pelo fato de, em razão de compras que efetuaram, haverem se creditado das correspondentes parcelas do ICMS, na conformidade das notas fiscais emitidas por fornecedores cujas inscrições haviam sido *secreta* e *retroativamente* bloqueadas ou canceladas pela Administração fazendária.

É dizer: a fiscalização adota a presunção de que se o *emitente* da nota, em algum tempo, mereceu a sanção aplicada, embora dito evento permaneça confinado aos arcanos das repartições fazendárias, a operação comercial retratada na nota (até mesmo se anterior à providência oculta), deve ser reputada fictícia, inexistente ou inexata, ensejando aplicação de sanções administrativas e até mesmo instauração de procedimentos penais contra *o adquirente*.

Fundada nesta pressuposição, autua o contribuinte que figura como adquirente, dispensando-se de verificar:

(*a*) se a operação efetivamente se realizou ou não, ou seja: se houve ou não a entrada da mercadoria a que a nota alude;

(*b*) se o volume de mercadorias inicialmente registradas como tendo ingressado no estoque do autuado e o volume de mercadorias ulteriormente registradas como tendo saído, por haverem sido comercializadas com outras empresas, confere ou não com os registros de ingresso nestas últimas.

3. É dizer: a Fazenda não verifica se o documento que suscita a autuação é *documento idôneo* ou *inidôneo* ou se tinha de ser havido como tal pelo adquirente. Não afere se era ou não representativo de uma operação realmente efetuada. O que verifica é simplesmente se a empresa que o emitiu foi, por ela, Administração — e às ocultas da generalidade dos contribuintes — categorizada entre as que tiveram suas inscrições bloqueadas ou canceladas, ademais, retroativamente.

Em uma palavra: o Fisco se baseia na idoneidade ou inidoneidade da empresa emitente da nota e não na idoneidade ou inidoneidade do documento representativo de uma operação comercial ou na veracidade do que dele constava. É dizer: *tenha ou não existido dita operação, seja ou não idônea ou veraz a representação estampada no documento*, o contribuinte a quem a nota fiscal foi fornecida e que se creditou da correspondente parcela do ICMS é autuado como infrator, pois o Fisco se desinteressa em saber da existência ou inexistência do negócio. E tal desinteresse chega ao ponto de efetuar a autuação mesmo se a operação registrada houver ocorrido *alguns anos antes do bloqueio ou cancelamento da inscrição da empresa emitente da nota fiscal censurada*.

4. Ante o caráter teratológico da conduta da Administração descrita na Consulta, para examinar juridicamente o indagado, é impossível evadir-se à necessidade de começar frisando o óbvio.

A saber: é noção acessível a quaisquer pessoas, ainda quando leigas em Direito e inscientes de seus mais comezinhos rudimentos, a de que ninguém pode ser considerado infrator — sujeito, portanto, a uma sanção jurídica — *se, ao exercer dada atividade, cumpre exatamente aquilo que o mandamento de uma norma lhe determinava fazer para exercê-la*.

É bem de ver, ainda, que, nos negócios jurídicos travados entre duas partes, existindo regra impositiva de dado comportamento ou abstenção dependente de ambas, se acaso uma delas a transgredisse, sem que a outra disto houvesse tomado conhecimento — mesmo tendo adotado as cautelas de informação legalmente exigidas — *infrator seria quem desatendeu o mandamento a que estava obrigado e não, obviamente, a parte que cumpriu o que dela lhe requeria a lei*.

Donde, se esta última vier a ser involuntariamente colhida na descrição objetiva de uma figura infracional, traída pela transgressão normativa efetuada pela contraparte faltosa, *nada lhe pode ser coimado, quando a participação na figura tipificada ocorrer à sua revelia, ou seja, a mal de seu grado e em despeito das cautelas jurídicas que, de direito, deveria adotar e haja adotado para evitá-la*.

5. Deveras, ninguém pode ser sancionado senão pela violação do direito que haja voluntariamente praticado ou concorrido voluntariamente para praticar.

A proclamação desta obviedade não briga com o fato de que a caracterização de inúmeras infrações administrativas prescinde de dolo ou culpa do agente, visto que, para configurar-se sua incursão nelas e conseqüente exposição às pertinentes sanções, é *indispensável que haja existido, pelo menos, a possibilidade do sujeito evadir-se conscientemente à conduta censurada*. Ou seja, mesmo as infrações puramente objetivas presumem a voluntariedade, já que supõem uma livre e consciente eleição entre dois possíveis comportamentos. Faltando a voluntariedade não há *imputabilidade do ato ao sujeito*. Logo, não haveria como apená-lo.

6. Aliás, nem poderia logicamente ser de outro modo. É que a previsão de sanções (administrativas, administrativas fiscais ou penais) aplicáveis aos transgressores do comando normativo existe precisamente para atemorizar possíveis infratores, estimulando-os, dessarte, a ajustarem seus comportamentos aos padrões admitidos ou desejados pela regra de direito.

Assim, o pressuposto inafastável dos apenamentos (''lato sensu'') é o de que exista a possibilidade dos sujeitos optarem por adotar conduta que os ponha seguramente a salvo da incursão na figura infracional; ou seja: cumpre que possam evitar o risco da sanção e, ao menos por força disto (se por outra razão não for), abstenham-se de incidir no comportamento profligado pelo Direito.

A ser de outro modo, além de que as sanções não teriam como cumprir a função que lhes é própria, os sujeitos viveriam em álea permanente. É que tanto poderiam incorrer, como não incorrer, em figuras infracionais, *independentemente de suas próprias vontades de escolherem o comportamento conforme ou não ao Direito*, o que, afinal, seria a própria negação da ordem jurídica. Com efeito, o Direito propõe-se a oferecer às pessoas justamente uma garantia de segurança, assentada na previsibilidade de que certas condutas podem ser praticadas e proporcionam dados efeitos, ao passo que outras não podem sê-lo, acarretando conseqüências diversas, gravosas para quem nelas incorrer. Donde, é de meridiana evidência que descaberá qualificar alguém como infrator, sujeito, então, aos correspondentes gravames, quando inexista a possibilidade de prévia ciência e prévia eleição, ''in concreto'', do comportamento que o livraria da incidência na infração e, pois, na sujeição às sanções para tal caso previstas.

7. Ora bem, nos atos bilaterais cuja regularidade administrativa fiscal depende da situação escorreita de ambas as partes, cada qual só pode estar segura da própria situação e, evidentemente, *não tem como responder pela da outra*. Cabe-lhe, tão só, proceder às cautelas que a lei exige sejam tomadas ao respeito, feito o que, haverá se desobrigado.

Com efeito, o que a lei demanda do comprador, ao receber nota fiscal formalmente em ordem, é que exija da contraparte a exibição de documento comprobatório de sua inscrição na competente repartição fazendária. É esta sua obrigação, conforme estatuem o art. 22 da lei n. 6.374, de 1.3.89, instituidora do ICMS e 32 de seu regulamento: *''Sempre que um contribuinte, por si ou seus prepostos, ajustar a realização de operação ou prestação com outro contribuinte, fica obrigado a exibir o documento comprobatório de sua inscrição e também a exigir o mesmo procedimento da outra parte, quer esta figure como remetente da mercadoria ou prestador do serviço, quer como destinatário ou tomador, respectivamente''*.

Nada mais lhe é exigido. Segue-se que apená-lo administrativamente, ainda quando haja tomado a cautela específica que a lei lhe demandava no caso, isto é, mesmo tendo sido atendido o comando pertinente, implica punir *quem cumprira a regra de direito aplicável à espécie* e que se constituía na providência única que, perante nota fiscal formalmente em ordem, lhe é imposta para controle da regularidade jurídica de sua contraparte.

Donde, é a isto que está adstrito o contribuinte ao realizar operação tributável: exigir da outra parte o cumprimento daquele dever. Nada mais que isto lhe pode ser irrogado. Nada além disto lhe pode ser exigido, *pois inexiste dever jurídico sem estatuição normativa*.

Menos ainda — o que é evidente a todas as luzes — pode ser apenado se cumpriu, à fieldade, o que lhe impunha a norma.

8. Ao travarem relação jurídica com ressonância fiscal os contratantes têm o dever de exibirem, um ao outro, suas Fichas de Inscrição de Contribuinte (FIC). Daí resulta participarem ambos de uma dupla situação jurídica, em reciprocidade. A saber: a) posição *passiva*, em relação ao outro, quanto ao dever de exibir documento; b) posição *ativa*, em relação ao outro, quanto ao poder de exigir a exibição dele. Conforme estejam em uma ou outra dentre as duas posições jurídicas que devem ocupar reciprocamente, suas situações ante o Fisco são distintas. Ou seja:

a) Quem exibe (isto é, enquanto, nesta posição) assume perante o Fisco a responsabilidade pelo que exibiu — pois a outra parte nada mais pode fazer senão consultar e conferir formalmente o documento que lhe é apresentado, nisto ficando esgotado seu dever.

b) Quem recebe as informações (isto é, enquanto nessa posição) assume perante o Fisco a responsabilidade de *transmitir com fidelidade* os dados que consultou no FIC. Não é dele a obrigação quanto à correção do FIC, validade e operatividade dele. Desde que o documento apresentado possua a correta exteriorização de FIC, continentes dos elementos que deve ter, só lhe assiste aceitá-lo. Sua posição é meramente a de quem exige da outra parte documento que a norma jurídica prevê. Sua função não é a de um investigador, nem a de um fiscal de Receita, nem a de um detetive, mas de um comerciante que *deve*, perante o Fisco, *colher* os dados que outrem está obrigado a lhe fornecer.

Aliás, o contribuinte, deste modo, apodera-se de elementos que necessitará perante o Fisco e, por esta via, com ele colabora, mas não se inverte sua posição. É dizer: não se transmuda primacialmente em servidor de Estado e secundariamente em comerciante, cuja atividade negocial apareceria ao ensejo de estar colaborando com o Fisco. Meridianamente, a situação é inversa.

De resto, na posição de recebedor de informações de outrem, o contribuinte não tem *de fato* os dados concernentes a terceiro, à vida fiscal intestina da outra parte, precisamente por estarem em pauta fatos alheios. Nem tem *de direito* obrigação de por-se a questionar ou investigar a correção substancial do dever alheio. Faltam-lhe condições objetivas e falta-lhe título jurídico para tanto, quando exercita o poder-dever de reclamar a apresentação do documento mencionado no art. 22 da lei n. 6.374, de 1.3.89, instituidora do ICMS, e art. 32 de seu regulamento.

Donde, uma vez atendida pela outra parte aquilo que, segundo a ordem jurídica, pode e *deve exigir*, está encerrado o papel que lhe quadra quando exercita esta posição. Daí que o Fisco nada mais pode pretender dele senão o que os preceitos de direito lhe impõem. E, quer a lei, quer o Regulamento do ICMS, lhe determinam — e tão só — que reclame lhe seja exibido o FIC.

De resto, a quem é exibido o FIC, falta, inclusive, a simples possibilidade de aceder ao conhecimento de eventual irregularidade da situação fiscal da contraparte, pois o Poder Público sonegalhe tal conhecimento, visto que — e estranhamente — *não publica a relação das empresas cuja inscrição está bloqueada, nem mantém serviço para prestar ditas informações aos interessados.*

9. Anote-se que, "in casu", conforme expõe a Consulta, o adquirente dos bens, para cintar-se de cautelas, fotocopia o documento de inscrição da contraparte e o arquiva, bem como, algumas vezes, se se trata de fornecedor com menor tradição comercial, demanda-lhe exibição do contrato de locação do imóvel em que está instalado e também o fotocopia e arquiva. A fúria fiscalista leva mesmo a que algumas empresas, tentando prevenir-se de sua ação desabrida, organizem um setor encarregado de investigar "in loco" e conferir se o estabelecimento do forncccdor efetivamente existe onde indicado e se tem aparência de porte suficiente para comportar o negócio efetuado.

Mesmo adotando tais medidas de precato, o contribuinte não tem como controlar a possibilidade de que fornecedores seus, habituais ou episódicos, sejam e hajam sido sempre regulares em suas obrigações perante o Fisco. Ademais — repita-se — sequer tem como saber se o Fisco os considera inidôneos, pois, como dito, a Fazenda não publica a relação de contribuintes faltosos, cujas inscrições estão bloqueadas e não dispõem de serviço algum instituído para prestar ditas informações que, de resto, não são fornecidas quando solicitadas.

Ademais, como é evidente, o contribuinte menos ainda poderia perscrutar o futuro para antever que fornecedores em situação fiscal regular irão, no porvir, a carecer dela e ter suas inscrições bloqueadas ou canceladas.

Dessarte, em vista da posição irracional assumida pelos órgãos fiscalizadores estatais, conforme relatado na Consulta, *não há conduta alguma que os contribuintes possam tomar para se esquivarem ao risco de virem a ser considerados infratores, assujeitados a sanções administrativas e à instauração de procedimentos penais, pelo fato de comerciarem com sujeitos sigilosamente havidos pela Fazenda como fiscalmente inidôneos.*

10. De outra parte, não se imagine que o Fisco estaria liberado para agir como age, tendo em vista que o CTN estatui em seu art. 136: "Salvo disposição de lei em contrário, a responsabilidade por infrações da legislação tributária independe da intenção do agente ou do responsável e da efetividade, natureza e extensão dos efeitos do ato".

Deste perceptivo muitos têm pretendido extrair a conclusão de que a responsabilidade aí prevista é objetiva. E objetiva em sentido absoluto, vale dizer, prescindindo, mesmo, de um mínimo de culpa. Em suma, postulam que, tirante exceções legais, para configurar-se responsabilidade fiscal é suficiente o mero descompasso entre o comportamento do administrado e o comportamento a que por lei estava adstrito.

De passagem — pois este ponto, em si mesmo não é indispensável para deslinde da questão sub consulta — parece bem averbar que o ponto de vista referido não é esposado por alguns dos grandes expoentes do direito tributário que defrontaram o tema, em face do próprio art. 136 ora cogitado, como a seguir se relembra.

11. No VI Curso de Especialização em Direito Tributário, coordenado pelo Prof. Geraldo Ataliba (Ed. Resenha Tributária, vol. II, 1978), o Prof. Fábio Fanucchi assim se expressou:

"*A impressão que eu tenho com o art. 136, do CTN é de que ele consagra a possibilidade de infrações tributárias por culpa. A intenção aí referida seria aquela vontade livre, consciente, dirigida no sentido do ilícito, portanto, seria a definição do dolo*" (op. cit., p. 728).

O prof. Alberto Pinheiro Xavier, mestre da maior suposição, sufragou o mesmo entendimento nesta oportunidade, averbando:

"A minha intervenção vai no sentido de apoiar totalmente a intervenção do Prof. Fábio Fanucchi, que formulou uma observação muito importante. É que o art. 136, do CTN, limita-se a estabelecer que a responsabilidade penal tributária independe de dolo, de intenção, mas não diz, de forma alguma, que ela independe de culpabilidade.

"A primeira conclusão é, portanto, de que o art. 136, ao contrário do que certas posições preconizaram, não consagra a responsabilidade objetiva, mas se trata ainda da expressão da responsabilidade subjetiva, embora o legislador tenha declarado a irrelevância do dolo.

"A minha segunda observação vai no sentido de que me parece que, em qualquer caso, a responsabilidade objetiva seria inconstitucional e isto por invocação do § 13 do art. 153, que estabelece o princípio da pessoalidade da pena e da individualização da pena. Esses princípios pressupõem obviamente a culpabilidade porque, se a responsabilidade penal fosse objetiva, nada havia que individualizasse. Então, o art. 136 não pode ser interpretado no sentido da objetividade porque tal interpretação colidiria com a Constituição" (op. cit., *vol. cit., pp. 729 e 730).*

Ainda ao respeito, pronunciou-se uma das maiores autoridades mundiais em direito penal tributário, o jurista argentino Prof. Hector Villegas, segundo quem:

"Quanto ao art. 136, penso que é muito acertado o que disse o Prof. Xavier quanto a que a não dependência da subjetividade refere-se ao dolo e está na própria palavra da lei: intenção. Que é a intenção? É a deliberação, o meu propósito de fazer algo. Se eu negligentemente deixo passar um tributo sem pagar, não há intenção. Há simples negligência. E, como muito bem faz notar o Prof. Xavier, de acordo com a cláusula constitucional que nomeou, quando se fala que a lei deve regular a individualização da pena, está dizendo que tem de haver uma culpabilidade daquele que é penalizado" (op. cit., *vol. cit., p. 731).*

O Prof. Geraldo Ataliba, com sua imensa e incontestada autoridade, abona o mesmo entendimento, consoante manifestações emitidas à mesma época e ocasião (*op. cit.*, vol. cit., pp. 730 e ss.).

Fica saliente, dos excertos trazidos à colação, que a tese da responsabilidade objetiva no Código Tributário Nacional longe está de ser pacífica. Pelo contrário, é frontalmente negada por especialistas do melhor fôlego teórico.

12. A se admitir, entretanto, que os referidos especialistas estivessem militando em erro e que, de conseguinte, a responsabilidade por infração tributária seja, de regra, objetiva, que significaria isto?

Significaria que, nos casos concretos, haver-se-á de perquirir, única e exclusivamente, qual o *comportamento* exigido (ou proibido) pela norma naquela *específica* situação cuja ocorrência *deu causa* à violação da regra e questionar a *quem* a regra impunha ou proibia o comportamento *causador* da infração.

Respondida *corretamente* a indagação, ter-se-ia que a *violação do dever prescrito* ensejaria aplicar ao *infrator* a penalidade pertinente, sem questionamentos quanto à sua culpa ou dolo no descumpri-lo.

De revés, se a pergunta for respondida *incorretamente,* o *caráter objetivo da responsabilidade em nada concorrerá para absolver o vício da sanção porventura aplicada.*

13. É que, a toda evidência, o *objetivismo da responsabilidade*, atina com o *comportamento profligado pela norma*, cuja transgressão foi *determinante* para a composição do evento infracional e não com a mera constatação da objetividade de uma situação descompassada com o Direito.

Donde, não faria sentido algum supor-se que a necessária presença de alguém na composição de uma figura *objetivamente* desabonada pelo Direito seria suficiente para autorizar se lhe aplicasse penalidade.

Com efeito, a construção do desenho normativo pode afigurar situação em que certo sujeito participa, *a mau de seu grado*, isto é, *involuntariamente*, na composição de um evento infracional, acarretado por *comportamento alheio incontrolável que o envolveu*, conquanto haja atendido ao dever jurídico fiscalizador que lhe competia. Justamente, por absoluta ausência de vontade em concorrer para o evento juridicamente censurado, não haverá, "in casu", *imputabilidade* dele a quem se encontre em tal forçada situação.

A *responsabilidade objetiva* por infração, repita-se, diz com a prática voluntária de um comportamento antinômico ao dever jurídico a que estava adstrito. Não diz com a mera existência de uma figura infracional surdida por ato de terceiros. A figura infracional evidentemente, é sempre e em qualquer caso necessariamente objetiva. A *atuação do sujeito é* que pode ensejar as formas subjetiva e objetiva de responsabilização.

Assim, ultrapassa as raias do absurdo a atuação do Fisco, ao lavrar auto de infração e multa contra quem não se pode *imputar* — ou ao menos não se pode liminarmente fazê-lo — o haver concorrido voluntariamente para a composição de um evento antijurídico e que se vê colhido nos efeitos sucessivos advindos de atuação viciada de outrem, em despeito de haver adotado as cautelas legais dele exigidas.

Tal comportamento fiscal é particularmente intolerável tendo-se em conta que a infração irrogada ao autuado *não o é por ter sido contratada*, mas com base em uma *presunção*: a de que o contribuinte obrou de má-fé.

14. Ora, se este não tinha como saber que sua contraparte estava (ou viria futuramente a estar, em situação irregular, é manifestamente gratuito e abusivo presumir fictícia a relação jurídica por ele travada com empresa cuja inscrição estava *sigilosamente* bloqueada pelo Fisco. Abusivo também é, portanto, presumir indevidos os créditos de ICMS que se haja atribuído em conseqüência da relação em causa. Deveras, para que o Fisco assumisse tal pressuposição, seria necessário, liminarmente, presumir — e sem razão prestante alguma — má-fé por parte de quem não tinha, nem de direito, nem de fato, a possibilidade de inteirar-se da irregularidade de sua contraparte. Logo, de quem não dera causa a motivos de suspeita.

Ademais, como se sabe, inexiste no Direito qualquer princípio que erija a má fé em regra ou em critério de interpretação. Pelo contrário, notadamente em matéria de penalizações, tenham o caráter que tiverem, é vedada presunção de tão desabusado teor. A assertiva parece óbvia, dispensando justificações.

Com efeito, os administrados não estão, ante o Estado, na posição de suspeitos de malícia até prova em contrário, mas, opostamente, na posição de insuspeitos desta coima até prova adversa. O que se vem de dizer é, quando menos, uma inerência do Estado de Direito. Este se caracteriza por uma posição de respeito aos cidadãos, donde não pode assumir, em face deles, atitude inquisitorial.

15. Se fora dever do administrado provar a boa fé em seus atos, pena de ser havido por malicioso, sua posição jurídica revestir-se-ia da mais completa insegurança — idéia igualmente antinômica à de Estado de Direito, cujo objetivo é conferir garantia, segurança, aos cidadãos perante os poderes constituídos — pois a prova negativa, como se sabe, é extremamente tormentosa e freqüentemente impossível.

Maiormente ante o "jus puniendi" do Estado, quer se manifeste na via penal, quer se expresse na via administrativa, inclusive tributária, incumbe ao Poder Público provar má fé no comportamento do contribuinte, se quer tomá-la como embasamento para apená-lo.

16. Por isso não faria sentido exigir do administrado, como condição para eximir-se de um apenamento, que prove ter atuado de boa fé. É dizer: *se a conclusão sobre existência de contradita ao Direito depende, para sua caracterização, da existência de má fé, não se pode pretender que o administrado preliminarmente faça prova de que não incidiu neste vício. É o Poder Público quem, em casos que tais, deve provar a má fé de alguém ao qual irrogue estar incurso neste vício.* Ademais, se alguém realiza o que a norma jurídica lhe determina está dispensado de demonstrar que o fez por bem, com espírito inocente. Exigência deste teor seria do mais aberrante espírito inquisitorial e antijurídico.

Deveras, é princípio rudimentar do Estado de Direito, a inocência até prova em contrário. E é princípio radicalmente oposto ao Estado de Direito presumir a má fé até prova em contrário.

17. Além disto, a irracionalidade da conduta administrativa exibe-se com incontendível clareza porque a existência de infração (e ainda por presunção) é depreendida da contrariedade de um ato administrativo *não publicado e insuscetível de ser conhecido*, fazendo nisto "tabula rasa" não apenas da racionalidade, mas até mesmo de dispositivo expresso da Constituição Paulista, cujo art. 112 expressamente dispõe: "As leis e atos administrativos externos devem ser publicados no órgão oficial do Estado, para que produzam os seus efeitos regulares. A publicação dos atos não normativos poderá ser resumida".

Um ato não publicado carece do mínimo necessário para ser operante e, segundo respeitáveis entendimentos doutrinários, *sequer é existente como ato jurídico*, não passando de simples *ato material*. É certo que, dada ciência dele ao (ou aos) destinatário(s), cumpre-se a intersubjetividade indispensável à existência, de direito, de um ato jurídico. Isto, porém, no que concerne aos que foram cientificados; não, entretanto, em relação a quaisquer outros sujeitos. Logo, é literalmente inconcebível pretender-se extrair efeitos de direito de um comportamento administrativo que não chegou ao conhecimento dos pretensamente obrigados e a que estes não poderiam aceder.

Sem embargo, o ilogismo atinge níveis paroxísticos ao se considerar que, segundo informa a Consulta, os efeitos do bloqueio da inscrição de empresas têm efeitos retroativos, com base em que são autuados os que com elas efetuaram operações comerciais, ainda quando efetuadas *alguns anos antes do referido bloqueio ignoto!*

18. Uma vez que não há razão alguma para admitir-se que os agentes administrativos responsáveis pelo setor fiscal tenham coeficiente de racionalidade inferior ao da normalidade dos seres humanos, é forçoso concluir que a Administração, *com objetivos insondáveis*, pretende deliberadamente colocar os contribuintes em inevitável situação infracional; isto é, na contingência incontrolável de se exporem a multas e demais conseqüências gravosas extraíveis da infração, tanto mais porque, para prevenir a involuntária incidência nela, bastaria ao Poder Público praticar o óbvio; ou seja: publicar a lista dos contribuintes com inscrição bloqueada.

Se a Administração fazendária não o faz, só pode ser porque os responsáveis por ela efetivamente desejam que os que comerciem com empresas cujo registro esteja secretamente bloqueado, inscientes da irregularidade da contraparte, fiquem expostos a ação fiscal sancionadora.

Ora, tal proceder é causador de agravo à honra de pessoa jurídica ou física, na medida em que lhes inculca a pecha de descumpridora de seus deveres fiscais, ou de sonegadora de impostos, nos casos em que desperta o suscitamento de providência incriminadora por sonegação fiscal. Demais disto, é gravoso ao patrimônio da empresa afetada, por lhe irrogar despesas a que não estaria obrigada.

Configura, então, crime de *abuso de autoridade*, isto é, comportamento incurso na figura tipificada no art. 4º da lei n. 4.898, de 9.12.65, que regula o Direito de Representação e o processo de Responsabilidade Civil, Administrativa e Penal, nos casos de abuso de autoridade. Com efeito, dito preceptivo estatui que: "Constitui também abuso de autoridade: (...) h) o ato lesivo da honra ou do patrimônio de pessoa natural ou jurídica, quando praticado com abuso ou desvio de poder, ou sem competência legal".

É bem de ver, pois, que os agravados podem, a teor do art. 2º, letra "a" da citada lei, representar à autoridade máxima da área fazendária, isto é, ao Secretário da correspondente Pasta, para que faça cessar os sobreditos abusos e promova a responsabilização cabível, pena de incorrer em omissão no cumprimento de dever legal. De fora parte tal providência, a teor do art. 9º da mesma lei: "*Simultaneamente com a representação dirigida à autoridade administrativa ou independentemente dela, poderá ser promovida pela vítima do abuso, responsabilidade civil ou penal ou ambas, da autoridade culpada*".

É que, consoante previsão do retro mencionado art. 2º, em sua letra "b", a representação poderá ser dirigida ao órgão do Ministério Público para que inicie processo crime contra a autoridade culpada. Se este não oferecer denúncia no prazo fixado na lei, será admitida ação privada (art. 16).

19. Isto tudo posto e considerado, às indagações da consulta respondo:

I — É flagrantemente ilegítima e nula a lavratura de autos de infração e multa a contribuintes, sob inculca de haverem se atribuído indevidamente créditos de ICM, sucessivamente a negócio jurídico documentado por nota fiscal, com base apenas no fato de que o emitente dela estava com inscrição bloqueada na Secretaria da Fazenda, porém mediante ato não publicado e de conhecimento inacessível ao contribuinte autuado, inobstante este houvesse, como determina a lei e o regulamento do ICMS, exigido a exibição do FIC e conferido sua regularidade formal. Mais flagrantemente absurda, ainda, é a lavratura de auto de infração e multa, nas condições aludidas, em casos nos quais o bloqueio de inscrição da contraparte foi, ademais, posterior à relação jurídica presumida inexistente pelo Fisco;

II — Ato praticado pela Administração, mantido em sua intimidade, sem publicação, não produz efeitos em relação a terceiros estranhos a ele; donde, não pode ser tomado como base para supeditar suspeita e menos ainda conclusão de procedimento injurídico por parte de quem atuou em desacordo com seus pretendidos efeitos;

III — Uma vez que a lavratura de auto de infração e multa nas condições referidas na resposta ao quesito I ressente-se de manifesta e induvidosa irracionalidade, é forçoso concluir que, ao proceder de tal modo, o responsável (ou responsáveis) por este gênero de atuação está(ão) no deliberado propósito de colocar(em) os contribuintes em situação infracional inevitável, pelo que incorre(m) no crime de ''abuso de autoridade'', com agravos à honra e ao patrimônio das pessoas jurídicas ou físicas atingidas, tal como tipificado no art. 4º, letra ''h'', da lei n. 4.898, de 9.12.65. Em vista disto, os agravados podem representar ao Sr. Secretário de Estado da correspondente Pasta para que, sob pena de incorrer em omissão no cumprimento do dever, *determine a cessação do abuso flagrante* e instaure procedimento sancionador contra os responsáveis pelo abuso de poder. Os agravados podem, ainda, representar ao Ministério Público a fim de que este instaure o cabível procedimento penal, previsto na referida lei.

É o meu parecer.

São Paulo, 27 de julho de 1993.

CADERNOS DE DIREITO TRIBUTÁRIO

IMPOSTO DE RENDA E BOLSA DE ESTUDOS

GERALDO ATALIBA
Professor Titular das Faculdades de Direito da Universidade de São Paulo
e Universidade Católica de São Paulo

I. Regime das bolsas de estudo. II. Condições legais da bolsa. III. Condições legais objetivas e subjetivas do outorgante da bolsa. IV. O problema. V. Conceito de renda no direito brasileiro. VI. Bolsas de estudo: seu ingresso no mundo jurídico. VII. Interpretação do instituto da bolsa de estudo diante do conceito de isenção. VIII. Indenização, bolsas de estudo e Imposto de Renda. IX. Síntese conclusiva. X. Conclusões. XI. Respostas.

Consulta-nos Vitae, Apoio à Cultura, Educação e Promoção Social (Fundação Vitae), formulando as seguintes questões: a importância em dinheiro recebida pelo bolsista é renda? A bolsa de estudos configura o pagamento de um rendimento tributável? Incide, conseqüentemente, imposto de renda sobre estes recebimentos? Via de conseqüência, deve — se incidente — ser retido na fonte?

I. Regime das bolsas de estudos

1. O art. 20 do regulamento do imposto de renda (RIR), aprovado pelo decreto regulamentar federal 85.450 de 4.12.1980 — definindo rendimento bruto — já enseja verificar que nesse conceito não se inclui a bolsa de estudos.

2. A invocação, neste caso, do regulamento não pode causar estranheza ou repugnância. Não se trata, como se verá, de opor direitos do contribuinte ao Estado, ou direito do Estado contra o contribuinte, com base em meros preceitos inferiores, regulamentares, mas de verificar qual é a postura decorrente da interpretação oficial — porque traduzida em ato normativo solene, do chefe do Poder Executivo federal — sobre a matéria.

3. O preceito regulamentar pode restringir os direitos da Administração, sendo para ela vinculante. O decreto regulamentar pode não explorar em toda a sua amplitude e alcance o direito que a lei concedeu ao estado. Ensina Sérgio Ferraz que "com o regulamento a Administração não só se autolimita mas, também, restringe os poderes que a lei lhe atribuíra" (*3 Estudos de Direito*, ed. RT, 1977, p. 117). Daí a possibilidade de invocação de direito regulamentar num estudo deste tipo.

Nesse estudo, cingimo-nos ao plano regulamentar, por parecer-nos desnecessário aprofundar a indagação ao nível legal. O fisco está preso e peiado pelas regras regulamentares que vamos examinar neste trabalho.

Assim, para definir claramente os direitos das consulentes, é suficiente examinar o RIR.

4. Deveras, no caso, como se está questionando a situação de contribuinte diante do fisco e a orientação dos decretos regulamentares é satisfatória do direito da consulente, basta ficar no plano regulamentar, sem necessidade de aprofundar a indagação ao plano legal.

Examinemos o teor do art. 20 do RIR: *"Art. 20. Constituem rendimento bruto em cada cédula o produto do capital, do trabalho ou da combinação de ambos, os alimentos e pensões recebidas em dinheiro e demais proventos previstos neste regulamento assim também entendidos os acréscimos patrimoniais não correspondentes com os rendimentos declarados"*.

De início, já se verifica que a quantia em dinheiro recebida pelo bolsista não é produto do capital, nem da combinação de capital e trabalho. Também, em rigor, não é produto do trabalho, porque é evidente que a referência constitucional e legal é a uma "retribuição", em troca de trabalho, o que jamais se configura na bolsa de estudos, que tem exclusivamente a função de permitir a manutenção de uma determinada pessoa, enquanto desempenha uma série de esforços tendentes ao próprio aprimoramento, aperfeiçoamento ou formação, dentro de um campo especial de atividade científica, intelectual, acadêmica, tecnológica etc.

De seu lado, o art. 21 do RIR estabelece uma série de preceitos (já que ele se desdobra em nove incisos, com enunciados complexos e abrangentes) os quais vão mostrando a interpretação oficial sobre o conceito básico de renda, que foi exposto e definido no art. 20. Em nenhum deles se encontram quaisquer conceitos que possam vir a abrigar as bolsas de estudos. Bastariam, a nosso ver, essas considerações, para que já fosse rigorosamente lícito afirmar que bolsa de estudos não constitui rendimento e não cabe, portanto, a retenção de imposto de renda na fonte, sobre as quantias que a esse título são pagas.

5. Entretanto, o art. 22 do RIR é explícito, ao estabelecer que:

"Art. 22. Não entrarão no cômputo do rendimento bruto: (...)

"III — Bolsa de estudos quando concedida na forma dos arts. 80 e 242, § 2º".

Fica aí, portanto, bem fixada, de modo claro, que bolsa de estudos não entra no cômputo do rendimento bruto, evidentemente não por arbítrio, ou qualquer tipo de liberalidade ou generosidade do Estado, mas sim porque não corresponde à definição legal de renda, o que foi rigorosamente bem interpretado pelo Executivo, ao expedir o preceito regulamentar transcrito. Este (art. 22, III) confirma o nosso asserto conclusivo, após o exame do art. 20.

Destarte, uma primeira conclusão já pode ser estabelecida, como premissa do presente estudo: bolsa de estudos não é renda.

Entretanto, a regra não é irrestrita. Não basta que o *nomen iuris* "bolsa de estudo" seja adotado, para que *ipso facto* seja afastada a aplicação da legislação do imposto de renda, pela configuração desta nítida figura de não incidência.

6. Diz o inciso III do art. 22 do RIR que não configurarão rendimento as bolsas "concedidas na forma" dos arts. 80 e 242 § 2º. Esses preceitos têm o nítido sentido de evitar fraudes e expedientes tendentes a — mediante a adoção dessa designação — tentar subtrair à exigência tributária formas de remuneração de trabalho, bem como outros meios e expedientes que poderiam ser usados pelos contribuintes, escapando ao espírito da lei e ao desígnio legislativo que inspirou essa exclusão. Daí a necessidade de que o intérprete vá ao art. 80, para verificar quais são as condições aí referidas.

O art. 80 abre a seção IX do título III do regulamento, título esse que trata dos rendimentos sujeitos a declaração. No seu capítulo VI, que cuida dos abatimentos da renda bruta, a seção IX preocupa-se dos "prêmios de estímulo à produção intelectual e bolsas de estudos". E aí, dando disciplina a respeito das pessoas jurídicas, se estabelece que:

"*Art. 80. Poderão ser abatidos da renda bruta os prêmios de estímulo à produção intelectual e bolsa de estudos ou de especialização, no país ou no exterior, quando as condições para a sua concessão sejam divulgadas com antecedência, a fim de que possam ser satisfeitas pelos candidatos de livre e pública inscrição, asseguradas garantias de perfeito julgamento dos inscritos e desde que os prêmios ou bolsas sejam concedidos por intermédio de: (...)*

"*II — Sociedades de ciência ou de cultura... legalmente constituídas e em funcionamento no país;*

"*III — Universidade, faculdades (...) legalmente reconhecidas e autorizadas a funcionar no país*".

Fica claro que — desde que observadas essas condições — aí se terão nítidas bolsas de estudos, aperfeiçoadas às exigências contidas no espírito da lei, que fica absolutamente transparente da leitura desse preceito do art. 80 do RIR.

7. De sua parte, o art. 242 insere-se na subseção XIX, que trata de "contribuições e doações".

Estas são objeto de previsão explícita, específica e até mesmo minuciosa do regulamento. Esta subseção faz parte da seção II que trata de "custos, despesas operacionais".

Esta seção integra o capítulo II (lucro operacional) que, por sua vez, integra o subtítulo II todo ele dedicado à disciplina do "lucro real", subtítulo esse, de seu lado, inserido no título II que cuida, todo ele — ampla, vasta, minuciosa e rigorosamente — de disciplinar a "base de cálculo" do imposto de renda.

Isto esclarecido para efeito de compreensão sistemática, transcrevamos o preceito:

"*Art. 242. Serão admitidas, como despesa operacional, as contribuições e doações efetivamente pagas: (...)*

"*IV — sob a forma de bolsas de estudos e prêmios de estímulo à produção intelectual.*"

Entretanto, este preceito é completado pelos constantes dos §§ 1º e 2º, que vêm fixar disciplina mais minuciosa, tendente a mostrar, mais uma vez, o espírito, da lei, reforçando a idéia de que se está diante de preceito coartador de possibilidades de fraude à lei e também de liberalidades ou gestos unilaterais, caprichosos, inconseqüentes. Evidencia-se, aí, o deliberado propósito de estimular e fomentar despesas empresariais com formação de mão de obra técnica e científica qualificada, pelo aperfeiçoamento, aprimoramento e pós-graduação de pessoas, tendo em vista o clima cultural, técnico e científico requeridos pelo desenvolvimento nacional. Tudo isto transparece claro da leitura dos diversos parágrafos deste artigo.

Diz o preceito em exame:

" *§ 1º. Somente serão dedutíveis do lucro operacional as contribuições e doações a instituições filantrópicas, de educação, pesquisas científicas e tecnológicas, desenvolvimento cultural ou artístico que satisfaçam os seguintes requisitos:*

"*a) estejam legalmente constituídas no Brasil e em funcionamento regular;*

"*b) estejam registradas nas repartições da Secretaria da Receita Federal;*

"c) não distribuam lucros, bonificações ou vantagens aos seus administradores, mantenedores ou associados, sob qualquer forma ou pretexto;

Verifica-se aí que as possibilidades de dedução em benefício de pessoas jurídicas que concedem bolsas de estudos somente cabem nas hipóteses aqui mencionadas, as quais — obedecendo ao espírito do preceituado no Código Tributário Nacional (art. 14) e da própria legislação de imposto de renda — revelam harmonia com o espírito que emerge da consideração da tônica do sistema constitucional tributário.

8. Não é difícil também perceber a clara harmonia entre estes preceitos e aqueles aqui já transcritos, que dizem respeito especificamente às bolsas de estudo.

A tudo isso acresçam-se os mandamentos contidos no § 2º deste mesmo art. 242, que trata das deduções. Prescreve esse mandamento:

"§ 2º. Somente poderão ser deduzidas como despesas operacionais as contribuições ou doações sob a forma de prêmios de estímulo à produção intelectual, de bolsa de estudo ou especialização, no país ou no exterior, que sejam concedidas:

"a) por intermédio de universidades, faculdades, institutos de educação. (...) sociedades ou fundações de ciência e cultura (...) legalmente constituídas e em funcionamento no país;

"b) mediante concurso público de livre inscrição, pelos candidatos que satisfaçam às condições divulgadas com antecedência, cujo julgamento seja organizado de modo a garantir decisão imparcial e objetiva;

"c) A empregados da empresa desde que freqüentem entidades legalmente constituídas, em funcionamento regular, registradas nas repartições da Secretaria da Receita Federal, e que não estejam direta ou indiretamente vinculadas à própria empresa".

Vê-se que o RIR, de modo repetitivo, cuida não só de excluir as bolsas de estudos da tributação, como ainda das origens dos recursos a elas destinados, tendo em vista, nitidamente, estimulá-las.

Farta messe de pareceres normativos foram sendo editados, ao longo do tempo, tendo em mira — esclarecendo situações e interpretando a legislação — manifestar a palavra oficial do Ministério da Fazenda a respeito dos diversos ângulos que essa problemática pode suscitar (P. ns. 326/71, 115/75, 271/71, 84/75).

9. Parece completar-se esse quadro com a transcrição dos preceitos do Código Tributário Nacional, dispondo sobre os requisitos para gozo da imunidade constitucional a impostos (art. 150, VI, *c*).

Dispõe, o art. 14 do CTN — completando a insuficiente (normativamente falando) dição constitucional — seus requisitos:

"I — não distribuírem qualquer parcela de seu patrimônio ou de suas rendas, a título de lucro ou participação no seu resultado;

"II — aplicarem integralmente no País, os seus recursos, na manutenção de seus objetivos institucionais;

"III — manterem escrituração de suas receitas e despesas em livros revestidos de formalidades capazes de assegurar sua exatidão."

Estas regras revelam e abonam o espírito da legislação do IR concernente a bolsas de estudo. Tais regras, evidentemente, presumem-se plenamente observadas pelas pessoas jurídicas de direito público.

II. Condições legais da bolsa

1. A resposta às perguntas postas na consulta supõe, portanto, uma correta definição de bolsa de estudo para os fins da legislação do imposto de renda. Interessa não só um conceito jurídico, que seja adequado a estas exigências, como ainda perceber-se quais são os fins da bolsa, as condições dos doadores e donatários de recursos e ainda das entidades concedentes e dos próprios bolsistas.

2. O espírito da lei irá emergir mais claro, na conformidade do clima que resulta da interpretação de todos esses preceitos. Doutro lado, é preciso também cuidar de verificar o zêlo que teve o legislador, ao tratar de definir adequadamente as relações entre doador (de recursos destinados a bolsas) e a entidade donatária, bem como entre a entidade concedente da bolsa e os bolsistas, o que faz clara a necessidade de impessoalidade na concessão das bolsas — própria e típica do direito público — para evitação de fraudes e abusos.

Isso tudo emerge bastante claro das normas transcritas, todas elas consonantes com as exigências da Constituição Federal (principalmente art. 37, *caput*). Foram adequadamente postas pelos diversos pronunciamentos oficiais traduzidos em pareceres normativos, ao longo do tempo, inúmeros aspectos dessa problemática (P. ns. 271/71; 326/71; 84/75 e 115/75).

III. Condições legais objetivas e subjetivas do outorgante da bolsa

1. As entidades privadas outorgantes de bolsas de estudo — para os fins de gozar dos benefícios previstos nessa legislação — devem resistir certos requisitos legais estruturais e operacionais.

No campo da Fundação Vitae, todos esses requisitos, estampados na legislação, foram observados. As condições subjetivas que a legislação coloca são plenamente preenchidos pela fundação privada Vitae.

As condições objetivas comprovam-se pelo simples cotejo das regras e praxes adotadas pela consulente e as exigências legais aqui transcritas.

Logo, resulta claro que a consulente:

a) pode dar bolsas, sem imposto de renda na fonte;

b) pode receber doações destinadas inclusive a esta finalidade;

c) e ainda pode ver estimulados os doadores de importâncias em seu benefício, mediante as possibilidades de dedução que foram mencionadas.

IV. O problema

1. Ocorre, porém, que o "boletim central extraordinário" n. 59 de 11 de julho de 1989, da Secretaria da Receita Federal, veio atribuir interpretação discrepante desta, ao "esclarecer" (no seu item 15) que bolsas de estudo são tributáveis a partir de 1º de janeiro de 1989.

Assim entendeu a SRF, com base na lei 7.713 de 22 de dezembro de 1988 (publicada no DOU de 23 do mesmo mês).

2. Ora, pensamos, *data venia*, que não procede tal interpretação, no que concerne a bolsas de estudos.

Primeiramente, assinala-se que a lei 7.713 não alterou o conceito de rendimento, limitando-se a reiterar o tradicionalmente adotado por nossa legislação (V. § 1º do art. 2º).

3. A inteligência da nova lei (principalmente seu nuclear art. 3º) fica mais acessível, quando se considera o preceito do art. 3º, § 5º, que estabelece a revogação de "todos os dispositivos legais concessivos de isenção ou exclusão, da base de cálculo do IRPF, de rendimentos e proventos de qualquer natureza...".

4. Ora, tal regra vem alterar o rol do art. 22 do RIR, que previa itens que "não entrarão no cômputo do rendimento bruto".

Ocorre que os ingredientes, variados do art. 22 do RIR, são extremamente heterogêneos, abrangendo valores de bens (II, XIII, XIV), de serviços (XII, XV), proventos (IX, X, XXIII), ganhos de capital (XVI, XVII, XXI, XXII), indenizações (V, VI, XIX, XX) etc.

5. Ora, os fatos que correspondam ao conceito de rendimento, se excluídos, podem ser reputados isentos (porque lei os retirou do campo de abrangência da regra de tributação). Aqueles, porém, configuradores de indenização, não são e não podem ser considerados isenções.

É que só há isenção quando o fato seria em tese (ou poderia ser) abrangido pelo conceito legal em que a hipótese de incidência se traduz, como aqui demonstrar-se-á.

As indenizações, porém, não são renda; a percepção de qualquer importância a tal título não poderia, nem mesmo em tese, ser qualificada pela lei como rendimento. Nelas não se dá nenhum acréscimo patrimonial, nenhum incremento econômico. Em nada se altera o patrimônio do contribuinte.

6. Se isso é verdade, se em todos os casos de indenização não há renda, não se pode cogitar de rendimento, já se vê que os incisos do art. 23 do RIR que a elas se reportam, não têm o cunho de norma isentiva, mas, meramente, o caráter de preceitos didáticos, simplesmente esclarecedores. São enunciados declaratórios. Não têm o fito — necessário às normas de isenção — de criar, modificar ou extinguir direitos.

São o que o máximo mestre espanhol Sainz de Bujanda qualifica como "precepto didáctico". Tais enunciados, permeando certa legislação, têm simplesmente o fito de esclarecer, tornar claro algo que já é. Explicitam o que está implícito na ordenação jurídica.

Não criam, não modificam, não extinguem direitos, não têm função normativa. Não ordenam, não proíbem, não consentem (as três formas de expressão normativa de Lourival Vilanova, os modais deônticos). Limitam-se a esclarecer. Logo, revogá-lo não implica, como quis entender a SRF, tornar tributável o que tributável não pode ser.

7. Ora, a isenção traduz-se sempre e necessariamente em *norma*, inovadora, que, de algum modo, reduz a hipótese de incidência tributária (isenção parcial) ou a suprime (isenção total).

Paulo Barros Carvalho foi quem mais sinteticamente, e com segurança, tratou do assunto. Sua lição é, neste estudo, minuciosamente transcrita.

8. Ora, se a norma de isenção é inovadora (porque modificadora da norma de tributação), e se o inciso III do art. 22 do RIR não tem esse caráter, porque em nada altera o conceito legal de renda (ou rendimento), limitando-se a explicitar o já implícito no sistema, já se vê que a revogação das isenções, operada pelo mandamento do § 5º do art. 3º da lei 7.713, não alterou o regime das bolsas.

9. Deveras, não houve no passado tributação de bolsas de estudos, que, depois, tenha sido excluída por força de isenção. Simplesmente bolsa jamais foi considerada rendimento, limitando-se o art. 22, III, do RIR a declará-lo.

Mesmo quem desejasse apegar-se à literalidade dos textos normativos teria total dificuldade de apontar uma lei ou um decreto-lei que tivesse estabelecido isenção do RIR para bolsas de estudos.

É que, nem direta, nem indiretamente, jamais houve seja a inclusão de bolsas no conceito de renda, seja, depois, sua exclusão. Os inúmeros preceitos de que cuidamos na primeira parte deste estudo, que se refere a bolsas, não prescrevem sua isenção.

Limitam-se a dispor sobre seu tratamento tributário, reconhecendo sua intributabilidade. Tem-se por pressuposto sua não inclusão no conceito de rendimento. Só se exclui o que estava incluído. Logo, a nova lei não excluiu bolsas. Só se inclui por norma expressa. Nenhuma, nesse sentido, foi introduzida pela lei 7.713.

10. Ora, o conceito tradicional de renda jamais foi entendido como abrangendo bolsa. Os conceitos de bolsa, estampados nos pareceres normativos aqui citados — traduzindo a interpretação oficial da Secretaria da Receita Federal — nunca foram dados como subsumíveis ao conceito legal de renda.

Por outro lado, jamais se cogitou de interpretar a legislação pertinente, em termos técnico-jurídicos, como concedendo uma isenção, o que suporia a tributabilidade, como rendimento, das bolsas.

Estes argumentos merecem ser mais aprofundados.

V. Conceito de renda no direito brasileiro

a) Essência do conceito

1. Rubens Gomes de Sousa, analisando as expressões "renda" e "proventos", usadas na cláusula constitucional, afirma: "Tanto em se tratando de *renda* como de *proventos*, o elemento essencial do fato é a *aquisição da disponibilidade da riqueza "nova", definida em termos de "acréscimo patrimonial"*. Esta circunstância — de tratar-se de riqueza nova — está implícita no caso de *renda*, na palavra *produto* (CTN, art. 43, I), que envolve a noção de algo novo produzido por — ou seja, decorrente de — algo existente: a fonte produtora (capital, trabalho ou combinação de ambos). Por outro lado, no caso de "proventos", aquela mesma circunstância — de tratar-se de riqueza *nova* — está expressamente referida (CTN, art. 43, II), em termos, como se disse, de acréscimos patrimoniais" (*Pareceres-3 — Imposto de Renda*, p. 277, Ed. Resenha Tributária, São Paulo, 1976).

2. Bulhões Pereira igualmente expõe: "A distinção constitucional entre imposto sobre patrimônio e sobre a renda — correspondente à distinção entre capital e renda — é incompatível com o conceito de renda que inclua receitas que não traduzam ganho durante um período, mas representem mera reposição de bens objeto de aplicação de capital e despoupança, ou seja, a transformação de capital em renda. A noção de ganho, que é da essência do conceito de rendimento, não deve ser confundida com a receita. Em muitos casos a receita, ou parte dela, constitui pagamento ou transferência de capital, ou *reembolso de despesas realizadas para a aquisição ou produção dessa receita*. Por isso, tanto a contabilidade social quanto o direito fiscal distinguem entre ganho e receita, *para conceituar como ganho ou renda apenas aquela parte da receita que excede a restituição do capital ou o reembolso de despesas*" (*Imposto de Renda*, pp. 2-22, APEC, Rio, 1969).

b) Renda e reposição

3. Ora, "quando a receita é constituída de pagamento de capital, ela responde, no todo ou em parte, *a devolução de capital, ou reembolso de inversão feita* para adquirir ou produzir o bem ou serviço vendido. *E somente constitui ganho, renda ou rendimento, a parte da receita que excede a reposição do capital investido*. Por isso, muitas definições de renda recorrem à comparação da quantidade de capital que o indivíduo possui no início e no fim do período, para computar na renda apenas a parte da receita que traduz aumento líquido do poder econômico. Tal comparação elimina do conceito de renda parcela da receita correspondente à reposição do capital existente no início do período, ou às despesas necessárias à produção da receita" (ob. cit., pp. 2-30).

Nos pagamentos de capital — portanto expressivos apenas da devolução do capital, (isto é: sem excedente) — não pode haver renda ou ganho de capital ("proventos").

c) Renda e indenização

4. Toda e qualquer lei ou ato administrativo que pretenda instituir ou lançar Imposto de Renda sobre a justa indenização prevista constitucionalmente, pressupõe válido o que a ordem constitucional veda: transferência de renda do Erário Público para patrimônio particular, sem justo título. Na indenização de que se cogita, é impossível a verificação de transferência de renda, precisamente porque deve ela ser justa e exata, sem exceder ou permanecer aquém do exato valor do bem desapropriado.

5. A jurisprudência de longa data robora, por inteiro, as conclusões susofirmadas: "A indenização por desapropriação abrange o justo preço da coisa desapropriada e mais os prejuízos que efetivamente sofrer o proprietário em virtude da desapropriação, devendo-se atender, ao fixá-la o juiz, não só ao valor dos bens desapropriados, mas também aos danos causados direta e imediatamente com a desapropriação" (*apud* Pontes de Miranda, ob. cit., p. 42).

d) Jurisprudência e exclusão do IR nas indenizações

6. No AMS 94.744-SP, no TFR, pelo voto do eminente Min. Jeronymo Ferrante, ficou reconhecido: "Também a indenização no processo expropriatório não constitui lucro, ainda que, eventualmente, se apresente superior ao valor escritural do bem expropriado. Há, como se disse, uma reposição patrimonial decorrente do princípio cogente da equivalência de valores. Como ensina com propriedade Marcello Caetano: "A indenização deve corresponder à reposição no patrimônio do expropriado do valor dos bens de que foi privado, por meio de pagamento de seu justo preço em dinheiro. Por isso se diz que a expropriação vem resolver-se numa "conversão" de valores patrimoniais: no patrimônio onde estavam os imóveis, a entidade expropriante põe o seu valor pecuniário" (*Manual de Direito Administrativo*, t. II/960, Forense).

7. Incontáveis acórdãos, tanto do TFR quanto do STF perfilham o mesmo entendimento ao examinar os aspectos integrantes da prévia e justa indenização. O AMS 94.7444-SP já aludido é assim ementado: "Desapropriação — Indenização — Juros Compensatórios — Imposto de Renda. Compondo os juros compensatórios a indenização sobre a qual não incide o Imposto de Renda, curial que não sejam eles igualmente tributados. *Não há como admitir se destaque uma parcela do todo indenizatório para submetê-la à tributação"* (*DJU*, 19.5.83, p. 6.933)

No RE 83.621, relator o Min. Cunha Peixoto, colhe-se a seguinte asserção: "Os juros compensatórios não estão previstos em lei; deles cogitou a jurisprudência e *os afirmou como integrantes da justa indenização*. Através de uma autêntica construção jurisprudencial. *Os juros compensatórios representam indenização pelo não uso da coisa expropriada, pelo desapropriado"* (*RDA* 128/390, item 3).

8. Igualmente, a condenação na *verba honorária*, em *desapropriação*, não encontra fundamento no princípio da sucumbência, mas no princípio constitucional da justa indenização. No RE 82.909-SP, o Min. Cunha Peixoto, relator, expõe que: "A condenação em tais honorários, nas desapropriações, não tem por base o princípio da sucumbência, mas o de dar ao desapropriado uma justa indenização, não o desfalcando da parcela a ser paga ao advogado" (*RTJ*, 76/660).

9. No tocante à integração da *correção monetária* na justa indenização, dispõe a Súmula 561, do STF: "Em desapropriação, é devida a correção monetária até a data do efetivo pagamento da indenização, devendo proceder-se à atualização do cálculo, ainda que por mais de uma vez". O Min. Moreira Alves, relator do RE 86.022-SP destaca em seu voto que na desapropriação "*a correção monetária se destina à observância do princípio constitucional do justo valor*" (*RTJ* 81/952).

E, conclusivamente, o voto do Min. relator Pedro Acioli nos EInfrs. em Ap. Cível 59.881-MG (in *RTFR* 100/116) destaca: "Considero, com efeito, que a correção monetária traduz manifestação de eqüidade (tal como se dá com a incidência de juros compensatórios). E, se assim não entendesse, para os que pensam doutro modo conviria ter em mente a *Jurisprudência do STF*, que engloba *todas as verbas devidas ao expropriado* (mesmo a de honorários advocatícios) *sob a designação genérica de indenização*. Vejam-se a propósito, RE 86.607, de 2.9.77, *RTJU* 11/77, rel. Min. Bilac Pinto e ERE 73.400, de 18.4.74, *RTJU* 10/75, rel. Min. Baleeiro. Pois bem, se até os honorários advocatícios são parte da indenização, *a fortiori* assim se há de qualificar a correção monetária em desapropriações, não constituísse, de fato, mero adminículo da indenização, como se justificaria nossa jurisprudência, ao admitir seja ela incorporada ao débito por simples cálculo do contador, na liquidação para execução do julgado, ainda mesmo quando não foi objeto do pedido (...) nesse ponto concordo com o Min. Romildo: a correção monetária, na desapropriação, *substancialmente compõe a indenização*".

10. A jurisprudência repeliu de modo veemente a ilegítima pretensão fazendária de lançar Imposto de Renda ou provento onde renda ou provento não há. Os fundamentos das decisões jurídicas, acolhedoras das ponderações doutrinárias — que vierem no sentido de afirmar o descabimento de tributação da indenização por desapropriação e seus acessórios — são os mesmos, quer o desapropriado seja pessoa física, quer jurídica. Daí a natural identidade de tratamento a ambos os casos. Examinemos ligeiramente a jurisprudência predominante do prestigioso antigo Tribunal Federal de Recursos.

Súmula 39: "Não está sujeita ao Imposto de Renda a indenização recebida por pessoa jurídica, em decorrência de desapropriação amigável ou judicial".

Referência: CF, art. 153, § 22; Dec.-lei 3.365/41, art. 27. § 2º., com a redação da Lei 2.788/56; Dec.-lei 58.400/66, arts. 129 a 150, 243, "g"; RR 1.044-SP (TP, 19.9.72, *DJU* 15.5.73); RR 1.639-SP (TP, 14.2.80, *DJU* 2.4.80); AMS 65.512-SP (3ª. T., 7.10.70, *DJU* 30.8.71); AMS 76.991-SP (2ª. T. 6.4.77, *DJU* 29.9.77); Tribunal Pleno, em 8.5.80, (*DJU*, 2.7.80, p. 5.036 — Fonte: *RTFR* 78/94).

11. Embora só mencione pessoa jurídica, é de toda evidência sua plena aplicabilidade às pessoas físicas. Nesse sentido, além da robusta e unânime opinião doutrinária reafirmada em recente aresto do STF — ainda que versando indenização por desapropriação auferida por pessoa jurídica — averba entendimento sufragador da tese ampla.

O voto do relator Min. Cunha Peixoto recorda decisão anterior, relatada pelo Min. Djaci Falcão, cuja ementa é a seguinte: "Desapropriação. Não incidência do Imposto de Renda. Art. 27, § 1º., da Lei das Desapropriações e art. 150, § 22, da CF de 1967. Recurso extraordinário provido por maioria de votos" (*RTJ* 95/1.335). Explicitando o entendimento firmado no acórdão mencionado, esclarece Cunha Peixoto: "Reza o art. 27, do § 2º., da Lei de Desapropriações: A transmissão da propriedade, decorrente de desapropriação amigável ou judicial, não ficará sujeita a imposto de lucro imobiliário".

Conclui o Min. Cunha Peixoto: ''Ora, o legislador não distinguiu entre pessoa física e jurídica e a norma guarda simetria com o princípio da justa recomposição patrimonial, fixado pelo § 22 do art.153 da CF. (...) ''Além disso, o Poder Judiciário, para bem aplicar os dispositivos constitucionais, tem de fazer uso de noções precisas e claras, *não sendo de admitir como legítimo que o Imposto de Renda recaia sobre o que, evidentemente, não é renda e cuja interpretação fere outro dispositivo da própria Constituição: o preço justo'' (RTJ* 95/1.356).

12. Bem por isso, recentemente, o Tribunal Federal de Recursos (AMS 94.744-SP), pela voz de um dos seus mais eminentes Juízes, o Min. Miguel Jeronymo Ferrante, decidiu: ''O que se concedeu foi o que se pediu: o direito de não sujeitar à tributação os questionados juros, o que à evidência não importa exonerar os apelados da obrigação de incluí-los na declaração de rendimentos, como rendimentos não tributáveis''. Feito esse reparo, passemos ao mérito. A jurisprudência firmou-se no sentido de que a indenização havida em ação expropriatória não está sujeita à tributação do Imposto de Renda. Aliás, a Súmula 39 deste Tribunal consubstancia essa orientação em se tratando de expropriação de bem de pessoa jurídica. Sobre o tema, aduzi em sentença prolatada a 30.5.72, como Juiz Federal da 5ª Vara da Seção Judiciária do Estado de São Paulo:

''Ora, como bem nota o ilustre Prof. Rubens Gomes de Souza, ''todo imposto se traduz necessariamente por uma diminuição quantitativa do patrimônio do contribuinte, através da transferência de valores nele contidos, para o patrimônio do Estado (in *RDP* 9/158). Daí, a incidência do Imposto de Renda, no caso, resultaria na diminuição da quantia indenizatória, de tal sorte que o *quantum* recebido já não corresponderia ao valor do bem expropriado...

''Na desapropriação, instituição fundada e justificada pelos próprios fins do Estado (''una institución fundada y justificada en los fines mismos del Estado, uno de los quales es procurar a la sociedad el mayor bienestar'' — Bielsa, *Derecho Administrativo*, v. IV/441), o expropriado sofre um desfalque em seu patrimônio, por ato de caráter unilateral e coativo. Para ressarcir esse desfalque, a Constituição assegura prévia e justa indenização em dinheiro, representando o *quantum* indenizatório, destarte, uma reparação ao dano patrimonial, resultante do desapossamento por via do ato administrativo. Constituída em dinheiro, traduz uma reposição patrimonial.

''Assim, se a indenização corresponde ao valor do bem expropriado, diminuí-la, sob pretexto da incidência de tributo, não seria opor-se ao preceito constitucional? Penso que sim. Aí a indenização, desfalcada pela carga tributária, já não seria igual ao valor do bem expropriado.

''Quer, porém, a ilustrada autoridade impetrada, que, para os efeitos da incidência tributária, na espécie, compra e venda e desapropriação são instituições idênticas, porque a lei regente do imposto *não distingue entre os atos nascidos do concurso das partes (ex.: contrato de compra e venda) ou da imposição do Poder Público (desapropriação).

''*Data venia*, não merece acolhida tal entendimento. O legislador não precisava distinguir o que por si já é distinto. Cabe aqui lembrar, *en passant*, que a lei contém palavras inúteis e ao intérprete não é licito dar, ao seu talante, inteligência diversa da que resulta dos termos e do espírito do texto, para restringir ou ampliar o seu alcance. Se a norma legal se refere à venda, a incidência do imposto reduz-se, necessariamente, àquelas operações em que o elemento volitivo, o *consenso*, é a base de sua realização. Não há, portanto, como equiparar a desapropriação à venda, para colocá-la ao alcance da norma legal regente, fazendo-se tábula rasa dos preceitos de Direito que regulam e distinguem cada um desses institutos. A desapropriação, já foi acentuado, é ato administrativo unilateral de desapossamento da propriedade privada. "Por lhe faltar o elemento volitivo, básico, a consensualidade ou acordo bilateral — escreve Roberto Barcelos Magalhães, respaldado na autoridade de Cino Vitta, Francesco D'Alessio e outros —, não pode ser considerada uma venda, tampouco se equipara a outros contratos típicos de direito privado ou público" (*Teoria e Prática da Desapropriação*, p. 13).

"Também a indenização no processo expropriatório não constitui lucro, ainda que, eventualmente, se apresente superior ao valor escritural do bem expropriado. Há, como se disse, uma reposição patrimonial, decorrente do princípio cogente da equivalência de valores. Como ensina com propriedade Marcello Caetano, "a indenização deve corresponder à reposição no patrimônio do expropriado do valor dos bens de que foi privado, por meio de pagamento do seu justo preço em dinheiro. Por isso se diz que a expropriação vem a resolver-se numa "conversão" de valores patrimoniais; no patrimônio onde estavam os imóveis, a entidade expropriante põe o seu valor pecuniário" (*Manual de Direito Administrativo*, t. II/960, Forense)".

13. Esse o longo e bem fundamentado voto, no TFR, unanimemente acompanhado.

Ao recurso extraordinário interposto contra esse acórdão, o presidente do TRF negou seguimento. E o agravo de instrumento contra o despacho denegatório igualmente não obteve êxito, dado que o STF não viu afronta à lei federal no acórdão transcrito.

14. A vista da profusa jurisprudência citada, parece lícito afirmar que as indenizações por desapropriação, por razões constitucionais, não configuram renda e, portanto, com ou sem lei, não podem sofrer incidência do IR.

Ora, idênticas razões, ligadas ao conceito de indenização (v. estudo nosso e do Prof. Agostinho Sartin, sobre esse tema, in *RDT* vol. 36, pp. 49 e ss.), levam a que *toda* e qualquer indenização é intributável pelo IR, por razões constitucionais iguais.

Logo, toda menção legislativa a indenizações, para dizê-las excluídas do IR, é expletiva, declaratória e didática. Não caracteriza isenção, porque não se isenta o que não era, não é e não pode ser tributado, *ex vi* da Constituição. Isenção é lei que exclui tributação. Se esta não há, aquela não pode haver.

VI. Bolsas de estudo: Seu ingresso no mundo jurídico

1. Enquanto em Bolonha, Paris e Salerno — e também nas principais cidades da Itália e da Europa se formavam, num impulso livre e espontâneo, os *studii* ou *universitates studiorum*, que tanta fama tiveram, foram aparecendo, em torno deles, instituições de beneficência, tendo por finalidade ajudar ou manter os estudos, jovens de engenho, desprovidos de bens de fortuna. A classe dos estudantes era, no passado, ainda mais pobre do que atualmente.

Basta dizer que em 1572, o chanceler da Universidade de Oxford dava permissão aos estudantes para mendigarem e o número desses era mantido por oblações (*exhibitions*) do rei, dos nobres, dos monastérios e dos dignatários da Igreja. Nem a Universidade de Paris estava em condições melhores. Movidas por um sentimento de piedade com relação aos jovens — que, pelo desejo de aprender, afrontavam as privações e a miséria — pessoas caridosas se propunham a ajudá-los e, para evitar que suas generosas oblações se extinguissem com a morte, conceberam a idéia de perpetuá-las além de sua vida. Aí as primeiras bolsas de estudos.

2. Aí, também, a origem das fundações de estudos. Algumas de tais fundações eram instituídas junto às corporações já existentes, outras, pelo contrário — e eram a maior parte — consistiam em manter um certo número de estudantes sob um regime comum. Assim apareceram, ao lado das universidades, os colégios, os quais não eram outra coisa senão comunidades de estudantes pobres, mantidos e governados, dessa forma, com regras determinadas. Estes colégios — que, na Itália, tiveram importância secundária, mas que influíram na constituição de universidades italianas — foram muito numerosos na França e, especialmente, na Inglaterra onde tiveram grande importância.

3. Os colégios de Oxford e Cambridge assumiram grau de riqueza e potência a ponto de absorverem a própria Universidade, sua vida e funções mais substanciais, de tal modo que, principalmente hoje, pode-se dizer que a universidade não é mais que uma abstração e o colégio, uma realidade (*Nuovo Digesto Italiano*, vol. II, p. 520).

Pois a maioria dos alunos "colleges" era mantida por bolsas de estudos, entendidas como de interesse coletivo e não de cada aluno. O aparecimento dos "collegii" ao lado das Universidades começa a marcar a instituição de interesse coletivo, social. Desaparece aos poucos a nota caritativa de auxílio aos pobres (a ênfase no beneficiário), para dar lugar a uma concepção socialmente assumida, de benefício coletivo.

4. A evolução da legislação italiana levou ao ponto de somente dar tratamento favorecido aos institutos privados ou fundações — canalizadoras e institucionalizadoras de bolsas — constituídos para favorecer e propagar a instrução, com finalidade de difusão da cultura, quando zelem pela paridade de mérito dos concorrentes, de tal forma a que tenham preferência os candidatos mais pobres; quando se tratem igualmente ricos e pobres, os benefícios legais são negados (*Nuovo Digesto Italiano*, vol. II).

Essa é a tônica da legislação de quase todo o mundo civilizado, deixando claro que bolsa de estudo é instrumento de promoção do interesse público, de desenvolvimento do país, merecendo tratamento legal estimulante, quando outorgada de modo objetivo e impessoal.

VII. Interpretação do instituto da bolsa de estudo diante do conceito de isenção

1. Não cabem aqui digressões — são até dispensáveis — para demonstrar que o país tem necessidade vital de pessoal qualificado nas áreas científicas, tecnológicas e culturais em geral, que sua independência, desenvolvimento e até mesmo soberania correm sérios riscos se, rapidamente, não se alcançarem certas metas mínimas, que têm sido reiteradas em todos os planos oficiais de governo, nos últimos trinta anos.

Pois um dos instrumentos mais eficazes para isso é a bolsa de estudos, no país ou no exterior.

2. Não se infira precipitadamente que há isenção do IR, para bolsas, por essas razões. Tal conclusão seria apressada e errônea. É que a não-incidência do IR sobre bolsas não se deve a uma exclusão — deliberada posteriormente a uma norma de incidência que as atingisse — mas, sim, à circunstância de que a própria hipótese de incidência não cobre bolsas (como demonstrado, os arts. 20 e 22 não abrangem essa espécie).

Daí o não ser possível qualificar a exclusão existente (art. 22, III) como isenção. Por isso, se a lei 7.713 porventura tivesse alterado a regra declaratória de exclusão, ainda assim ela continuaria existindo. Em outras palavras: a não tributação das bolsas não se apóia no art. 22, III do RIR, mas, na circunstância do próprio conceito da renda não alcançá-la.

Deveras, não cabe pretender que a implícita revogação do inc. III do art. 22 do RIR gerou o desaparecimento de uma isenção, que tenha sido revogada pela lei 7.713. É que o conceito de isenção não cabe — como demonstrado — no caso das bolsas.

3. Não é difícil demonstrá-lo. Para isso, vejamos o conceito de isenção, que se dessume do CTN. Diz seu artigo:

"175 — Excluem o crédito tritutário:

"I — a isenção;

"(...)."

Daí a velha doutrina tê-la definido como *"dispensa de tributo devido"* (Gomes de Sousa, Ulhoa Canto e demais partícipes da primeira geração de estudiosos do direito tributário, anteriores a Becker, Souto Borges e Barros Carvalho, que questionaram cientificamente aquela posição).

Ora, se as bolsas não correspondem (não se subsumem) à hipótese de incidência dos arts. 20 e 22 do RIR, não há como "dispensar" obrigação que não podia existir. Da Constituição e do CTN já decorria a impossibilidade de tributação das bolsas. O art. 22, III, do RIR foi, assim, simplesmente declaratório.

Há, inequivocamente, no caso, uma não-incidência legalmente qualificada. Deveras, ao cobrirem — os arts. 20 e 22 do RIR — as bolsas, estão claramente estabelecendo uma não incidência (ainda que só didática, expletiva ou declaratória).

Aprofundemos mais esta análise. Vamos mais a fundo no problema, mediante exame técnico-jurídico mais rigoroso.

4. O melhor estudo sobre o instituto da isenção, no Brasil, é de Paulo Barros de Carvalho, reconhecem-no gregos e troianos, seja ao louvá-lo ou ao não refutá-lo. Pois bem, o disposto no inc. III do art. 22 do RIR não configura os requisitos postos por esse autorizado doutrinador para ter-se configurada isenção. Tratando desse instituto, recorda noções propedêuticas: *"Vamos trazer à tona, novamente, o arcabouço lógico da regra-padrão, o mínimo normativo, a unidade irredutível que define a incidência tributária. Recordemos que na sua hipótese há um critério material, formado por um verbo e seu complemento, um critério espacial e um critério temporal. No conseqüente normativo temos um critério pessoal (sujeito ativo e sujeito passivo) e um critério quantitativo (base de cálculo e alíquota)"* (*Curso de Direito Tributário*, p. 302).

E em minuciosa e longa exposição insiste, repisa e reitera a característica essencial da isenção, dizendo que "a regra de isenção investe contra um ou mais critérios da norma padrão de incidência, mutilando-a parcialmente" (p. 303). E, esclarece: "o que o preceito de isenção faz é subtrair parcela do campo de abrangência do critério do antecedente ou do conseqüente" (idem).

5. Assim, ou alcança o critério pessoal, ou mutila o material, ou ataca o espacial etc. "Tem caráter supressor da área de abrangência de qualquer dos critérios ... da regra matriz" (idem). O fenômeno é essencialmente esse, ainda quanto o legislador "não chama a norma mutiladora de isenção" (idem). De todo modo, a isenção vem "inibir a funcionalidade da regra matriz tributária" (p. 304); é uma "definição negativa da incidência" (idem), ou "fórmula inibitória da operatividade funcional da regra matriz" (p. 307).

E prossegue Paulo Barros Carvalho, advertindo: "O exegeta deve buscar, como objetivo primacial, a conciliação harmônica das regras e destas com os princípios do sistema" (p. 309).

Desta apertada síntese — que espelha fielmente o cerne das idéias de Paulo Barros Carvalho — vê-se que, para haver isenção, é necessário que antes haja clara regra de tributação que, inequivocamente, cubra uma hipótese, a qual deverá ser atacada, suprimida, anulada, inibida pelo preceito isentivo, por um dos modos expostos.

6. Pois bem: bolsa de estudo não é tributável (porque — como demonstrado — não abrangida pela definição de renda do art. 43 do CTN, ou pelo conceito de rendimento do art. 20 do RIR); não está compreendida, alcançada, abrangida pela norma matriz de incidência. Segue-se daí, inexoravelmente, que o preceito do inc. III do art. 22 do RIR não podia, nem lógica, nem sistematicamente, constituir-se em isenção, porque não havia o que suprimir, mutilar, inibir, excluir ou negar, já que nem sequer norma de tributação havia.

Ora, assim sendo, a revogação das isenções operada pelo preceito do art. 3º., § 5º., da lei 7.713 não podia ter — como não teve — a virtude de tornar tributável o que antes não era, nunca foi, nem poderia ser colhido por regra de tributação e que, portanto, jamais colheu bolsas. Mesmo admitindo que o preceito veio suprimir todos os incisos do at. 22 e que, portanto, estes desapareceram, não cabe entender-se que houve "revogação de isenção", porque — no concernente a bolsa — não havia, sob nenhum enfoque possivel, tal isenção. E não se revoga instituto que não existia.

VIII. Indenização, bolsas de estudo e Imposto de Renda

a) A recente alteração da legislação não afetou as bolsas

1. Assim como a inserção das diversas indenizações entre os preceitos de exclusão do art. 22 do RIR não configurava isenção (porque a impossibilidade de tributar tornava ilógico cogitar-se de isentar), assim também a menção a bolsas, do inciso III, não alterava em nada a hipótese de incidência (ou regra-matriz, como propõe Barros Carvalho).

Não havia tributação de bolsas; logo não cabia isenção. Só se isenta o que era tributado. Fazer desaparecer (o que se admite somente *ad argumentandum*) o inciso III do art. 22, portanto, não é e não pode ser "revogar isenção". Não se revoga o que não existe. Por isso entendemos que a lei 7.713 (art. 3º., § 5º.) só revogou, do art. 22 do RIR, o que configurava nítida isenção. Demonstremos.

2. Consideremos o tema sob outro ângulo: poderá alguém sustentar que as indenizações passam a ser tributáveis, com a superveniência da lei 7.713? Diante da disciplina constitucional da matéria e da sólida jurisprudência, amparada em tão ampla doutrina, poderá alguém atribuir a esse novo preceito do art. 3º., § 5º. da lei 7.713 a virtude de ter revogado a "isenção" das indenizações? Poderá sustentar que, por obra dessa lei, passaram a ser tributáveis as indenizações?

Evidentemente não. É que as indenizações não podem ser tributadas. Não por força do art. 22 do RIR (e legislação que ele se propõe regulamentar), mas porque, como demonstrado, não configuram renda, nem pode configurá-la. E o obstáculo é constitucional: só há renda, no conceito constitucional quando surge certa realidade econômica que expresse um aumento de riqueza, um incremento patrimonial que é, por definição, excluído em todos os casos de indenização (como o reconheceu a jurisprudência).

3. Os conceitos de renda e de indenização — demonstra a doutrina, plenamente acolhida pela jurisprudência — são reciprocamente excludentes. Não podem conviver; onde couber um, não cabe o outro e vice-versa.

Retomando o começo desta parte da exposição, consideremos que não seria despropositado sustentar que as bolsas de estudo são indenizações.

4. O bolsista recebe a bolsa sempre por causa de um interesse maior, mais amplo, mais geral que o seu interesse pessoal. As bolsas são concedidas, porque interessa ao país. É para desenvolver, aprimorar e melhorar o país, que se estabeleceu o sistema de bolsas. É o interesse nacional — cultural, econômico, científico e até de segurança — que inspira os programas de bolsas. Enquanto houver desigualdades econômicas, que não permitam que os aptos intelectualmente tenham acesso à formação científica é à pesquisa — o que redunda em prejuízo do país — impõe-se a existência de programas de bolsas, patrocinados pelo Estado ou por ele fomentados e incentivados, mediante omnimoda legislação.

Daí que, não só no Brasil, mas em todos os países do mundo (mesmo os mais ricos e adiantados), desde o seu surgimento, as bolsas de estudos tenham sido entendidas como de interesse público, transcendendo totalmente o interesse de cada bolsista, individualmente considerado. E o ganho obtido é sempre considerado pela legislação e pela concepção institucional como um ganho cultural, científico e tecnológico e não econômico dos bolsistas. Estes, em seu conjunto, traduzem reforço das condições de independência, desenvolvimento básico, e portanto, sustentação da soberania (com clara repercussão na segurança nacional).

5. Daí que qualquer enfoque que tenda a ver nas bolsas uma relação isolada de cunho econômico, ou ponha ênfase no vulto do dinheiro recebido (sempre dimensionado de modo a simplesmente alimentar o bolsista), seja errônea e equivocada, pela parcialidade de visão, que negligencia a perspectiva institucional. O dinheiro dado ao bolsista é condição, simples meio, e não objetivo ou fim. Propiciando sua simples "manutenção", permite que cumpra os deveres de bolsista para com a sociedade.

Um país só se desenvolve, implantando sólida democracia, se providenciar eficazmente contra as deformações do acesso à cultura e à ciência exclusivamente às pessoas economicamente abonadas (que, aliás, por isso mesmo, em regra, não vão para esse setor). As deformações sociológicas e políticas que, a médio prazo, surgem, são trágicas. Daí a imperiosa necessidade de, mediante bolsas de estudo, compensar as desvantagens sociais e econômicas dos cidadãos. A bolsa de estudos é um dos melhores instrumentos para alcance de tais finalidades.

b) Bolsa como indenização

6. Via de regra, o bolsista de nível universitário é alguém que — por suas condições intelectuais — poderia estar no mercardo de trabalho, desenvolvendo atividades econômicas normais, e, portanto, de algum modo, obtendo rendimentos (embora, com isso, seu futuro ficasse limitado). O interesse público é que induz o estado a criar instituições de bolsas e fomento à pesquisa e aos estudos, ou a estimular particulares a fazê-lo, mediante legislação incentivadora especial. Daí que se possa considerar as quantias relativas a bolsas como indenizações, pelos gastos com sua manutenção e estudos, dos bolsistas, já que sacrificam seu presente, para cumprir um *desideratum* que é da comunidade, da sociedade.

c) Interpretação sistemática

7. A legislação do imposto de renda, como toda legislação, deve ser interpretada sistematicamente. Este postulado poderia levar mais apressados exegetas a, por analogia, entenderem que as pessoas que estudam em universidades públicas, que são gratuitas, deveriam recolher o correspondente imposto de renda, como se aquilo significasse um rendimento poupado. Ora, raciocinar dessa maneira seria isolar de tal forma os institutos tributários, a ponto de fazê-los totalmente distantes de toda uma sistemática, que levou o próprio texto constitucional a fixar a gratuidade do ensino público, não tendo em vista o interesse imediato, particular, isolado, de cada estudante, mas sim, o altíssimo interesse nacional, no desenvolvimento cultural do país.

Não parece razoável, nem correto manterem-se os incentivos, as bolsas expostos na primeira parte deste trabalho — e tributarem-se os bolsistas com o único efeito de reduzir o montante à sua disposição e diminuir as verbas públicas ou privadas destinadas a bolsas, em 10 (dez) por cento, em troca de uma arrecadação ridiculamente irrisória. A interpretação que a isto leve será, além de forçada, errada, porque desconsidera "a intencionalidade que presidiu à elaboração legislativa", para evocar oportuna recomendação hermenêutica de Barros Carvalho (p. 309).

IX. Síntese conclusiva

Pensamos ser lícito assim resumir o tema aqui debatido:

1. O direito brasileiro — inclusive o tributário — tradicionalmente, dispensou às bolsas de estudo tratamento que deixa nítido reconhecer-se nelas instrumento para promover relevante interesse público;

2. A legislação tributária estimula pessoas a fazerem doações a instituições dotadas dessas finalidades; e dá tratamento especial a estas;

3. A quantia recebida pelo bolsista não está no conceito de renda do CTN, nem no de rendimento do RIR.

4. Os preceitos do art. 22 do RIR não configuram isenção, sempre. Muitos são ou meramente didáticos, ou declaratórios.

5. É o caso da menção a bolsas de estudos (III). Com ele ou sem ele, as bolsas não eram e não são tributadas. É caso idêntico ao das indenizações.

6. A rigor, a bolsa de estudos — pestigiada pela legislação — é sempre, por definição, instituída e concedida tendo em vista o interesse nacional. O interesse do bolsista é sempre secundário.

7. A bolsa é meio, não fim. É instrumento de política científica e cultural nacional. A interpretação da legislação não pode afastar-se da perspectiva teleológica.

8. A importância monetária em que a bolsa se traduz é mera indenização pelos gastos de manutenção do bolsista.

9. Por isso, o preceito do in. III do art. 22 do RIR — dizendo que a bolsa não entra no cômputo de rendimento bruto — é simplesmente declaratório. Não é norma isentiva. Não introduziu comando jurídico inovador. Não criou nem modificou direito.

10. Em conseqüência, sua eventual revogação não altera as qualificações normativas sempre persistentes: bolsa não é renda. Jamais foi. A luz do CTN, não pode ser.

11. Assim, a lei 7.713/89 não alterou o regime jurídico das bolsas de estudos. Eram e continuaram sendo intributáveis.

X. Conclusões

1. A consulente — do exame que fizemos dos seus estatutos — preenche os requisitos legais para aplicação do direito aqui mencionado. Assim, não deve reter na fonte imposto de renda sobre bolsas, porque ele não incide e, portanto, não é devido pelos seus bolsistas.

2. Por outro lado as empresas que à consulente façam doações podem deduzi-las do seu imposto de renda. A consulente pode receber doações amplamente amparadas por essa legislação, destinadas ao prosseguimento de suas finalidades estatutárias. Estas são rigorosamente conformes com as exigências gerais da legislação tributária e, especiais, do imposto de renda.

3. Observados os demais requisitos legais — inclusive quanto aos procedimentos impessoais para concessão das bolsas — a consulente não deve reter na fonte imposto de renda. Nem seus bolsistas devem recolhê-lo.

XI. Respostas

1. As importâncias recebidas por bolsistas não são rendas;

2. Pagar bolsa de estudo não é atribuir rendimento tributável;

3. Não incide, assim, imposto de renda sobre bolsa de estudos;

4. Não cabe sua retenção, na fonte.

É o parecer, s.m.j.

São Paulo, 30 de janeiro de 1990.

CADERNOS DE DIREITO TRIBUTÁRIO

MANDADO DE SEGURANÇA EM MATÉRIA TRIBUTÁRIA

LÚCIA VALLE FIGUEIREDO
Professora Titular da Faculdade de Direito da Universidade Católica de S. Paulo — Juíza do Tribunal Regional Federal da 3ª Região

1 — Efeitos da sentença no mandado de segurança (quando decide ou não, o mérito), o caráter também declaratório da sentença 2 — As relações jurídicas entre o administrado e Estado, quando há indevida constrição 3 — As relações tributárias continuativas 4 — A coisa julgada no mandado de segurança, o exame e apreciação da Súmula 239 do Supremo Tribunal Federal.

A sentença proferida em mandado de segurança vai incidir sobre determinado ato estatal, visando a afastá-lo.

A pergunta que se coloca é a atinente à possibilidade de, em mandado de segurança, a sentença poder abrigar fatos futuros, previsíveis, porém ainda não quantificados. Porém, de qualquer sorte, decorrentes da mesma relação jurídica.

Se esta Constituição abriga a abertura das portas do Judiciário à simples ameaça de lesão, há de se verificar que a tutela também há de ser preventiva.

Tem-se, pois, de enfrentar os seguintes tópicos para desate da questão: *1. efeitos da sentença no mandado de segurança (quando decide, ou não, o mérito), o caráter também declaratório da sentença; 2. as relações jurídicas entre o administrado e o Estado provocadoras de indevida constrição; 3. mais especificamente, as relações tributárias continuativas; 4. a coisa julgada no mandado de segurança, o exame e apreciação da Súmula 239 do Supremo Tribunal Federal.*

1. Iniciemos, pois, pelos efeitos da sentença proferida em mandado de segurança.

Sustentei, durante longo tempo, que a sentença, que tem por objeto questões tributárias, limitar-se-ia a resolver a relação jurídica imediata, posta "sub judice".

É dizer, aquela relação jurídica consubstanciada em ato coator já realizado, ou a realizar-se em futuro próximo, preventivo e previsível, de forma mais cabal possível.

De certa forma ia, ainda, mais além da Súmula 239, da Egrégia Suprema Corte, assim vazada: "Decisão que declara indevida a cobrança do imposto em determinado exercício não faz coisa julgada em relação aos posteriores".

Roberto Rosas afirma que a Súmula não se aplica à isenção ou imunidade.

Creio que a situação a enfrentar deve passar pelo exame dos efeitos da sentença, principalmente, em mandado de segurança, quando, com maior ênfase, *nega-se a possibilidade da coisa julgada transcender o exercício financeiro*. Quando não, a transcender a matéria posta "sub judice".

Devemos ter, como ponto de partida, exatamente a possibilidade ou impossibilidade de a sentença, que percute o mérito em mandado de segurança, fazer coisa julgada.

1.1. Comecemos, pois, por extremar quando a sentença não pode fazer coisa julgada.

Creio que, já agora, devemos nos debruçar sobre a Súmula n. 304 da Suprema Corte, tal seja: "Decisão denegatória de mandado de segurança, não fazendo coisa julgada contra o impetrante, não impede o uso da ação própria".

Celso Agrícola Barbi (*Do Mandado de Segurança*, 4ª ed., 1984, p. 251), ao se referir aos critérios para se determinar o tipo de sentença produzida, afirma: "Estes critérios, todavia, não são suficientes para se precisar, em cada caso, a natureza da sentença a ser proferida: é necessário o exame do pedido do impetrante. Se ele pretende uma prestação ou se deseja uma abstenção, a sentença será condenatória, seja qual for o fundamento invocado, como, por exemplo, se o impetrante, alegando a nulidade ou anulabilidade de sua demissão, pretende ser reintegrado no cargo. Mas se o pedido se limitar à "anulação" de um ato viciado, a sentença será constitutiva. E, finalmente, se a inicial restringir-se a pedir o "reconhecimento da nulidade de um ato, como *v.g.* de uma promoção ou nomeação, sem nada mais pleitear, teremos sentença apenas 'declaratória'."

Como conseqüência desta classificação, enfrenta a coisa julgada da seguinte forma: "Posteriormente, todavia, o Supremo Tribunal Federal vem interpretando a Súmula 304 exatamente no sentido por nós defendido, isto é, se houve certeza sobre os fatos mas o juiz reconheceu que a lei não dá ao autor o direito subjetivo que ele alega, isto é, se o mandado foi negado com o exame de mérito, a sentença faz coisa julgada material. Logo, não pode haver renovação do pedido na mesma via ou em qualquer outra, devendo o autor usar da ação rescisória, se ocorrerem os pressupostos desta" (ob. cit., p. 258).

Nós mesmos já afirmamos, em declaração de voto, proferida no processo n. 7.687 (Reg. n. 89.03.30145-5) que a sentença mesmo denegatória, se enfrenta o mérito, faz coisa julgada material:

"Roberto Rosas, ilustre comentarista das Súmulas daquele Tribunal, afirma com propriedade que se há de entender a Súmula, inobstante sua redação, da seguinte forma: *se a decisão denegatória não fizer coisa julgada contra a impetrante...*

....

"A doutrina é torrencial impedindo ação própria quando a decisão denegatória apreciou o mérito da questão e *foi sua razão de denegação*. (grifei)

"Cita, a propósito, Castro Nunes, Buzaid, Hely Lopes Meirelles, Othon Sidou. Veja-se o *Direito Sumular* do autor citado, 4ª ed., Editora Revista dos Tribunais, mês 5/1989.

"O cerne do problema é realmente se a decisão apreciou ou não o mérito.

"E, se o fizer, estaremos diante do empeço às vias ordinárias, porque a decisão deverá fazer coisa julgada material, quando não mais suscetível de recurso.

"1.1 O art. 470, do Código de Processo Civil, dispõe que *as questões prejudiciais, se constituírem os pressupostos necessários para o julgamento da lide, fazem coisa julgada material, se a parte o requerer.*

"*Denegada a segurança*, consoante se me afigura, a lide não poderia ser renovada ou novamente reproposta por não se configurarem quaisquer dos requisitos do art. 469 do Código de Processo Civil ou dos artigos 15 e 16, da Lei específica do mandado de segurança, ou da Súmula 304.

"A relação de direito material controvertida será o centro da discussão do mandado de segurança.

"Diz Thereza Alvim, em seu *Questões Prévias e os Limites Objetivos da Coisa Julgada*, São Paulo, Revista dos Tribunais, 1977, pp. 92-93:

"Como já ficou suficientemente demonstrado a *questão prejudicial* é aquela que influencia no teor de outra questão, que lhe está condicionada, podendo esta refererir-se ao mérito, ou não, e será juridicamente relevante se o Juiz, ao decidi-la, aplicar a lei ao caso concreto, como faz ao pronunciar a sentença.

"Se a lei se refere exclusivamente à declaratória incidental quando se está frente a uma questão prejudicial de mérito, *todas as outras questões prejudiciais* pareceriam estar incluídas nas 'questões decididas' do art. 468.

"E, prejudicial, acompanhando ainda a linha da autora, é a questão que, *lógica e necessariamente*, deve ser decidida antes de outra, sendo que sua decisão influenciará o próprio teor da questão vinculada."

Claro está que se a sentença não percute o mérito, somente poderá fazer coisa julgada formal.

Frisados os limites em que a sentença, no mandado de segurança, não faz coisa julgada material, exatamente por não ter sido o mérito examinado e/ou decidido, resta saber quais as características necessárias à existência da coisa julgada.

Diz Moacyr Amaral Santos: "Mas o que em toda sentença permanece é a *declaração* e esta é que produz a *certeza* do direito. Assim, na sentença condenatória se divisam dois elementos: uma declaração de certeza de que o direito existia e um direito novo, a ordem da prestação. Aquele elemento — a declaração — é imutável, indiscutível: este — o direito novo, a ordem da prestação — poderá ser novamente discutido em nova ação, ou seja, na ação executória da sentença.

"Na parte declaratória da sentença reside a autoridade da coisa julgada. Esta se fundamenta na *eficácia de declaração de certeza*" (*Comentário ao Código de Processo Civil*, 5ª ed., v.u., p. 435).

Ainda, enfrentando a coisa julgada, afirma o emérito mestre acerca *das decisões referentes a relações jurídicas continuativas*:

"A sentença nada mais faz do que aplicar a lei ao caso concreto. Acolhe ou rejeita, no todo ou em parte, a pretensão do autor. Mas a lei atuada pode ser daquelas *que regulem relação jurídica continuativa, que se não esgota com o pronunciamento da sentença, mas prossegue, apesar desta, variando, todavia, quanto aos seus pressupostos de qualidade ou quantidade*. São relações jurídicas reguladas por "regras jurídicas" que projetam no tempo os próprios pressupostos, admitindo variações dos elementos quantitativos e qualitativos.

....

"A lei, decidida uma questão referente à relação jurídica continuativa, admite a revisão da sentença, embora transitada em julgado, por haver-se modificado o estado de fato ou de direito (art. 471, n. I).

....

"Observe-se, entretanto, que as sentenças decidem relações continuativas, mutáveis no prolongamento do tempo, circunstâncias essas que a própria lei material atuada considera no momento da prolação das mesmas.

....

"Quer dizer que a sentença traz implícita a cláusula "rebus sic stantibus". Se, no desenvolvimento da relação no tempo, após a prolação da sentença, verificar-se a mutação do estado de fato ou de direito, a essa a sentença terá que se adaptar.

....

"Não é que a sentença determinativa não produza coisa julgada. Ela apenas é suscetível de um "processo de integração, decorrente da situação superveniente, a que deve o juiz atender, tendo em vista a natureza continuativa da relação jurídica decidida" (Frederico Marques).

....

"A ação de revisão ou de modificação deverá ser manifestada em processo distinto do em que foi proferida a sentença revisionada, perante o juiz de primeiro grau que a proferiu, ainda que esta tenha sido objeto de recurso e por este afinal decidida."

Sérgio Ferraz, ao enfrentar, em seu recentíssimo *Mandado de Segurança*, a problemática da natureza da sentença assim se manifestou:

"Controverte-se intensamente, em sede doutrinária, quanto à natureza da sentença em mandado de segurança. Não nos parece, entretanto, o tema inçado de dificuldades insuperáveis. Tampouco divisamos a utilidade prática da própria controvérsia.

"Em rigor, cabem todas as naturezas que a teoria agasalha, tudo na dependência do próprio conteúdo do pedido. O equívoco está em destacar, isoladamente, o problema da sentença, eis que esta não poderá apartar-se do próprio objeto da ação.

"Assim, a sentença poderá ser *condenatória* (como se depreende, p. ex. do art. 5º da Lei 4.348, de 26.6.64), *constitutiva* (na maior parte das vezes) e mesmo *executória* (*v.g.*, § 3º, do art. 1º da Lei 5.021, de 9.6.66). Em todos esses casos, ela ainda será, em maior ou menor grau (mas nunca com exclusividade, à vista da própria dicção da previsão constitucional), *declaratória*. Cumpre ponderar que não se trata de uma carga declaratória aberta, de cunho normativo, invocável como regra regedora para situações administrativas análogas: a força declaratória dirige-se unicamente ao ato coator já praticado, *atingindo, no máximo, outros idênticos*, já em vias de consumação. Nesses limites, a segurança poderá ter, a um só tempo, feição corretiva e preventiva" (grifos nossos).

É verdade que entende, o ilustre autor, que, *não obstante a carga declaratória da sentença*, se o interessado quiser afastar de vez a renovação das constrições, cabe-lhe usar outros instrumentos como cautelares, ação de inconstitucionalidade, etc. (ob. cit. pp. 128-129).

E, acerca da coisa julgada: "Como decorrência do que exposto, pode-se afirmar, com tranqüilidade, que, numa acepção legal, o fenômeno da coisa julgada não apresenta, em princípio, aqui, peculiaridades de monta, ostentando, no ponto, sua dupla face (a coisa julgada formal e a material). Porém, em razão de expressa dicção legal, se o mérito do pedido não for apreciado (p. ex., por considerar-se imune o tema ao procedimento do "writ") ou for obstado pela só circunstância de não patenteado, no rito escolhido, sua liqüidez e certeza (que exigiriam, para afirmação, dilação probatória), poderá ele ser renovado em ação própria (inclusive em novo mandado de segurança, se a denegação se der pelo segundo dos fundamentos trazidos como exemplo)".

Castro Nunes, invocando Chiovenda, não vê diferença da coisa julgada, conforme o tipo de processo, e assinala:

"Como diz Chiovenda, não depende da natureza ou forma do processo a eficácia da coisa julgada, "quali fenomeno misterioso che per verificarsi richieli il concorso di solennitá speciali"; e sim da tríplice identidade, elemento informativo da noção (*Princ.* p. 916).

"De modo que salvo o exercício da rescisória, que é, digamos assim, de direito comum, não me parece admissível que a Fazenda possa provocar novo pronunciamento judicial, depois de esgotados os recursos na instância do mandado concedido" (*Do Mandado de Segurança*, 8ª ed., p. 334).

Anteriormente já havia assinalado o ilustre autor: "Não preciso repetir aqui o que já ficou dito, e é que a questão que se resolve pelo mandado é restrita à relação de direito público que por ele se ajuíza. *O ato administrativo declarado ilegal como ofensivo de um direito que ficou assegurado, terá de ser ilegal para todos os efeitos em qualquer demanda que se venha a travar entre as mesmas partes, com idêntico fundamento para o mesmo fim*" (ob. cit., p. 334) (grifei).

Ainda, Alfredo Buzaid, em seu *Do Mandado de Segurança*, Saraiva, 1989, acerca da coisa julgada em mandado de segurança, grafa: "A sentença concessiva de mandado de segurança, reconhecendo o direito líquido e certo do impetrante e a ilegalidade ou abuso de poder da autoridade coatora, faz coisa julgada material, porque apreciou o mérito. O mandado de segurança pode ser denegado, apreciando a decisão o mérito da causa. Neste caso, negando o direito invocado pelo impetrante, a decisão faz coisa julgada para o efeito de obstar a reprodução do mesmo pedido, quer em novo mandado de segurança, quer em outra ação em que pleiteie os seus direitos e os respectivos efeitos patrimoniais. Já não faz coisa julgada a decisão que indefere a petição inicial por não ser caso de mandado de segurança (Lei n. 1.533/51, art. 8º), por não concorrerem os pressupostos processuais ou as condições da ação (CPC, art. 267, IV e VI), casos em que o juiz põe termo ao processo sem lhe resolver o mérito. *Donde se conclui que concedendo ou denegando a segurança faz coisa julgada sempre que o órgão judiciário aprecia o mérito*" (grifei).

Hely Lopes de Meirelles é do mesmo entender (verifique-se o seu *Mandado de Segurança, Ação Popular, Ação Civil Pública, Mandado de Injunção, "Habeas Data"*, 1992, 14ª ed. pp. 75-77).

Ada Grinover, em seu *Direito Processual Civil*, Ed. Bushatsky, 1974, ao se referir à coisa julgada, averba:

"... poder-se-ia concluir que todo e qualquer fundamento ficaria excluído da coisa julgada; até mesmo aquele tão precípuo, que , abstraindo-se dele, o juiz julga diversamente a lide.

"...

"Parece-nos, porém, que não seja este o espírito do artigo 469, I. Se o fundamento é tão precípuo, como acima indicado, faz ele praticamente parte do dispositivo da sentença; não pode ser considerado "motivo".

"... como bem disse Liebman, a coisa julgada restringe-se à parte dispositiva, entendida, porém à expressão em sentido *substancial e não formalístico* (*abrangendo, pois, não só a fase final da sentença*, mas sim qualquer outro ponto que o juiz tenha provido sobre a pretensão e a resistência)" (grifos nossos).

Todo esse escorço doutrinário teve por propósito fixar o seguinte tópico: quando faz, a sentença, proferida em mandado de segurança, coisa julgada, quer seja denegatória ou concessiva.

1.2 A sentença, no mandado de segurança, pode ser constitutiva ou condenatória e, até mesmo, declaratória, em casos especialíssimos. De qualquer forma, a declaratividade da certeza ou não do direito será o pressuposto necessário para a sentença constitutiva ou condenatória. Preferimos alinhar-nos àqueles, com a vênia devida ao ilustre Pontes de Miranda, que não vêem necessidade de acrescer o tipo mandamental.

Na verdade, o mandamento seria o objeto da própria condenatória (a ordem emanada à autoridade administrativa).

2. Passando ao segundo tópico, ainda que brevemente, às relações jurídicas em pauta, devemos dar, em simplíssimas palavras, o conceito de relação jurídica e de relação jurídico-tributária.

Relação jurídica, para o Dottore Giorgio Lazzaro da Universidade de Torino, *Novíssimo Digesto Italiano*, XVII, 1982 é: "Relação é um liame simplesmente instaurado por uma norma, e não necessariamente recebido do costume social dos princípios éticos: é uma relação entre pessoas e sujeitos jurídicos, e não entre pessoa e coisa, assim, propriamente, exprime a simples correlação entre o que se possa chamar de situações jurídicas subjetivas: uma situação ou posição ativa ou favorável e uma situação ou posição passiva ou desfavorável" (tradução nossa).**

Não vamos discutir, por desnecessário a este trabalho, as diversas críticas a esta definição de relação jurídica como concebidas por Kelsen ou outros conceituadíssimos autores.

Orlando Gomes, após haver estudado as várias correntes a respeito do tema, chega a caracterização da relação jurídica da seguinte forma:

"*A relação jurídica tem como pressuposto um fato, que adquire significação jurídica se a lei o tem por idôneo à produção de determinados efeitos, estatuídos ou tutelados.* Assim todo evento, já um acontecimento natural, já uma ação humana, converte-se em fato jurídico, se em condições de exercer essa função.

"*Ao incorporar significação jurídica, o fato provoca uma relação jurídica concreta, que se individualiza com a de sujeitos determinados ou determináveis.*

"Em cada relação jurídica os participantes ocupam posição definida. Há duas posições típicas. Não mais. A de sujeito ativo e a de sujeito passivo. A um deles atribuem-se determinados poderes e ao outro, deveres, implicando, pois, tal relação jurídica a sujeição de uma parte à outra, se for, obviamente relação humana.

"A inter-subjetividade ou bilateralidade do direito traduz-se pela subordinação de um dos sujeitos ao outro, segundo a concepção clássica, ou pela colaboração recíproca, todos "sub jure", de acordo com a doutrina normativista" (grifos nossos).

As relações jurídicas sempre têm, no pólo ativo, o titular do direito, do poder e, no passivo, aquele ou aqueles que têm deveres.

De aí porque a noção de direito subjetivo somente pode persistir, quando se reconhece a alguém o poder de realização de seus direitos. O direito objetivo teria contraposto à faculdade de um o dever do outro.

As relações jurídicas podem ser públicas e privadas, dependendo, é lógico, do interesse tutelado.

"... São relações públicas as constituídas para tutela de um interesse público, ou seja, essencial para o ordenamento jurídico, e privadas todas as demais" (Santoro Passarelli, *Doctrinas Generales del Derecho Civil*, Ed. Revista de Direito Privado, Madrid, 1964, p. 78).

** No texto original:

"Rapporto è un legame semplicemente instaurato da una norma, e non necessariamente recepito dal costume sociale o dai prìncipe etici; è una relazione tra persone o soggetti giuridici e non tra persona e cosa; anzi, più propriamente, esprime la semplice correlazione tra ciò che possono essere chiamate situazioni giudiriche soggettive: una situazione o posizione attiva o favorevole e una situazione o posizione passiva o sfavorevole. Così l'intende, ad. es., ora il Pugliatti.

Ao examinar as vicissitudes da relação jurídica, ainda o mesmo autor, diz que para haver uma modificação da relação jurídica bastará a modificação de qualquer elemento (ob. cit. p. 92).

De seu turno, a extinção da relação jurídica dar-se-á sempre que o sujeito ativo perde o direito ou outro poder, se tal perda não corresponder a uma aquisição de outro sujeito (ob. cit. p. 93).

Ainda, o objeto das relações jurídicas pode ser modificado pela vontade das partes (nas hipóteses de relações jurídicas privadas) ou da lei, na hipótese de relações jurídicas públicas (ob. cit. p. 102).

De seu turno, a extinção da relação jurídica acontece ou pela conjunta realização do interesse tutelado — extinção satisfativa — ou, na hipótese de desaparecimento de um dos elementos, subjetivo ou objetivo da relação (ainda o pensamento do autor, ob. cit., p. 104).

Todas estas digressões acerca da relação jurídica servem a embasar o desenvolvimento de nosso tema principal a enfrentar, tal seja, as relações jurídicas tributárias, que podem ser, em certas circunstâncias, continuativas.

3. Hugo de Brito Machado distingue as relações jurídicas tributárias em instantâneas e continuativas, da maneira como segue:

"A relação jurídica tributária pode ser *instantânea*, como acontece no caso de venda eventual de um imóvel, p. ex., ou *continuativa*, como acontece com o contribuinte do ICMS, p. ex. No primeiro caso, *o fato tributável é autônomo, isto é, nele residem todos os elementos de que se necessita para determinar o valor do tributo a ser pago*, e o pagamento extingue não apenas o crédito tributário respectivo, mas a própria relação obrigacional Fisco-Contribuinte. *No segundo caso, o fato tributável não é autônomo, no sentido de que, embora produza, isoladamente, o efeito de criar a obrigação tributária, ele se insere em um conjunto de outros fatos relevantes para a composição da relação jurídica Fisco-Contribuinte.*

....

"*A relação jurídica tributária instantânea é peculiar aos tributos relacionados com ocorrências eventuais.* Por isto mesmo não existe, nem se faz necessário, um cadastro de contribuintes, sujeitos passivos dessa relação.

....

"*A relação jurídica tributária continuativa é peculiar aos tributos relacionados a ocorrências que se repetem, formando uma atividade mais ou menos duradoura.*

....

"*Na relação jurídica continuativa, ou continuada, muita vez até a determinação do valor a ser pago pelo contribuinte depende não apenas de um fato tributável, mas do encadeamento dos fatos que a integram, como acontece no Imposto sobre Produtos Industrializados — IPI.*

"*O reconhecimento da existência de uma relação tributária de natureza continuativa impõe uma reflexão, a propósito dos limites objetivos da coisa julgada nas questões tributárias.*"

Exatamente este o fulcro das nossas preocupações, as relações jurídicas tributárias continuativas, sobretudo no que se referem às isenções, imunidades e inconstitucionalidades. Depois, devemos enfrentar a Súmula 239 da Egrégia Suprema Corte.

Celso Bastos, ao refletir se é possível emprestar força "normativa", propositalmente utilizada entre aspas, às decisões proferidas em mandados de segurança, averba:

"Aqui, então, se põe o problema. Pode-se emprestar força "normativa" à decisão proferida com relação a um certo ato de autoridade para que ela passe a valer ante atos futuros da mesma natureza?

"A resposta, quer-nos parecer, pelas razões que a seguir aduziremos, não pode ser senão afirmativa. É dizer: a segurança faz coisa julgada a ser respeitada nas múltiplas hipóteses que venham a se enquadrar nos limites da decisão revestida de tal força. Não nos parece que se trate de conferir, ao assim proceder, *força normativa ao mandado de segurança. É óbvio que a função de editar normas não é própria do Judiciário, mas sim do Legislativo. O que ocorre é que é da natureza da própria decisão judicial o julgar com força impositiva não só para o caso trazido aos autos, mas para todos aqueles inseridos no âmbito da "coisa julgada". Noutro dizer: há repetições de comportamentos materiais que não são senão a concreção de um mesmo direito abstratamente considerado.*

"Alguém, por exemplo, que obtenha a declaração judicial permitindo entrar sem gravata em dado recinto, no qual estivesse ela sendo exigida, estará em condições de exercer tal direito não só na hipótese concreta em que foi barrada, mas todas as vezes que de futuro pretender ingressar no mesmo recinto. A muito pouco ficaria reduzido o Poder Judiciário se ele não pudesse proferir decisões válidas senão para um único caso. É curial que não havendo nenhum elemento discriminador juridicamente relevante, a decisão proferida numa hipótese é extensível às demais a ela idênticas. Este discrímen pode repousar tanto no aspecto normativo do direito subjetivo (por exemplo, mudou-se a lei que fundava a decisão anterior), ou na situação fática (subordinação à cláusula *rebus sic stantibus*)" (*Estudos e Pareceres de Direito Público*, 1984, p. 70 — grifos nossos).

E, ao comentar especificamente a Súmula 239 da Suprema Corte, diz que o restringir a aplicação ao exercício financeiro não teria qualquer alicerce jurídico.

Cremos, todavia, que se possa dar, até mesmo pela tendência da própria Suprema Corte, entendimento consentâneo com a realidade das coisas.

A decisão sobre determinada relação jurídica somente se pode dar "rebus sic stantibus", destarte a prudência poderia fazer limitar a incidência da coisa julgada às isenções, imunidades e inconstitucionalidades, sem prejuízo da análise de outras situações.

4. Em trabalho de doutoramento, realizado na Faculdade de Direito de São Paulo, Walter Piva Rodrigues estuda vários acórdãos, da Suprema Corte, em face da Súmula 239.

Cita o Ministro Rafael Mayer, que deu à Súmula o seguinte entendimento:

"Se a decisão se coloca no plano da relação do direito tributário material para dizer inexistente a pretensão fiscal do sujeito ativo, por inexistência de fonte legal da relação jurídica que obrigou o sujeito passivo, então não é possível renovar a cada exercício o lançamento e a cobrança do tributo, pois não há a precedente vinculação substancial.

"A coisa julgada que daí decorre é inatingível e novas relações jurídico-tributárias só poderiam advir da mudança dos termos da relação pelo advento de uma norma jurídica nova com as suas novas condicionantes" (*RTJ* 99/419).

Traz o autor, ainda, à colação, Rubens Gomes de Souza.

O eminente e saudoso Rubens Gomes de Souza extrema três hipóteses sobre as quais recairia a eficácia da coisa julgada: a isenção, a inconstitucionalidade e a imunidade.

Do mesmo modo, Antonio Sampaio Dória, em *Coisa Julgada — Limites Objetivos em Matéria Fiscal*, p. 58, chega à seguinte conclusão: "A coisa julgada tributária, assente na identidade de parte, objeto e causa de pedir, impede que seja reaberta, perante o Judiciário, a discussão relativa ao imposto previamente julgado indevido, ainda que a nova cobrança concirna a exercício diverso, porque este não interfere em nada com a essência da obrigação tributária já objeto da deliberação judicial''.

A conclusão do autor, Walter Piva Rodrigues, todavia, é que, nas ações declaratórias, ''a conseqüência é que o juiz do processo futuro estará vinculado à declaração precedente devendo tomá-la como premissa de sua decisão, a tanto servindo, indiscutivelmente à coisa julgada produzida em ação meramente declaratória''.

Vênia devida ao autor que trabalhou afincosamente no tema, parece-me que a solução, à qual não paira dúvida, pode ser retirada das colocações de Rubens Gomes de Souza, portanto, não se cingindo apenas às ações declaratórias, até porque é inconteste a *declaratividade necessária nas decisões proferidas em mandado de segurança*.

Vejamos, pois.

Quanto à imunidade: se o pedido é o de não pagar o tributo, posto que a situação do autor da ação obstaculiza a competência impositiva, não pode haver dúvida que a decisão deverá fazer coisa julgada não apenas para aquele exercício, mas enquanto permanecer a lei e a situação por ela gerada (''rebus sic stantibus'').

De outra parte, no tocante à isenção, o mesmo ocorreria.

Se o pedido é para afastar a incidência da norma em decorrência da situação isentiva, o provimento jurisdicional somente poderia ser nesse sentido.

Quanto à inconstitucionalidade a coisa ainda se coloca de maneira mais séria.

Se o devedor, pólo passivo da relação jurídica, não deve pagar o tributo, uma vez que o mesmo é desconforme com a Constituição, isso implica a prestação judicial negar a relação jurídica instaurada por força de lei inconstitucional.

Embora a declaração de inconstitucionalidade, feita pela via de exceção, seja apenas ''incidenter tantum'', atinge ela a relação jurídica instaurada entre Fisco e contribuinte, ou contribuintes, que se encontrarem no pólo passivo.

Não seria crível que a ordem judicial fosse limitada a um mês, ou mesmo a um exercício. Isso seria retirar toda a força da garantia constitucional e possibilitar ao mesmo agente público a renovação da constrição. Inclusive com desrespeito à coisa julgada.

Deveras, o mandado de segurança tem por objetivo afastar constrições indevidas. Seu limite: o direito não pode ser controverso factualmente, pois, se o for, deverá à parte lançar mão de outra garantia.

Assim, para concluir, *não se afina com a garantia constitucional da coisa julgada, obrigatória repetição de demanda entre as mesmas partes, com o mesmo objeto e causa de pedir*.

Isso seria, na verdade, limitar a utilização do mandado de segurança a situações que se exaurem apenas com o cumprimento, ''una tantum'', da ordem judicial.

Se assim fosse, as relações jurídicas continuativas, portanto não exauridas em uma única prestação, não comportariam a utilização do mandado de segurança.

Essa não é a posição da Suprema Corte, que admite (Súmula 239) *vigore a decisão para o mesmo exercício*.

Todavia, tal entendimento vem se modificando, como pudemos verificar do voto do Ministro Raphael Mayer, ao tempo em que judicava naquela Corte Suprema.

Também o Tribunal Pleno, no Recurso Extraordinário n. 109.073-SP, em que foi relator o Sr. Ministro Carlos Madeira (*RTJ* 123, p. 153 e seguintes, julgado proferido em 1º de abril de 1987), limitou o alcance da Súmula 239, da maneira que segue:

"Coisa julgada fiscal. Alcance da Súmula 239. Só ocorre impedimento de novo lançamento do mesmo tributo ainda que em outro exercício, quando a decisão versa relação de direito tributário material, reconhecendo inexistente a pretensão do Fisco por inexistência de fonte legal da relação jurídica que obrigue o sujeito passivo.

"Não se tratando, porém, de inconstitucionalidade do tributo, nem de isenção ou de imunidade tributária, a sentença proferida em execução fiscal em favor do contribuinte, relativamente ao tributo cobrado num exercício, não faz coisa julgada em relação a lançamentos e cobranças em exercícios anteriores."

Sumulando:

1. A sentença concessiva, no mandado de segurança, faz coisa julgada material.

Todavia, se denegatória, pode fazer ou não. Este o entendimento da Súmula 304 da Suprema Corte.

É dizer: se a sentença denegatória percute o mérito, ter-se-á coisa julgada material.

Se, entretanto, deixar de fazê-lo, por circunstâncias especiais, teremos, apenas, a coisa julgada formal.

2. As relações jurídicas, que consistem singelamente em um entrelaçamento entre aquele que tem direito a uma coisa ou prestação e o que deve, nos termos do direito objetivo, quando tributárias, podem se revestir de algumas peculiaridades.

Inicialmente, diga-se que são relações jurídicas — públicas, de um lado, tendo-se o Estado, no pólo ativo ou passivo, e, do outro, o particular, que também pode estar no pólo ativo ou passivo.

2.1 Quando temos relações jurídico-tributárias, podem estas ser instantâneas ou continuativas. As instantâneas, como o próprio nome está a indicar, exaurem-se de uma vez, quando cumprida a prestação ou determinação judicial.

De outra parte, as continuativas protraem-se no tempo e, se acobertadas pela coisa julgada material, enquanto durar o estado de fato e de direito ("rebus sic stantibus"), resolvem-se como determinado na sentença.

3. Nada pode ser diferente — ou tem razão jurídica para ser diferente — caso estejamos diante de sentença proferida em mandado de segurança ou em outras ações.

Deveras, diverge o mandado de segurança de outras ações pelo rito, pela necessidade de prova preconstituída, ausência de controvérsia factual e ato de autoridade.

Sobejam, pois, razões para que, sobretudo, nas hipóteses de isenção, imunidade e inconstitucionalidade, não se restrinja a sentença a decidir um único fato, para um mês, ou um exercício.

4. À Súmula 239,da Egrégia Suprema Corte, já foram acrescentados temperamentos. Poderá ter razão de ser, o limite trazido pela Súmula, quando não se tratar de questionamentos acerca de imunidade tributária, isenção ou inconstitucionalidade.

Se estivermos diante, por exemplo, da inconstitucionalidade, o esteio jurídico da exação não existe. A ordem judicial não pode se limitar a único ato, ou a um exercício se situação irá persistir.

Por essas razões, a conclusão é que, transitada em julgado a sentença, formada a coisa julgada material, há empeço para o particular ou o fisco interporem outra ação visando as mesmas situações.

Bibliografia

I — Relações jurídicas — Doutrina

Passarelli, F. Santoro. *Doctrinas Generales Del Derecho Civil*. Ed. Revista de Derecho Privado. Madrid, 1964, pp. 67-108.

Fernandes, Luiz A. Carvalho. *Teoria Geral do Direito Civil*. Vol. I, t. I, ed. Associação Acadêmica da Fac. de Direito de Lisboa, 1983, pp. 76-112.

Fernando Coelho, Luiz. *Enciclopédia Saraiva de Direito*. Vol. 64, pp. 404-407.

Amaral Neto, Francisco dos Santos. *Enciclopédia Saraiva de Direito*. Vol. 64, pp. 407-413

Santos, Moacir Amaral. *Enciclopédia Saraiva de Direito*, pp. 414-418.

Mota Pinto, Carlos Alberto de. *Teoria Geral de Direito Civil*, Coimbra, 1989 pp. 167-189.

Neves Celso. *Revista de Direito Público*. Vol. 29, pp. 237-244.

Lázaro, Giorgio. *Novíssimo Digesto Italiano* Vol. XVII, Ed. Torinese, 1982, pp. 468-471.

Gomes, Orlando. *Introdução ao Direito Civil*. Forense, pp. 115-128.

Palazzolo, Salvatore. *Enciclopédia Del Diritto*. Vol. XXXIV, Giuffrè, 1990, pp. 289-312.

II — Sentença e coisa julgada no processo civil

DOUTRINA

Rocco, Ugo. *Tratado de Derecho Procesal Civil*. Vol. II, Parte General, Buenos Aires, 1983, pp. 255-272.

Bastos, Celso Ribeiro. *Reflexões, Estudos e Pareceres de Direito Público*. 1984, pp. 70-72.

Chiovenda, José. *Principios de Derecho Procesal Civil*. Tomo I, Rens S/A., Madrid, 1977, pp. 205-280.

Moreira, J.C. Barbosa. *Temas de Direito Processual*, 2ª ed., 1988, pp. 90-96.

Grinover, Ada P. *Direito Processual Civil*. Ed. Bushatski, São Paulo, 1974, pp. 73-99.

Santos, Moacyr Amaral. *Comentários ao Código de Processo Civil*. 5ª ed., vol. IV, Ed. Forense, pp. 428-464.

Miranda, Pontes de. *Comentários ao Código de Processo Civil*. Tomo V, Ed. Forense, 1974, pp. 142-203.

III — Sentença — Sentença no mandado de segurança — Efeito — Coisa julgada

DOUTRINA

Pinto Ferreira. *Teoria e Prática do Mandado de Segurança*. Ed. Saraiva. São Paulo, 1987, pp. 87-93.

Barbi, Celso Agrícola. *Do Mandando de Segurança*. 3ª ed. Ed. Forense. Rio de Janeiro, 1976, pp. 245-247.

________ *Do Mandado de Segurança*. 4ª ed. Ed. Forense. Rio de Janeiro, 1984, pp. 247-259.

Buzaid, Alfredo. *Do Mandado de Segurança Individual*. Vol. I. Ed. Saraiva, pp. 251-257.

Meirelles, Hely Lopes. *Mandado de Segurança, Ação Popular, Ação Civil Pública, Mandado de Injunção, "Habeas Data"*, 1992, pp. 75-77.

Ferraz, Sérgio. *Mandado de Segurança — Individual e Coletivo, Aspectos Polêmicos*. Malheiros Editores, pp. 128-135.

Miranda, Pontes de. *Tratado das Ações Mandamentais*. Ed. RT, 1976, pp. 52-79.

Mesquita, José Ignácio Botelho de. *O Mandado de Segurança*. Estudos de Direito Público. São Paulo, 1985/86, pp. 67-68.

Nunes, Castro. *Do Mandado de Segurança*. Ed. Forense. 8ª ed., p. 334.

ARTIGOS

Pará Filho, Tomás. "A Execução no Mandado de Segurança", *RT* 418/41.

Vidigal, Luiz Eulálio de Bueno. *Mandado de Segurança*. Ed. Revista Forense, pp. 43-47.

Machado, Hugo de Brito. "Efeito Normativo da Sentença no Mandado de Segurança", *Repertório IOB de Jurisprudência*, Bol. 9/88, pp. 131-132.

Cretella Jr. J. *Comentários à Lei de Mandado de Segurança*. Rev. Forense, 1989, pp. 236-243.

Mesquita, José Ignácio Botelho de. "Da Propositura da Ação de Mandado de Segurança", *RT* 418/27.

JURISPRUDÊNCIA

AMS 7687. Reg. 89.03.30145-5. Rel. Juiz Oliveira Lima, Declaração de Voto da Juíza Lucia Figueiredo.

IV — LIMITES OBJETIVOS DA COISA JULGADA EM MATÉRIA TRIBUTÁRIA — VÁRIOS TIPOS DE AÇÕES

DOUTRINA

Falcão, Amílcar de Araújo. *Isenção Tributária — Impostos e Taxas — Conceito de ônus Fiscais — Coisa Julgada*, pp. 451-465.

Souza, Rubens Gomes de. *A Coisa Julgada no Direito Tributário*. Saraiva, 1950, pp. 21-50.

Rodrigues, Walter Piva. "Sobre os Limites Objetivos da Coisa Julgada em Matéria Tributária". Tese (doutoramento). Orientador Vicente Greco Filho. São Paulo, 1989.

ARTIGOS

Dória, Antonio Roberto Sampaio. "Limites Objetivos em Matéria Fiscal", *RT* 363/41-58.

Machado, Hugo de Brito. "Da Coisa Julgada em Matéria Tributária", *Revista de Direito Tributário*, 53/99.

JURISPRUDÊNCIA

AMS 91.03.38257-5, Rel. Juiz Grandino Rodas. Voto-Vista do Juiz Silveira Bueno — TRF, 3ª Região, 4ª Turma.

REO 15939, Rel. Juiz Sylvio Barbosa. Tribunal de Alçada. J. 14.6.56. *RT* 260/557.

E.R.E. 100.888-MG. Rel. Min. Soares Muñoz, Tribunal Pleno, v.u., j. em 12.9.84, *RTJ* 111/1.300-1.306.

E.R.E. 109/073-SP, Rel. Min. Carlos Madeira, Tribunal Pleno, v.u., j. em 1.1.87, *RTJ* 123/1.143.

R.E. 93.048 — SP, Rel. Min. Rafael Mayer, 1ª Turma, v.u., j. em 16.6.81, *RTJ* 99/414.

R.E. 73.579, Rel. Min. Amaral Santos, 1ª Turma, j. em 30.5.72, v.u., *RTJ* 63/505.

R.E. 83.225-SP, Rel. Min. Rodrigues Alckmin, 1ª Turma, j. em 15.10.76, v.u., *RTJ* 83/439.

V — Mandado de Segurança — Coisa julgada — Renovação do pedido — Súmula 304

JURISPRUDÊNCIA — STF

A — *Entendimento*: É possível em caso de sentença denegatória a renovação do pedido em ação própria.

a) R.E. 57.958-GB, Rel. Min. Victor Nunes Leal, v.u., j. em 15.4.66, *RTJ* 37/103.

b) R.E. 59.786-MT, Rel. Min. Evandro Lins e Silva, v.u., j. em 14.3.67, *RTJ* 41/52.

c) R.E. 61.482-RS, Rel. Min. Victor Nunes Leal, 1ª turma, v.u., j. em 18/9/67, *RTJ* 43/41.

B — *Entendimento*: Em caso de sentença denegatória, se o mérito é decidido e a inexistência do direito é declarada, não se permite nova ação.

a) R.E. 67.352-SP, Rel. Min. Luiz Gallotti, 1ª Turma, v.u., j. em 12.8.69, *RTJ* 52/344.

b) R.E. 69.912-GB, Rel. Min. Djaci Falcão, 1ª Turma, v.u., j. em 4.5.71, *RTJ* 58/735.

c) A.R. 768-SP, Rel. Min. Thompson Flores, Tribunal Pleno, v.u., j. em 19.10.72, *RTJ* 63/11.

d) R.E. 73.579-GO, Rel. Min. Amaral Santos, 1ª Turma, v.u., j. em 30.5.72, *RTJ* 63/505.

e) R.E. 75.520-GO, Rel. Min. Barros Monteiro, 2ª Turma, v.u., j. em 15.5.73, *RTJ* 67/573.

f) R.E. 78.119-RJ, Rel. Min. Rodrigues Alckmin, 1ª Turma, v.u., j. em 8.8.75, *RTJ* 75/508.

g) R.E. 81.423-RJ, Rel. Min. Moreira Alves, 2ª Turma, v.u., j. em 19.9.75, *RTJ* 75/633.

C — *Entendimento*: Se ausentes o direito líquido e certo ou outros requisitos processuais, não há coisa julgada.

a) R.E. 61.452-SP, Rel. Min. Djaci Falcão, 1ª Turma, v.u., j. em 6.5.68, *RTJ* 46/255.

b) R.E. 76.371-GB, Rel. Min. Bilac Pinto, 2ª Turma, v.u., j. em 25.9.73, *RTJ* 67/872.

D — *Entendimento*: Não exclusão da via ordinária.

a) — R.E. 74.058-GB, Rel. Min. Luiz Gallotti, 1ª Turma, v.u., j. em 16.6.72.

b) E.R.E. 74.058-GB, Rel. Min. Aliomar Baleeiro, Tribunal Pleno, v.u., j. em 12.4.73.

c) R.E. 78.281-SP, Rel. Min. Djaci Falcão, 1ª Turma, v.u., j. em 31.5.74.

d) A.R. 725-GB, Rel. Min. Gonçalves de Oliveira, Tribunal Pleno, j. em 10.11.66.

DOUTRINA

Rosas, Roberto. "Comentários às Súmulas do STF". Direito Sumular, pp. 125/228.

Sidou, J.M. Othon. *Do Mandado de Segurança*. 3ª ed., Ed. RT, pp. 473-478.

Buzaid, Alfredo. *Do Mandado de Segurança*. Vol. I, Saraiva, 1989 pp. 251-257.

Nunes, Castro. *Do Mandado de Segurança e de Outros Meios de Defesa contra Atos do Poder Público*. Ed. Forense, Rio de Janeiro, 1980, pp. 280-292.

Paula, Alexandre de. *Código de Processo Civil Anotado*. Ed. RT, São Paulo, 1986, pp. 624-635.

Nilson, Jurandyr. *Nova Jurisprudência de Processo Civil*. 3ª tiragem, vol. II, 1977.

CADERNOS DE DIREITO TRIBUTÁRIO

PUBLICAÇÃO DA LEI E TERMO INICIAL DE VIGÊNCIA DA LEI

(A LEI N. 8.383/91)

EROS ROBERTO GRAU
Professor Titular da Faculdade de Direito da Universidade de São Paulo

Consulta

A Lei n. 8.383, de 30 de dezembro de 1991, foi publicada no *Diário Oficial da União* datado de 31 seguinte.

Sucede que esse Diário Oficial, conforme declaração expedida pelo Sr. Diretor-Geral da Imprensa Nacional, "foi colocado em circulação no mesmo dia — (31 de dezembro de 1991) — , encontrando-se disponível para comercialização na Seção de Vendas deste Órgão, a partir das vinte horas e trinta minutos". Outra declaração há, ainda, na qual se afirma que aquele Diário Oficial teve sua edição concluída às 20:45h do dia 31 de dezembro, tendo sido enviado para distribuição, aos correios, no dia 2 de janeiro de 1992, às 7:30h.

Diante disso, indaga-se:

(a) em que data verificou-se a *publicação*, suficiente para definir o termo inicial de vigência da Lei n. 8.383/91?

(b) considerando-se que a Lei n. 8.383/91 inova em matéria tributária, que conseqüências decorrem da resposta conferida ao quesito anterior?

Parecer

1. Universalidade, igualdade e *legalidade* caracterizam o modelo de direito próprio ao sistema capitalista. A *igualdade* (perante a lei) e a universalidade das formas jurídicas, arrematadas na sujeição de todos ao domínio da lei (*legalidade*), é fundamental à sua estruturação.

O direito moderno, de outra parte — que Habermas[1] refere como *pós-convencional*, ao qual corresponde a ética da convicção e da responsabilidade (*direito formal*) — exibe como traços que o peculiarizam, diz o próprio Habermas,[2] a *convencionalidade* (o Direito moderno é Direito legislado, positivo), o *legalismo* (supõe obediência generalizada à norma, ignorando qualquer motivação ética nos sujeitos jurídicos), o *formalismo* (define as esferas de arbítrio

1. *Theorie de l'agis communicationnel*, tome 2, trad. par Jean-Louis Schlegel, Fayard, Paris, 1987, pp. 190 e ss.

2. *Zur Rekonstruktion des Historishmen Materialismus*, Suhrkamp Verlag, Frankfurt am Main, 1976, p. 264-65.

legítimo das pessoas, esferas eticamente neutras, vinculadas a conseqüências jurídicas) e a *generalidade* (deve compor-se de normas gerais que, no essencial, não permitam qualquer exceção ou privilégio).

Entendo, não obstante,[3] sejam exclusivamente dois esses traços, o da *universalidade* e o da *publicidade*. Por eles conformado, o direito é afetado pela *racionalidade* que lhe permite o desempenho da função de ordenar a circulação econômica regulada pelo mercado.

É que, de fato, o traço essencialmente característico do direito moderno — e que Habermas não menciona — é o da *publicidade*. Colho o seguinte trecho em Oscar Correas: "Lo que, si, me parece distintivo del capitalismo es la *publicidad* del derecho. Porque de lo contrario no habría circulación mercantil. Recordar que la primera revolución de la que tenemos noticias en el mundo occidental fué la de Solón, uno de cuyos puntos fué la rebelión del mundo comercial en lucha contra el antiguo orden pastoril de auto-subsistencia. *Siempre* los comerciantes han luchado por la publicidad de la ley. Que es hoy una de las banderas democráticas, tal como en tiempos de Solón".[4]

A *publicidade* do Direito, por um lado, é necessária e indispensável à operacionalidade da circulação mercantil, porque confere substância à reserva de segurança e certeza das relações jurídicas e possibilita o cálculo e a previsibilidade reclamadas na dinâmica dessas mesmas relações. O Direito organiza os processos que fluem segundo as regras da economia de mercado, colocando a sua disposição normas e instituições (em especial o contrato, a propriedade privada, o direito de propriedade industrial, etc).[5] Essas normas e instituições devem ser conhecidas para que cumpram sua função.

2. A estrutura do sistema de direito positivo, assim, reclama como *chave de abóbada* a ficção sintetizada no *ignorantia legis neminem excusat*.

De ficção se trata,[6] à toda vista, ainda que, no máximo, apenas a pudéssemos substancialmente justificar ao tempo da codificação napoleônica, quando a lei, em regra, era não mais do que uma formulação de costumes ancestrais — a flexibilidade das leis do nosso tempo, diz Jean Carbonier,[7] é tal que elas não chegam, antes de sofrer alterações, a incorporar-se ao patrimônio psicológico dos indivíduos.

A ficção posta na afirmação de que a lei é (deve ser) por todos conhecida é desdobrada do princípio da igualdade de todos perante a lei; mas como ela não retira sua força obrigatória da circunstância de ser conhecida, reclama-se a *necessidade lógica* da presunção de que seja conhecida; o aforisma, então, impõe-se como imperativo do qual depende a consistência (lógica interna) do sistema jurídico — sem a presunção de que a lei seé operacionalizável.[8]

3. Vide meu *A ordem econômica na Constituição de 1988 (interpretação e crítica)*, 2ª edição, Editora Revista dos Tribunais, São Paulo, 1.991, págs. 25/6.

4. Cf. carta pessoal, a mim enviada pelo professor da Universidade Autônoma do México.

5. V. Norbert Reich, *Mercado y Derecho*, trad. de Antoni Font, Ariel, Barcelona, 1985, pp. 60-61.

6. Diz Carlos Maria Cárcova (Sobre la comprensión del derecho, in *Materiales para una teoría crítica del derecho*, Enrique Marí et alii, Abeledo-Perrot, Buenos Aires, 1991, p. 212-2): "Por el contrario, el derecho en las sociedades contemporáneas se *presume* conocido por todos. Son inexcusables *el error* y la ignorancia del *derecho*. Los hombres son libres e iguales ante la ley y subsiguintemente, están parejamente capacitados para la celebración de cualquier acto jurídico. Todos comprendemos, aun los juristas , que estos presupuestos — esenciales a la vida del derecho — no constituyen sino un conjunto de ficciones".

7. *Flexible Droit*, 2ª ed., LGDJ, Paris, 1971, p. 116.

8. Cf. François Terré ("Le rôle actuel de la maxime 'nul n'est censé ignorer la loi' ", in *Étu-*

Daí a importância que assume, no direito *pós-convencional* (*direito formal*), a publicação das leis, de um lado a definir o termo inicial de sua vigência, de outro a instalar a presunção de sua *publicidade* (do direito).

3. O procedimento legislativo compreende, entre suas fases, a da *promulgação* e a da *publicação*.

A primeira, diz a doutrina[9], tradicionalmente, constitui a comunicação de que uma lei foi produzida, comportando dois efeitos: o de tornar conhecidos os fatos e atos geradores da lei e o de indicar que a lei é válida, executável e obrigatória até que o Poder Judiciário se pronuncie em contrário. A segunda — a *publicação* — é ato via do qual se dá conhecimento, aos destinatários da lei, da sua promulgação. Daí porque, conclui-se, a publicação é do ato promulgatório, "instrumento pelo qual se transmite a promulgação".[10]

E prossegue a doutrina a dizer que a comunicação de que uma lei foi produzida (promulgação) necessita, para que seja eficaz, ser publicada. Assim, é na e com a *publicação da promulgação* que a lei se torna vigente. A *publicação* é condição da eficácia da promulgação que, por sua vez, instala a presunção de que a lei é dotada, desde o momento da publicação ou em certo termo a partir dela, de vigência. A vigência da lei está condicionada pela publicação da sua promulgação.

4. Esse pedaço de discurso jurídico dá bem a medida, autêntica, do formalismo em que se encontra imerso o todo (discurso jurídico). Aqui, logo se vê, vivemos intensamente o *direito formal*, cujas regras e princípios conformam o *jurídico*.

Como qualquer ato de vontade apenas penetra o mundo jurídico quando se manifesta segundo determinado rito, é a *forma* dessa manifestação que viabiliza — e aí o sentido mágico[11] — a existência do ato, material como (ato) jurídico.

A *promulgação* da lei opera neste sentido: o rito (formal) converte o que materialmente já existia em realidade "jurídica". Ela, portanto — a promulgação — tem relevância *procedimental*.

Já a *publicação* (que em verdade é — deve, tem de ser — *da lei* e não, apenas, da promulgação) é dotada de relevância *material*. O dado mágico, aqui, é material, um *fato*, *fato* expressivo da publicação. A necessidade lógica da presunção de que a lei seja conhecida — e, globalmente, da *publicidade* do direito — exige a materialização desse *fato* (*fato da publicação da lei*). Com isso não se afirma a irrelevância da forma da publicação. O que sustento é que, aqui, é do *fato da publicação* que decorre a ficção, *chave de abóbada* da estrutura do sistema de direito positivo. A *ficção* (forma) *pressupõe um dado material*, um *fato*.

O primeiro quesito proposto na consulta, portanto, sugere indagação que mais envolve *questão de fato* do que *questão de direito*, ainda que, é certo, na verificação de fatos esteja sempre inserida na apreciação jurídica.[12]

5. Se volvermos os olhos para os institutos jurídicos verificaremos que eles se apresentam como estruturas vocacionadas ao atendimento de necessidades sociais refletidas em interesses juridicamen-

des de Droit Contemporain, VIIe. Congrés International de Droit Comparé — Uppsala — 1966, Cujas, Paris, 1966, p. 91 e ss.

9. Vide José Afonso da Silva, *Princípios do processo de formação das lei no Direito Constitucional*, Ed. Revista dos Tribunais, São Paulo, 1964, p. 223.

10. Idem, p. 226.

11. Sobre o sentido mágico do jurídico, vide Karl Olivecrona, *Law as a fact*, second edition, Stevens & Sons, London, 1971, pp. 240 e ss.

12. Cf.. Jan Schapp, *Problemas fundamentais da metodologia jurídica*, trad. de Ernildo Stein, Sérgio Antonio Fabris Editor, Porto Alegre, 1985, p. 40.

te tutelados; dessas estruturas decorrem conseqüências jurídicas, indispensáveis a que cada instituto cumpra sua finalidade, desempenhe sua *função*. Vale dizer: os institutos jurídicos existem para cumprir determinadas *funções*.

Assim com as normas, unidades das quais se compõem os institutos jurídicos. A lição de von Ihering,[13] cumpre sempre a relembrarmos: a *finalidade* é o criador de todo o direito; não existe norma ou instituto jurídico que não deva sua origem a uma *finalidade*.

Diz o artigo 1º da Lei de Introdução ao Código Civil que "salvo disposição em contrário, a lei começa a vigorar em todo o país quarenta e cinco dias depois de *oficialmente publicada*" (grifei).

Aí uma norma, que — é certo — cogita não apenas da determinação de um efeito da publicação (definição do termo inicial de vigência da lei), mas que, ademais, toma como necessária (pressupõe) a publicação da lei.

Uma norma (sobre a publicação da lei) e um instituto (o da publicação das leis).

6. Ora, cumpre indagarmos, pois, a que se prestam, *para que servem* — quais as suas *finalidades* — norma e instituto de que cuidamos.

A norma, quando a interpretamos — e dizemos "nós", porque *nós* é que dizemos o que as normas dizem (as normas só dizem através da mediação do intérprete) — serve para definir o momento em que as leis adquirem vigência; isto é, quando *oficialmente publicadas*.[14] "Oficialmente publicadas", aí e no contexto pragmático da União — assim como dos Estados e dos grandes Municípios, que possuem imprensa oficial — é *publicação no Diário Oficial*; insisto: publicação *no Diário Oficial*.

O instituto — instituto da *publicação* — vimos já, cumpre *dupla função*: (a) opera a determinação daquele momento (em que a lei adquire vigência) e (b) instala a ficção da *publicidade* (da lei que foi publicada).

Tanto para que opere aquela determinação quanto para que instale essa ficção, é indispensável que o *fato publicação* efetivamente ocorra, manifestado em circunstância, *material (fato,* pois), efetiva.

Aqui a forma não prevalece sobre o fato. É possível retrair-se, no tempo, o momento desde o qual se aplica lei (aplicação retroativa); mas é impossível conceber-se tenha a lei adquirido *publicidade* anteriormente a sua *publicação*.

É neste sentido que afirmo que o efeito que decorre da função instaladora de publicidade, que a publicação da lei produz, é *material*.

A publicação, portanto, há de ser materialmente eficaz, vale dizer, há de ocorrer de modo que, potencialmente, *todos possam conhecê-la*. E isso apenas se verifica quando, no caso, o Diário Oficial *circula*, isso permitindo se possa exigir, de todos, o conhecimento da publicação.

7. O *fato* que consubstancia a *publicação (fato da publicação)* é, portanto, no caso, a *circulação* do Diário Oficial.

A propósito — se bem que essas manifestações digam respeito a situação diversa — o Supremo Tribunal Federal tem reiteradamente decidido que *a data da publicação não é a da edição do Diário Oficial, porém aquela na qual se deu a sua circulação*. É o caso da publicação de intimação em órgão oficial que circulou no dia seguinte ao da sua data de publicação; a *publicação* é tida como operada neste dia (da circulação). E não no

13. *Der Zweck im Recht*, Druck und verlag von Britkopf e Härtel, Erster Band, zweite umgearbeitete Auflagem Leipzig, 1984, p. VIII.

14. *Oficialmente publicada*, diz também, além do *caput*, o § 1º do artigo 1º da Lei de Introdução ao Código Civil.

correspondente à data da edição do órgão oficial (*v.g.*, aplicando a Súmula 310 do STF, RE 75.518 DF, in *RTJ* 67/831-3; RE, 77.171 SP, in *RTJ* 70/801-2; RE 89.241 SP, in *RTJ* 88/1.092-4; RE 96.688 RS, in *RTJ* 106/323-5 — no RE 71.921 GB, in *RTJ* 58/558-60, a seguinte ementa: "Intimação. Se a publicação do *Diàrio da Justiça* se faz à noite, só se distribuindo o jornal oficial no dia seguinte à publicação, só se deve reputar a intimação como tendo sido feita nesse dia, aquele da distribuição. Aplicação da Súmula 310")

O Tribunal de Justiça do Estado do Rio Grande do Sul, na Apelação Cível n. 590005815 (in *Revista De Jurisprudência* do TJRGS 148/315-18), firmou acórdão com a seguinte ementa: "*Adicional do Imposto de Renda criado pela Lei n. 8.792/88. Como o Diário Oficial que a publicou só teve circulação em 18.1.89, só é cogitável sua cobrança para o exercício fiscal de 1990, face ao princípio da anterioridade*".

Neste julgado diz o relator, Des. José Vellinho de Lacerda — "No caso concreto, não se sabe bem o que aconteceu: se a imprensa oficial efetivamente imprimiu o exemplar datado de 31 de dezembro *em 31 de dezembro*, sem dar-lhe circulação, ou se em janeiro fez imprimir um exemplar datado de dezembro, de modo retroativo. Não importa a hipótese ocorrida — importa o *fato* ocorrido, de resto público e notório — em outros processos, constava *certificada* pelo diretor da Imprensa Oficial do Estado a efetiva circulação em janeiro de 1989 (fls. 234-236)". E, em síntese correta, e extremamente feliz, completa: "Com efeito, *se a finalidade da publicação é tornar conhecida a lei para que ninguém possa alegar a sua ignorância, tal objetivo só pode ser alcançado com a circulação do veículo que a contém*" (grifei).

Aí, no voto do relator, em palavras precisas, e incisivas, o quanto venho expondo. A mera "publicação" da lei (estar ela estampada no Diário Oficial), sem que o veículo oficial que a estampa tenha sido objeto de circulação, é insuficiente para instalar a ficção da *publicidade* da lei e operar a determinação do termo inicial de sua vigência. Dizendo-o de outra forma: o *fato publicação* apenas se realiza com a *circulação* do Diário Oficial.

8. O fato, no caso, é que se sabe que o *Diário Oficial da União* datado de 31 de dezembro de 1991, que publicou a Lei n. 8.383, de 30 anterior, estava disponível para comercialização, na seção de vendas da Imprensa Oficial, *a partir das vinte horas e trinta minutos* — ou vinte horas e quarenta e cinco minutos — deste mesmo dia 31. Note-se: *apenas a partir das vinte horas e trinta minutos do dia trinta e um de dezembro*.

A *publicação*, necessária à instalação da ficção da *publicidade* da lei e à determinação do seu termo inicial de vigência, realiza-se, como vimos, na e com a *circulação* do órgão oficial que estampou o texto de lei.

Circulação, aí, é *fato* que *possibilita* a todos o conhecimento do texto. Não é necessário que todos o conheçam, efetivamente. O que se impõe é a *possibilidade* de que todos o conheçam.[15]

Cumpre indagar, portanto, no caso, se *no dia 31 de dezembro de 1991, após as vinte horas e trinta minutos*, poderiam todos os sujeitos de (do) direito — todos os que se encontram assujeitados às normas jurídicas — ainda que apenas potencialmente, conhecer a Lei n. 8.383/91.

Aqui — insisto nisso e desejo deixá-lo bem vincado — a possibilidade desse conhecimento há de ser, ainda que ape-

15. Basta essa *possibilidade* (vide Giorgio Del Vecchio, *Lições de Filosofia do Direito*, tomo II, trad. de Antonio José Brandão, 4ª ed., Arménio Amado, Coimbra, 1972, p. 153).

nas potencial, *material*. Isto é: essa possibilidade não é ficta, mas — porque sustenta uma ficção — há de ser materialmente factível, embora tão-só em termos potenciais.

A indagação proposta pode e deve ser assim reenunciada, em termos adequados à análise jurídica: *a publicação da Lei n. 8.383, de 30 de dezembro de 1991, no Diário Oficial da União do dia 31 de dezembro de 1991, tendo a edição deste sido concluída às vinte horas e trinta minutos do próprio dia 31 de dezembro e se encontrando ele (o Diário Oficial) disponível para comercialização apenas a partir deste horário, esta publicação — dizíamos — cumpre as funções do fato da publicação da lei (circulação do Diário Oficial)?*

9. Essa publicação (= estar estampada no Diário Oficial datado de 31 de dezembro de 1991 a Lei n. 8.383/91) *não se completou na circulação do Diário Oficial.*

A *distribuição* do Diário Oficial (aos correios) apenas se deu no dia 2 de janeiro de 1991. Assim, para que se possa admitir tenha ele *circulado* será necessário admitirmos que a sua disponibilidade *na seção de vendas da Imprensa Oficial após as vinte horas e trinta minutos (ou vinte horas e quarenta e cinco minutos), em noite de um 31 de dezembro*, consubstanciou *fato da publicação*. Isto é: que essa disponibilidade, *em noite de 31 de dezembro*, possibilitava o conhecimento, *nas últimas três horas e meia daquela mesma noite*, e por todos, ainda que potencialmente, *da publicação* da lei.

É evidente, contudo, não podermos admiti-lo.

10. Para que a ficção da *publicidade* se pudesse instalar e restasse determinado, em 31 de dezembro de 1991, o termo inicial de vigência da Lei n. 8.383/91 seria necessário pudéssemos exigir, de todos, o conhecimento da publicação (*a partir das vinte horas e trinta minutos...*) O *fato da publicação (circulação) — que sustenta a ficção — autoriza a suposição da publicidade* apenas na medida em que se possa exigir de todos esse conhecimento.

Não se poderia contudo, no caso, exigi-lo. E pouco é necessário dizer a respeito disso. Àquelas horas da noite de passagem de ano, em dia de ponto facultativo, a potencial disponibilidade de exemplar ou exemplares do Diário Oficial datado do mesmo dia, na seção de vendas da Imprensa Oficial, evidenciadamente não consubstancia *fato da publicação* (isto é, *circulação* do Diário Oficial). A impossibilidade de exigir-se, de todos, que conhecessem a publicação a partir dessa disponibilidade (e os exemplares do Diário Oficial somente foram distribuídos aos correios no dia 2 de janeiro) é flagrante.

Vale dizer: inexistindo, *na noite de 31 de dezembro de 1991, circulação* do Diário Oficial, a publicação da Lei n. 8.383/91 (= estar estampada no Diário Oficial datado de 31 de dezembro de 1991) *não cumpre as funções do instituto jurídico da publicação.*

A publicação da Lei n. 8.383/91 apenas se tornou *conhecível* (= possibilidade de seu conhecimento por todos) *a partir de 2 de janeiro de 1992*. Nesta data, o termo inicial de sua vigência. A propósito, reporto-me ainda ao entendimento corrente do Supremo Tribunal Federal, em matéria análoga, expresso, *v.g.*, nas decisões inscritas nos acórdãos referidos no item 7, acima.

11. Não concebo possa prosperar argumento que o negue sem malferir o *princípio da boa fé*, que, como observa Celso Antônio Bandeira de Mello,[16] coíbe os comportamentos astuciosos, eivados de malícia, produzidos de modo a

16. *Elementos de Direito Administrativo*, 3ª ed., Malheiros Editores, São Paulo, 1992, p. 61.

confundir, dificultar ou minimizar o exercício de direitos por parte dos cidadãos.

Assim, configura verdadeiro escárnio do Executivo referir, no caso — *ocultando data e hora* (*31 de dezembro, às vinte e trinta horas*) — que "a vigente Lei de Introdução ao Código Civil Brasileiro não pretendeu que a obrigatoriedade de um determinado diploma legal, devidamente publicado (*sic*), com os exemplares do respectivo Diário Oficial tendo sido colocados à disposição dos interessados para comercialização na repartição própria na Capital Federal, somente se iniciaria a partir da remessa dos referidos exemplares para os seus assinantes, por parte da ECT, nos vários locais do País".

Aqui se ouça a voz do Supremo Tribunal Federal, na ementa do RE 71.921-GB, que insisto em novamente transcrever: "Intimação. Se a publicação do *Diário da Justiça* se faz à noite, só se distribuindo o jornal oficial no dia seguinte à publicação, só se deve reputar a intimação como tendo sido feita nesse dia, aquele da distribuição. Aplicação da Súmula 310".

12. Respondo ao primeiro quesito proposto na consulta afirmando, assim, que a *publicação*, suficiente para definir o termo inicial de vigência da Lei n. 8.383/91, verificou-se apenas na data da *circulação* (distribuição) do Diário Oficial de 31 de dezembro de 1991, ou seja, *em 2 de janeiro de 1992.*

13. A circunstância de a Lei n. 8.383 ter sido *publicada* apenas no dia 2 de janeiro de 1992 — isto é, apenas neste momento ter se operado o *fato publicação* — somente a partir de então assumindo vigência, importa, observado o disposto no artigo 150, III, letras *a* e *b* da Constituição de 1988, que, cuidando-se de imposto de renda, as inovações que veicula (*aumento do tributo*) apenas se tornem eficazes a partir de 1993.

14. Em face do exposto, dou as seguintes respostas aos quesitos propostos na consulta:

(a) a *publicação*, suficiente para definir o termo inicial de vigência da Lei n. 8.383/91, verificou-se em 2 de janeiro de 1992;

(b) inovações em matéria tributária (aumento do imposto de renda) veiculadas pela Lei n. 8.383/91 tornar-se-ão eficazes apenas a partir do exercício de 1993.

É o que me parece.

São Paulo, 15 de setembro de 1992.

CADERNOS DE DIREITO TRIBUTÁRIO

A OBRIGAÇÃO TRIBUTÁRIA — NASCIMENTO E MORTE — A TRANSAÇÃO COMO FORMA DE EXTINÇÃO DO CRÉDITO TRIBUTÁRIO

SACHA CALMON NAVARRO COÊLHO
Professor Titular de Direito Tributário da Faculdade de Direito da Universidade Federal de Minas Gerais

1. É coisa sabida e ressabida de séculos que as obrigações, assim como as borboletas de vida breve, só nascem para depois desaparecerem. Os juristas, por isso mesmo, insistem em dizer que o vínculo jurídico obrigacional é, por essência, de natureza transitória. Seria ente da teratologia jurídica uma obrigação perene, permanente, com ânsias de eternidade. As obrigações jurídicas por isso que ligadas às necessidades do convívio humano, às exigências do comércio e os reclamos da coisa pública, existem para obrigar uma ou mais pessoas a fazer, não-fazer, deixar de fazer ou dar alguma coisa a outra ou outras pessoas. Tanto como nós, que ao nascermos, já estamos prometidos à morte, o principal na obrigação não é ela em si-mesma, mas o ato do seu desenlace. Se para nós o desenlace é o momento do encontro com o Absoluto que fora do tempo funda o homem e a história, para o ser obrigacional, o desaparecimento é o momento culminante em que o credor tem o seu e o devedor se desvencilha do dever que o subordinava a outro pela magia da lei. Da lei, repito, pois se as obrigações podem ser contratuais ou legais, não há dúvida que tanto os contratos como os atos geradores de obrigações, somente são jurígenos, porque a lei assim os fez e quis. Em última análise, portanto, como queria Kelsen, toda obrigação deriva da norma. É ela que prestigia o contrato como fonte de obrigação, assim como prestigia o ato ilícito para dele derivar a obrigação de indenizar. É ainda a lei que diz serem certos atos lícitos, geradores de obrigações. A fonte mediata da obrigação é sempre a norma jurídica. As fontes imediatas são o contrato, o ato ilícito e o fato lícito legalmente previsto, como já dito no Código de Napoleão e no nosso Código Civil e no Código Tributário Nacional.

2. Na obrigação importa saber se ela é autônoma, se deveres são esponaneamente assumidos ou se é heterônoma, com os deveres determinados por uma vontade alheia. É que dependendo desse cariz, diversas serão as conseqüências jurídicas. As obrigações autonômicas e heterônomas possuem características próprias. Decerto, pois uma emerge de um casulo contratual e a outra projeta-se de um fato unilateralmente previsto pelo legislador. Mas é tão importante quanto o que vimos de ver, saber quem ocupa os pólos ativos e passivos do "vinculum juris'' obrigacional. Quando pessoas jurídicas de Direito Público comparecem aos pólos, notas jurídicas específicas se fazem presentes e vão influir até nas formas de as obrigações se extinguirem.

3. O modo normal de extinção de uma obrigação é a realização plena da prestação devida. Na obrigação de dar de cunho pecuniário, caso da obrigação tributária, a forma normal de extinção é o *pagamento* espontâneo do crédito. Nem todo pagamento é espontâneo. Pode ser forçado, por ato do credor ou do devedor. Transação é fato que pode redundar em remissão ou pagamento. A remissão e o pagamento, estes sim, extinguem o crédito. O CTN, ao arrolar a consignação em pagamento como forma autônoma de extinção do crédito tributário, sem dúvida erra. Aí há pagamento forçado pelo devedor. A conversão do depósito em renda do credor é forma de pagar tão-somente. O depósito fora feito para garanti-lo. Perdida a causa o juízo o converte em pagamento de crédito devido. Somente o juiz pode fazer isto. Nunca a autoridade administrativa, pois nessa dimensão inexiste causa perdida. O acesso ao Judiciário é garantido constitucionalmente. A remissão com dois esses (ss), esta sim, é outra força autônoma de extinção do crédito tributário. O credor perdoa o devedor, em atenção à nobreza de valores mais importantes que a percepção do tributo. Se a remissão não for nobre haverá trampa, vileza e ilegalidade, que de todos é o dever de contribuir para o tesouro da pólis, em homenagem a *isonomia*. Quem paga antecipadamente, espera a acordância do credor e a obtém, tácita ou expressamente, certamente paga. Não se tem aí modo autônomo de extinguir o crédito senão modo específico de pagar, que o pagamento, este sim, é forma de extinção do crédito tributário. A decisão irrecorrível para a *Fazenda* que declara inexistir obrigação não extingue o crédito, di-lo impossível. A decisão judicial definitiva que reconhece inexistir o dever de pagar, tampouco extingue o crédito senão que o tem como um não-ser. Se não há obrigação, crédito não haverá. A prescrição reconhece o direito de crédito ao credor mas nega-lhe poder jurídico de exigi-lo. Não extingue o crédito, di-lo inexeqüível. Se o devedor paga não tem o direito de repetir. A decadência não deixa formalizar-se o crédito. Trata-se de crédito nati-morto. Mas se morre é porque nasceu com o fato gerador. A decadência de fato extingue o crédito.

4. Finalmente a compensação. O que vem a ser este instituto do direito das obrigações? No Código Tributário Nacional é ela uma forma de extinção do crédito tributário e, conseqüentemente, da obrigação correspondente (art. 156, II e 170 do CTN). O art. 1.009 do Código Civil dá-nos o conceito tão firme quanto vetusto da compensação: se duas pessoas forem ao mesmo tempo credor e devedor, uma da outra, as duas obrigações se extinguem. E o art. 1.010 dispõe que ''a compensação efetiva-se entre *dívidas líquidas, vencíveis* e de coisas *fungíveis*''.

5. O Prof. Alcides Jorge Costa, autor do melhor livro nacional e quiçá peregrino, sobre as formas de extinção da obrigação tributária, cuja cópia do original teve a gentileza de me enviar, nos alerta, com toda razão, que a compensação é um modo anormal de extinguir obrigações e vale-se de Henri de Page. Este último averba: ''O que se passa ao rigor dos princípios?''

Ele mesmo responde: ''Absolutamente nada''.

E, prossegue: ''Do ponto de vista do destino das obrigações respectivas, cada um é devedor e pagará sua dívida ao outro. O modo de extinção normal da obrigação seria o pagamento, pouco importando que a dupla transferência de dinheiro se revelasse inútil. A lei parte, no entanto, dessa inutilidade da dupla transferência de dinheiro e, indo além, extingue as dívidas antes mesmo de serem pagas. Ela as neutraliza tendo em vista a pouca ou nenhuma utilidade da dupla transferência''.

Eu concluo que a compensação está para o direito das obrigações como o princípio da economia dos atos está para o direito processual. Trata-se de uma tática jurídica de racionalidade. A compensação pode ser:

A) Voluntária, por vontade das partes. Será uma novação contratual. Imperará o princípio da supremacia da vontade.

B) Legal, quando determinada pela lei, sob certos pressupostos abstratos, que devem ser preenchidos pelas partes.

A compensação judicial é método processual de realizar compensação, com o acertamento da liqüidez sob supervisão judicial, quando permitida em lei (Não é, a meu ver, tipo autônomo de compensação).

Para Alcides Costa a compensação voluntária é a única que pode ocorrer quando se fazem ausentes os requisitos da *liqüidez, da exigibilidade e da homogeneidade das dívidas em presença*. Eu concordo inteiramente, visto que a compensação para efetivar-se exige: a) que existam duas dívidas; b) que sejam recíprocas — cada credor é também devedor; c) que tenham por objeto coisas fungíveis; d) que as dívidas sejam líquidas; e) que as dívidas sejam exigíveis.

Daí podemos extratar algumas conclusões. Em primeiro lugar a existência de dívidas recíprocas é pressuposto dos dois tipos de compensação. Em segundo lugar, a fungibilidade, a liqüidez e exigibilidade são requisitos apenas da compensação legal.

6. Cabe agora adentrar o campo da compensação tributária. Não fora o CTN ela sequer existiria. O Código Civil reza no art. 1.017 que ''as dívidas fiscais da União, dos Estados e dos Municípios também não podem ser objeto de compensação, exceto nas de encontro entre a Administração e o devedor, autorizados nas leis e regulamento da Fazenda''. Logo, a compensação tributária somente existe em virtude do CTN. Trata-se prioritariamente de modalidade de compensação legal. A compensação voluntária é possível mas somente ocorre naqueles casos em que a Administração ''sponte sua'', mas sob condições autorizativas genéricas, entenda conveniente e oportuno realizá-la. Dispõe o CTN (art. 170), que é, no ponto, ''lex legum'' ou lei sobre como fazer leis, no dizer de Pontes de Miranda, o que se segue: ''A lei pode, nas condições e sob as garantias que estipular ou cuja estipulação em cada caso atribuir à autoridade administrativa, autorizar a compensação de créditos tributários com créditos líquidos e certos, vencidos ou vincendos, do sujeito passivo contra a Fazenda Pública''. Certas conclusões se impõem:

a) Quaisquer créditos do sujeito passivo desde que líquidos e certos, cambiariformes ou contratuais, devidamente registrados, podem ser compensados com os créditos fiscais da Fazenda Pública;

b) O dispositivo do CTN permite a compensação de créditos vencidos ou vincendos, descontada a inflação, nunca porém em percentual superior a 1% ao mês, o que inviabiliza atualmente o instituto quanto a créditos vincendos;

c) A compensação não pode ser feita à falta de lei específica federal, estadual ou municipal, em razão da autonomia dos entes políticos que convivem na Federação. O CTN, já vimos, é ''lex legum'';

d) O Legislador ordinário é que fixará as condições e as garantias sob as quais os créditos serão compensados, por intermédio de leis em sentido formal e material.

7. O fato do Estado situar-se, na espécie das obrigações tributárias, no pólo ativo; confere colorido especial à compensação em matéria fiscal, como de resto apontou-se "ab initio". A solução brasileira não difere muito da vigorante noutras latitudes. Relata o Prof. Alcides Jorge Costa que a Suíça só admite a compensação se o Poder Público assentir. Trata-se de compensação negociada. Na Espanha, na lei geral tributária, a transação é feita sob "as condições regulamentares estabelecidas". Portugal a admite, como a Alemanha, quando a lei a autorize (transação legal).

8. Avultam no Direito pátrio vários casos de compensação legal. A Lei 4.357/64, que criou as ORTNs, deu-lhes poder liberatório para pagamento de tributos federais, após 30 dias do prazo de resgate. O Dec.-lei 491/69 concedeu créditos fiscais presumidos (fictos) como estímulo às exportações, para serem *abatidos* dos débitos do IPI decorrentes das operações tributáveis. Havendo excesso de créditos, estes poderiam ser utilizados no pagamento de outros créditos federais, porventura devidos.

9. O abatimento de crédito no IPI e no ICMS, contudo, não deve ser confundido com a compensação, como conceituado na doutrina universal. É que a técnica da não-cumulatividade é um mecanismo de apuração do imposto a pagar a serviço do princípio do valor agregado nos impostos plurifásicos sobre o consumo. Como cada contribuinte somente deve pagar o valor que agrega e repassa ao produto ou serviço, torna-se necessário abater os créditos dos impostos pagos nas etapas inferiores. Neste sentido pensa Alberto Pinheiro Xavier e Gilberto de Ulhôa Canto e em sentido contrário, Geraldo Ataliba e Alcides Jorge Costa. Ponho-me ao lado dos primeiros. O abatimento dos créditos fiscais no ICM e IPI é técnica de apuração do "quantum debeatur", isto é, do *débito do imposto* e não de compensação de imposto devido com créditos do sujeito passivo. No livro intitulado *Teoria Geral do Tributo e da Exoneração Tributária* (Rev. dos Tribunais, 1981), averbei o que se segue:

"Se a não cumulatividade do ICM — prevista na Constituição — não se projetasse "dentro" da norma jurídica tributária do ICM, aperfeiçoando-lhe o perfil, teríamos pela frente os seguintes dislates:

"a) O crédito pelas entradas, sendo direito do contribuinte, seria renunciável. Se "ex absurdo" todos os contribuintes renunciassem ao direito, o ICM de não-cumulativo tornar-se-ia cumulativo (pela vontade do particular, contra a Constituição...).

"b) O lançamento do imposto a pagar feito "ex officio" pelo sujeito ativo, não poderia levar em linha de conta "O crédito pelas entradas em lapso de tempo determinado", abatendo-os dos "débitos pelas saídas". Competiria ao Fisco tão-somente apurar os débitos, aplicando a alíquota sobre a base de cálculo. Ao contribuinte competiria opor o seu direito de crédito (defluente das entradas). É sabido que o lançamento é ato de aplicação da norma tributária aos casos concretos. E sabe-se que o lançamento "ex officio" do ICM, para ser perfeito, deve apurar tanto os débitos quanto os créditos do sujeito passivo (para chegar ao "quantum debeatur"). Logo o princípio constitucional da não-cumulatividade do ICM integra a norma jurídico-tributária do imposto em tela, e tanto integra, que o lançamento (ato de aplicação da norma às situações individuais) ao quantificar o dever tributário para imputá-lo ao devedor promove a apuração do débito e do crédito, compensando-os (Débito-crédito = imposto a pagar ou crédito-débito = crédito a transferir).

"Fosse o direito de crédito do contribuinte autônomo e próprio, não poderia o Fisco (S. Ativo) apurá-lo através do lançamento que é ato administrativo.

Existe, portanto, uma só relação jurídica e não duas. Uma só norma, a jurídica tributária, incorporando prescrições legislativa diversas, constitucionais e infra-constitucionais."

Gilberto de Ulhôa Canto, a seu turno, diz inexistir compensação porque o que se abate do imposto a pagar é o importe que outros contribuintes já recolheram, de modo que falta a correspondência de obrigações e tampouco se pode falar em dualidade de débitos, pois os dos contribuintes anteriores já teriam sido extintos com os pagamentos que efetivaram.

10. As relações entre a lei complementar tributária — o CTN — e as leis ordinárias das três ordens de Governo da Federação sobre compensação são de coordenação. A lei complementar tem por destinatários os legisladores ordinários. Não cria ela por si só direito subjetivo à compensação. Mas funciona como fundamento de validez das leis ordinárias. Os limites e as condições para operacionalizar a compensação de créditos, foram entregues a discrição dos legisladores ordinários. É com base na produção legislativa desses últimos que se pode e se deve analisar a questão. A compensação é matéria sob estrita reserva de lei.

11. Presentemente, na esfera federal, a Lei 8.383, de 30.10.91, dispõe que nos casos de pagamento indevido ou a maior, por qualquer motivo, de *tributos e contribuições federais* (que são obviamente tributos) a compensação poderá ser efetuada entre *tributos e contribuições da mesma espécie*. O legislador evidentemente erra ao distinguir contribuições federais e tributos. As primeiras são impostos — se analisarmos seus fatos geradores — com destinação específica. São, por assim dizer, impostos finalísticos. De resto o CTN divide os tributos entre três espécies: impostos, taxas e contribuições de melhoria. Mas se por apego à vulgaridade, adotarmos a classificação puramente nominalística da CF de 88, temos por espécies tributárias, grosso modo, os seguintes entes: (a) impostos (b) taxas (c) contribuições de melhoria (d) empréstimos compulsórios em casos de guerra, calamidade pública e para investimentos relevantes ou, noutra terminologia, impostos restituíveis e (e) contribuições especiais (impostos finalísticos) visando fazer face às despesas com a seguridade (contribuições sociais) com a representação das entidades econômicas ou classistas (contribuições corporativas) e com a intervenção econômica do Estado (contribuições interventivas) a teor dos arts. 149 e 195 da Constituição Federal.

12. É preciso remarcar que *tributo* é o gênero de que são espécies o imposto, a taxa e a contribuição de melhoria. O legislador da Lei 8.383/91 não poderia desconhecer a Constituição e o Código Tributário, este último recepcionado pela Lei Maior, em grande parte. Reza a Constituição de 88, no art. 146, III, que compete a lei complementar estabelecer normas gerais em matéria tributária, isto é, institutos comuns e de recepção obrigatória pelas três ordens de governo da federação, tais como a *definição do tributo e de suas espécies*. A seu turno, dispõe o CTN, que é a lei complementar mater: "Art. 3º — Tributo é toda prestação pecuniária compulsória, em moeda ou cujo valor nela se possa exprimir, que não constitua sanção de ato ilícito, instituída em lei e cobrada mediante atividade administrativa plenamente vinculada".

Dessa natureza, por possuir todos os dados integrativos do conceito participam os empréstimos compulsórios (impostos restituíveis) e as contribuições especiais (impostos finalísticos).

Os arts. 4º e 5º do CTN são concludentes:

"Art. 4º — A natureza jurídica específica do tributo é determinada pelo fato gerador da respectiva obrigação, sendo irrelevantes para qualificá-la:

"I — a denominação e demais características formais adotadas pela lei;

"II — a destinação legal do produto da sua arrecadação.

"Art. 5º — Os tributos são impostos, taxas e contribuições de melhoria."

Vale dizer, o que importa é a análise do fato gerador do tributo e de sua base de cálculo para que se possa definir a que espécie ele pertence, se é imposto, taxa ou contribuição de melhoria, irrelevantes os nomes, *v.g.*, contribuição social ou o destino da arrecadação (financiamento da seguridade por exemplo). Não por outra razão a Constituição Federal, no art. 145, § 2º, diz que as taxas não poderão ter base de cálculo própria de impostos.

Ora, que base de cálculo própria de imposto é essa, tão veementemente referida na Constituição? O CTN nos fornece a resposta: para ele, a teor do art. 16, imposto é o tributo cuja obrigação tem por fato gerador uma situação independente de qualquer atividade específica relativa ao contribuinte, como, por exemplo, ser proprietário, ter renda, fazer circular mercadorias, etc. Logicamente a base de cálculo deve ser inerente ao fato gerador: o valor da propriedade, da renda e da operação de circulação. Nas taxas e nas contribuições de melhoria, ao contrário, o fato gerador é uma atividade estatal específica relativa ao contribuinte, evidentemente imediata e sinalagmática. Nos casos das taxas esta atividade é a prestação de um serviço público, específico e divisível, como uma apanha de lixo ou um ato do poder de polícia como a concessão de um alvará de construção ou um atestado de bons ou maus antecedentes. No caso da contribuição de melhoria é uma obra pública que beneficia ou valoriza o imóvel de um particular. Logicamente a base de cálculo nas taxas e nas contribuições de melhoria relaciona-se com o custo do serviço ou com o *valor do benefício* transmitido à propriedade do particular. Para evitar taxas com o nome de taxas mas disfarçando impostos cunhou o constituinte de 88 a regra do art. 146, § 2º, da CF. Mas para fazer isto deu-nos a clara percepção de que adotou a teoria dos tributos vinculados ou não a uma atividade estatal, como técnica de repartição do gênero tributo entre as suas tradicionais espécies, tanto na Alemanha como no Brasil, para estabelecer a íntima ligação entre essas duas escolas, e cujo estudo já foi feito no pequeno grande livro de Geraldo Ataliba *A Hipótese de Incidência Tributária* e que marcou, na época, a renovação da tributarística nacional.

13. Cabe agora perguntar quais são os fatos geradores das contribuições especiais, mormente das sociais e quais as suas respectivas bases de cálculo. Ao ponto, portanto. No caso das contribuições interventivas é sempre uma quantia variável ligada a um preço qualquer da economia. No caso das contribuições corporativas é uma cota-parte do salário (no caso dos empregados assalariados um dia de salário) ou um valor estimado a"forfait". No caso das contribuições sociais os fatos geradores são, tratando-se de empregadores, *lucro bruto* ou *faturamento*, *lucro líquido e despesa com salários*. Tratando-se de empregados o fato gerador é perceber renda, via salários. É um desconto sobre a renda ganha, na fonte. Tais fatos em nada implicam uma atividade estatal. O fato gerador é fato do contribuinte e não fato do Estado. O destino da arrecadação é que volta-se ao financiamento de uma atividade estatal, a seguridade, que longe de estar referida à pessoa do contribuinte é geral, ampla e abrangente. Um contribuinte de contribuições sociais pode viver e morrer sem nunca ter fruído um benefício da seguridade social e sem aposentar-se. Daí a razão de se chamar a tais contribuições, noutras latitudes, de impostos sociais, pois que, como todos os impostos, visa satisfazer necessidade de toda a coletividade. A minha convicção é que as contribuições ditas especiais assim como os empréstimos compulsórios são impostos, restituíveis uns, finalísticos outros, mas impostos pela análise dos respectivos fatos geradores e base de cálculo, às luzes da Constituição e do Código Tributário Nacional. A rigor imposto e contribuição especial são uma coisa só.

14. Em sendo assim, são absolutamente ilegais por restritivas em relação à Lei 8.383/91, a instrução normativa n. 67 de 26 de maio de 1992 e o Parecer da PGFN n. 638 publicado no *DOU* de 29.7.93 — p. 10.762, ferindo de frente o art. 97 do CNT que diz ser privativo da lei regrar as hipóteses de exclusão, suspensão e extinção de créditos tributários e o art. 99 do mesmo CTN, que restringe o alcance dos decretos e dos atos normativos menores ao das leis em função das quais sejam expedidos. Enquanto a lei predica a compensação de imposto com imposto, taxa com taxa, contribuição de melhoria com contribuição de melhoria ou, para sermos lenientes, contribuição especial com contribuição especial, a instrução normativa manda operar a compensação por códigos de DARF. Muito mais longe, numa algaravia conceitual insuportável, feita de propósito para agradar os interesses equivocados da Fazenda Pública, lança-se o Parecer 638/93. De fato a lei fala em compensação entre tributos da mesma espécie (art. 66, § 1º). As espécies de tributo são impostos, taxas, contribuições de melhoria (e, se quiserem, contribuições especiais e empréstimos compulsórios). A instrução n. 67 já fala em seu art. 4º que a compensação será realizada pelo valor expresso em quantidade de UFIR e entre códigos de receitas relativas a um mesmo tributo ou contribuição. Foi além do que dissera o legislador. É o "minus dixit" proibido pelo CTN, como já anotado. À sua vez o Parecer 638/93 da PGFN procurando aclarar o disposto no art. 66 da Lei 8.383, perverte inteiramente os dizeres do Código Tributário Nacional. É ver o entrecho que se dá à estampa.

"Destarte, tendo o § 1º, do art. 66, da Lei n. 8.383/91, determinado que a compensação, de que cuida este artigo, só poderá ser efetuada entre tributos e contribuições da mesma espécie, isto é, com o mesmo fato imponível, não pode o contribuinte pretender a compensação de créditos relativos a um imposto com débitos de outro imposto (ISOF com IR); de créditos de uma contribuição com débitos de um imposto (PIS/PASEP com IR, ou CS com IR), nem créditos relativos a uma contribuição (PIS/PASEP com o Cofins, ou o Finsocial com Cofins, PIS)."

Com a devida vênia, impostos, taxas e contribuições são espécies do gênero tributo. Agora *cada imposto* possui o seu fato imponível próprio. O art. 4º do CTN quis diferenciar as espécies do tributo e não as espécies de impostos ou de taxas ou de contribuições, como visto retro. O Parecer torce a ciência do direito "pro domo sua". Não merece acolhida. Os contribuintes podem operar compensações "secundum legem" e por conta própria. Trata-se de compensação legal.

Setembro, 1993.

CADERNOS DE DIREITO TRIBUTÁRIO

A IMUNIDADE RECÍPROCA, O PRINCÍPIO FEDERAL E A EMENDA CONSTITUCIONAL N. 3, DE 1993

MISABEL ABREU MACHADO DERZI
Professora da Faculdade de Direito da Universidade Federal de Minas Gerais

1. As imunidades e os princípios: Distinção. 2. Fundamentos da imunidade recíproca. Nova posição da Constituição de 1988: 2.1 Evolução e funções do Estado federal; 2.2 A imunidade recíproca como expressão do princípio da capacidade econômica. 2.3 A imunidade recíproca na Constituição de 1988: 2.3.1 Imunidade recíproca entre a União, os Estados e os Municípios, ou destes entre si e a EC n. 3, de 1993; 2.3.2 A imunidade recíproca não beneficia particulares. 3. Evolução dos conceitos de renda, patrimônio e serviços, para fins de imunidade. 4. Finalmente um retorno a Aliomar Baleeiro? O falso dilema entre interpretação jurídica ou econômica. 5. Conclusões: imunidade recíproca, o IPMF e o IOF.

1. *As imunidades e os princípios: distinção*

Do ponto de vista jurídico, em geral, todos se põem de acordo em que a imunidade:

1) é regra jurídica, com sede constitucional;

2) é delimitativa (no setido negativo) da competência dos entes políticos da Federação, ou regra de incompetência;

3) obsta o exercício da atividade legislativa do ente estatal, pois nega competência para criar imposição em relação a certos fatos especiais e determinados;

4) destingue-se da isenção, que se dá no plano infraconstitucional da lei ordinária ou complementar (assim lecionam Pontes de Miranda, *Comentários à Constituição de 1946*, Max Limonad, 1953, vol. 1. p. 156; Geraldo Ataliba. *Natureza Jurídica da Contribuição de Melhoria*, São Paulo, Ed. RT, 1964, p. 231; Gilberto de Ulhôa Canto, *Temas de Direito Tributário*, Rio de Janeiro, Ed. Alba, 1964. vol. 3, p. 340; José Souto Maior Borges, *Isenções Tributárias*, 1ª ed., São Paulo, Sugestões Literárias, 1969, p. 206; Sacha Calmon Navarro Coêlho, *Comentários à Constituição de 1988*, Sistema Tributário, Rio de Janeiro, 1990, p. 304; Paulo de Barros Carvalho, *Curso de Direito Tributário*, 4ª Ed., São Paulo, Saraiva, 1991, p. 117; Bernardo Ribeiro de Moraes, *Sistema Tributário na Constituição de 1969*, Ed. RT, 1973, p. 467; Ruy Barbosa Nogueira, *Curso de Direito Tributário*, 5ª Ed., Saraiva, p. 172; Ormezindo Ribeiro de Paiva, *Imunidade*

Tributária, São Paulo, Ed. Resenha Tributária, 1981; Ives Gandra Martins, *Sistema Tributário na Constituição de 1988*, São Paulo, Saraiva, 1989).

Aliomar Baleeiro, o autor clássico das imunidades, define-as, por seus efeitos, como limitações constitucionais ao poder de tributar. Não obstante, são limitações constitucionais ao poder de tributar, ainda, o princípio da legalidade, da anterioridade, da igualdade, da vedação do confisco, etc., enfim, o conteúdo desta obra (V, Cap. I). Também a Constituição Federal intitula a seção II do Cap. VI de "Limitações ao Poder de Tributar" e, dentro dela, inclui as imunidades propriamente ditas e os demais princípios e normas reguladoras dos direitos e garantias dos contribuintes, como legalidade, irretroatividade, anterioridade, vedação do confisco e outros.

Qual seria, então, a especificidade das imunidades? Como distingui-las no seio das demais limitações constitucionais ao poder de tributar?

Criticando a todos, que tratam o tema de forma difusa e interdisciplinar (com considerações político-econômicas e sociais), reduzindo-o a uma "limitação constitucional às competências tributárias", Paulo de Barros Carvalho observa com a argúcia que lhe é peculiar: "*Mas é curioso refletir que toda atribuição de competência, ainda que versada em termos positivos e categóricos, importa uma limitação. Entretanto, nem por isso estaríamos autorizados a falar em imunidades, para os casos que ultrapassem os limites conferidos. Se assim não fosse, poderíamos declarar-nos imunes à tributação de nossas rendas e proventos de qualquer natureza pelo Município, uma vez que tal iniciativa se encontra inequivocamente defesa, nos dizeres da Contituição. Nesse mesmo rumo todos os administrados estariam imunes a exigências tributárias não determinadas por lei, em virtude de existir princípio lapidar que consagra o cânone da estrita legalidade. E, assim por diante, cada investida do fisco, violadora dos primados da igualdade, da anterioridade, da universalidade, da jurisdição e de todo o amplo catálogo de direitos e garantias que o Estatuto maior prevê, suscitaria a invocação do versátil instituto da imunidade. Forçando mais o raciocínio, não seria desatino reduzir o Capítulo I do Título VI da Constituição a uma tábua de limitações, que passaríamos a denominar* Imunidades Tributárias".

E propõe o seguinte conceito de imunidades: "*classe finita e imediatamente determinável de normas jurídicas, contidas no texto da Constituição Federal, e que estabelecem, de modo expresso, a incompetência das pessoas políticas de direito constitucional interno para expedir regras instituidoras de tributos que alcancem situações específicas e suficientemente caracteriadas*" (op. cit., p. 117).

Entretanto, convém observar que há certas imunidades que, por serem logicamente dedutíveis de princípios fundamentais irreversíveis como a forma federal de Estado e a igualdade-capacidade contributiva, independem de consagração expressa na Constituição. É o caso das imunidades recíprocas das pessoas estatais e das instituições de educação e assistência social, por exemplo.

Por essa mesma razão é que as imunidades, como regra geral, contemplam impostos. Eventualmente, por imperativo de justiça, a Constituição consagra a imunidade daqueles reconhecidamente pobres, em relação a certas taxas e emolumentos (art. 5º., LXXIV, LXXVI). Mas é exceção.

Caso diferente, entretanto, comprova o ditado do art. 151, I, da Constituição, que estatui:

"É vedado: I — à União instituir tributo que não seja uniforme em todo o território nacional ou implique distinção ou preferência em relação a qualquer

Estado, ao Distrito Federal ou a Município, em detrimento de outros, admitida a concessão de incentivos fiscais destinados a promover o equilíbrio do desenvolvimento sócio-econômico entre as diferentes regiões do País''.

Ora, o mencionado art. 151, I, não regula uma imunidade (apesar de Paulo de Barros Carvalho supor o contrário. CF. op. cit., p. 113), apenas reafirma o princípio da uniformidade no Estado Federal, que é uma especialização da igualdade. Princípio não é imunidade, embora imunidades estejam expressamente consagradas, por causa de valores e princípios fundamentais. Qual será, então, a especificidade conceitual da imunidade? Por que razão, tradicionalmente, legalidade, irretroatividade, anterioridade, capacidade econômica de contribuir, vedação do confisco e outros princípios não são imunidades, embora sejam todos limitações constitucionais ao poder de tributar?

Observe-se que aquilo que se convencionou chamar de imunidade (assim como acontece com a isenção, no plano das leis) é regra parcial, de exceção. A imunidade e a isenção jamais são totais ou coincidentes (no sentido negativo), no primeiro caso, com a norma atributiva de poder tributário, no segundo, com o âmbito de incidência do tributo. Se o forem, equivalerão à cassação da competência ou à revogação da lei tributante. Daí a explicável analogia, feita pela doutrina, entre imunidade e isenção, em que pesem às suas diferenças substanciais.

A imunidade é regra constitucional expressa (ou implicitamente necessária), que estabelece a não competência das pessoas políticas da federação para tributar certos fatos e situações, de forma amplamente determinada, delimitando negativamente, por meio de redução parcial, a norma de atribuição de poder tributário. A imunidade é, portanto, regra de exceção e de delimitação de competência, que atua, não de forma sucessiva no tempo, mas concomitantemente. A redução que opera no âmbito de abrangência da norma concessiva de poder tributário é tão-só lógica, mas não temporal (Contra: Paulo de Barros Carvalho, op. cit., p. 109: *''Resumindo, a imunidade não exclui nem suprime competências tributárias, uma vez que estas representam o resultado de uma conjunção de normas constitucionais, entre elas, as de imunidade tributária. A competência para legislar, quando surge, já vem com as demarcações que os preceitos da Constituição fixaram''*.)

O que é imunidade? É norma que estabelece a incompetência. Ora, estabelecer incompetência é negar competência ou denegar poder de instituir tributos, conjunto de normas que só adquire sentido em contraste com outro conjunto que atribui ou concede poder tributário. Conjunto só inteligível, se logicamente se pressupõe um outro conjunto, por ele reduzido ou delimitado: o das normas atributivas de poder...

Os princípios e as imunidades geram os mesmos efeitos: limitam o poder de tributar. Mas os princípios são normas e diretrizes gerais determinados, enquanto as imunidades:

1) são normas que somente atingem certos fatos e situações, amplamente determinadas (ou necessariamente determináveis) na Constituição;

2) reduzem, parcialmente, o âmbito de abrangência das normas atributivas de poder aos entes políticos da Federação, delimitando-lhes negativamente a competência;

3) e, sendo proibições de tributar expressas (ou fortes), têm eficácia ampla e imediata;

4) criam direitos ou permissões em favor das pessoas imunes, de forma juridicamente qualificada.

Von Wright distingue entre o permitido fraco, meramente implícito, que resulta de um juízo negativo, segundo o qual o que não está proibido está permitido, e um permitido ''forte'', no sentido de que algo pode não estar proibido ou ser obrigatório mas, ainda, submetido à norma (*"An act will be said permitted in the weak sense if it is not forbidden; and it will be said to be permitted in the strong sense if it is not forbidden but subject to norm"* — G. H. Wright, "Norm and Action, an Essay in Deontic Logic and The General Theory of Action", *Acta Philosophica Fennica*, Fasc. XXI, Amsterdam, North-Holland Publishing Company, 1968, p. 86).

Não obstante, o que não está proibido e não é obrigatório é permitido, no sentido bilateral de facultado, em espaço juridicamente qualificado e sujeito à norma se a permissão é modo deôntico jurídico.

Pondera Vilanova que a permissão, como modo deôntico, mesmo implícita e resultante de juízo negativo, é juridicamente qualificada e tem caráter normativo. Esclarece que a conduta permitida é relacional como toda outra. É intersubjetiva. *"Poder-se-ia pensar que a permissão estivesse regrada por norma não-jurídica, caso em que ter-se-ia juridicamente a anomia, como mera possibilidade factual de conduta. Mas ocorre que o ordenamento não fica indiferente à forma relacional (intersubjetiva) de conduta. O ordenamento, expressa ou tacitamente, confere faculdade de fazer ou omitir tudo o que suas normas não proíbem ou não ordenam (E. García Mayne, ob. cit., p. 202). Se temos a permissão de fazer ou omitir o que não se proíbe ou ordena, é que norma jurídica existe, expressa ou tácita, que nos concede a permissão, como direito, e impõe aos demais sujeitos o dever (jurídico) de não impedir a conduta permitida"* (Cf. Lourival Vilanova, *As Estruturas Lógicas e o Sistema do Direito Positivo*, São Paulo Ed. RT, 1977, p. 169).

A imunidade, as isenções (incluída a alíquota zero) são permissões explícitas do ponto de vista do contribuinte e configuram proibições ou deveres de omissão aos entes estatais. Uma proibição aos entes políticos da Federação de instituir imposto (no caso da imunidade) ou uma proibição à cobrança de tributo (no caso da isenção ou da alíquota zero).

Mas a situação do não contribuinte, do ponto de vista eficacial, não é diversa daquele isento ou imune. Apenas implícita.

A permissão transparece, então, como direito à conduta permitida e como proibição ou obrigação (dever de tolerar, de não fazer) da conduta contrária que obstaculize o exercício do facultado.

O caráter constitutivo do "direito do contribuinte isento", a que se refere Alberto Xavier, próprio da isenção, é exatamente o mesmo nas demais permissões implícitas do ordenamento, englobantes do campo de não incidência da norma tributária.

É possível sustentar, então, que tanto as permissões sujeitas a norma expressa, como aquelas decorrentes de norma implícita formam, em conjunto com as obrigações, o estatuto do contribuinte, com seu complexo de deveres, obrigações e direitos ou permissões, sem perda de coerência.

Mas além disso, a imunidade não se confunde com a incompetência deduzida ou inferida, da qual também resultam direitos para o contribuinte, tão eficazes e atuantes quanto aqueles expressos nas imunidades, que são um conjunto de normas proibitivas de exceção (proibitivo forte). Se existe uma regra de não competência, segundo a qual falece poder ao Município para instituir imposto sobre ativos, o contribuinte pode se opor à exigência descabida. Mas o fenômeno não é regra de não competência imunitória, porque tal regra não atua sobre outra de atribuição de poder tributário ao Município, reduzindo-lhe a extensão.

Bem se vê que as imunidades são um *non sense*, se analisadas isoladamente (como seriam as isenções, no plano das leis da pessoa tributante). Somente relacionadas a uma norma atributiva de poder tributário, perdem o sentido absoluto de "regra de incompetência", assumindo a dimensão que devem ter: regra de incompetência que atua parcialmente sobre outra, reduzindo-lhe a extensão. Não dizemos que somos "imunes" a impostos sobre a renda instituídos pelo Município, porque falece a essa pessoa pública estatal, poder originário para tributar a renda. Não obstante, dizemos que os "templos" são imunes ao imposto sobre a propriedade predial e territorial urbana, porque há uma norma constitucional que atribui ao Município a faculdade de instituir imposto de tal natureza.

No plano das isenções, passa-se fenômeno similar, não havendo equívoco ou impropriedade nas assertivas de Paulo de Barros Carvalho, quando afirma: "*guardando a sua autonomia normativa, a regra de isenção investe contra um ou mais critérios da norma-padrão de incidência, mutilando-os, parcialmente. É óbvio que não pode haver supressão total do critério, porquanto equivaleria a destruir a regra-matriz, inutilizando-a como norma válida no sistema. O que o preceito de isenção faz é subtrair parcela do campo de abrangência do critério do antecedente ou do conseqüente*" (op. cit. pp. 328-329)... E explicando seu modo de enfocar o tema, diz: "acreditamos haver respeitado, pelo caminho que escolhemos, o princípio da simultaneidade da dinâmica normativa" (op. cit. p. 334). Não são inadequados, pensamos, os termos "mutilar", "suprimir" ou "subtrair parcialmente", utilizados pelo citado jurista para explicar o fenômeno da isenção, assim como não há inconsistência no uso dessas mesmas expressões para referir os efeitos que a norma imunitória provoca na norma atributiva de poder.

Ora, a norma isencional — e é irrelevante que seja criada, simultaneamente, na lei que institui o tributo, ou em outra, posterior — uma vez posta, atuará na norma de tributação, reduzindo-lhe o campo de incidência. A atuação é logicamente concomitante e não sucessiva, no tempo. Assim também a imunidade — e é irrelevante que venha consagrada em texto constitucional originário ou derivado, por emenda ou revisão — delimita, demarca, reduzindo a norma atributiva de poder tributário, de forma lógica e não sucessiva, no tempo. Em um e outro instituto, os fenômenos de mutilação, supressão parcial, subtração, redução ou restrição são o ponto analógico de ligação.

Se tomamos a palavra *competência* no sentido de poder tributário *já delimitado* (como pretende Paulo de Barros Carvalho), então a norma de competência é um conjunto que resulta da seguinte subtração: norma de atribuição de poder — norma denegatória de poder (imunidade). O que é preciso registrar é que as imunidades somente adquirem sentido e função, uma vez relacionadas com as normas atributivas de poder, cuja abrangência elas reduzem. Nesse sentido, elas são:

- endógenas, em relação às normas atributivas de poder tributário, porque lhes delimitam negativamente a extensão, atuando dentro delas para reduzir-lhes o âmbito eficacial;

- negações parciais, um *non sense* se analisadas isoladamente, que não se prestam a ditar as diferenças especificantes de cada espécie de competência tributária (assim como as isenções, por serem também negações parciais, não contêm a diferença especificante de cada espécie de tributo).

Os princípios jurídico-constitucionais limitam o poder de tributar, mas são funcional e logicamente diferentes.

Leciona Geraldo Ataliba:

"Augustín Gordillo — notável mestre de Direito argentino — ensina que o princípio é ao mesmo tempo norma e diretriz do sistema, informando-o visceralmente (*Introdución al Derecho Administrativo*, vol. I, p. 176), e demonstra que mesmo as normas constitucionais não têm igual eficácia, mas, pelo contrário, se estruturam de forma piramidal, como entende a escola de Viena, liderada pelo incomparável Kelsen. Aliás, José Afonso da Silva (*Aplicabilidade das Normas Constitucionais*) dá a melhor demonstração prático-teórica da robustez desse postulado. O princípio aponta a direção, o sentido em que devem ser entendidas as normas que nele se apóiam e ressalta não poder o intérprete extrair conclusão que contrarie um princípio ao alicerce de um edifício, lhe comprometa as exigências, ou lhe negue as naturais conseqüências. Por isso Juan Manuel Teran compara o princípio ao alicerce de um edifício, já que suporta o sistema e lhe dá consistência.

"Ouçamos um dos mais autorizados publicistas brasileiros (Celso Antônio Bandeira de Mello), expondo magistralmente lição fundamental: 'Entende-se por princípio a disposição, expressa ou implícita, de natureza categorial em um sistema, que conforma o sentido das norma implantadas em uma dada ordenação jurídico-positiva. Com efeito, na lição magistral de Juan Manuel Teran, 'toda categoría logicamente es un concepto bajo el cual se ordenan una serie de nociones y conceptos. Toda categoria es un concepto básico, en tanto que comprende otros. Existe un concepto como categoría, en tanto que a el se subordina o de el se infieren otros conceptos... En otras palabras, sólo son categorías los conceptos fundamentales con relación a cierta orden; es decir, cuando sirven de apoyo para compresión dentro de cierta esfera' (*Filosofia del Derecho*, 1952, Porrúa, México, p. 87). Princípio é, pois, por definição, mandamento nuclear de um sistema, verdadeiro alicerce dele, disposição fundamental que se irradia sobre diferentes normas, compondo-lhes o espírito e servindo de critério para sua exata compreensão e inteligência, precisamente porque define a lógica e a racionalidade do sistema normativo, conferindo-lhe a tônica que lhe dá sentido harmônico''' (Cf. Geraldo Ataliba, *Instituições de Direito Público e República*, São Paulo, pp. 35-36).

A rigor os princípios, como mandamentos nucleares, como conceitos básicos ou alicerces do sistema jurídico, tanto inspiram as normas atributivas de poder, como aquelas imunitórias. Ora explicam o sentido e a função de uma imunidade, ora a distribuição de poder entre os entes federados, ora são requisitos ou critérios de validade formal ou material para a criação de normas jurídico-tributárias. Compreendê-los é condição inafastável para a interpretação de qualquer regra.

Legalidade, igualdade, proibição de confisco, anterioridade, irretroatividade, por exemplo, dizem respeito aos requisitos a serem observados para o exercício válido da competência tributária. Sendo direções traçadas ao legislador, criam também direitos subjetivos em favor dos contribuintes, mas a sua observância levará a formação de normas de conduta válidas, eficazes e aplicáveis, à instituição regular e eficiente do tributo. São diretrizes que norteiam o bom exercício da competência tributária.

Ao contrário, no caso das imunidades, como normas que retiram certos fatos ou pessoas do âmbito de abrangência das normas atributivas de poder, a observância dos princípios da legalidade, irretroatividade, anterioridade, vedação do confisco, igualdade, etc. será inútil porque se esbarra em uma proibição ou denegação expressa de competência para tributar aqueles fatos ou pessoas. As imunidades não norteiam o bom exercício da competência tributária, mas denegam o poder tributário, limitando-o relativamente a certos fatos.

Com razão, explica Sacha Calmon:

"O legislador constituinte autorizou ao Município a criar o ITBI, proibindo, no entanto, sua incidência sobre a transmissão desses bens ao patrimônio de pessoa jurídica em realização de capital (colocação de bens imóveis ao capital de sociedade). Nesse mesmo passo, deu à União competência para instituir o ITR e aos Estados a faculdade de criar impostos sobre operações relativas à circulação de mercadorias. Proibiu à União, todavia, tributar com o ITR as glebas rurais de área mínima e vedou aos Estados fazer incidir o ICMS sobre produtos industrializados remetidos ao exterior. Os prédios urbanos estão sujeitos ao IPTU de competência municipal, mas esta exação sobre o patrimônio não pode incidir sobre os "templos de qualquer culto" em virtude de imunidade expressa.

"Nos exemplos figurados, constata-se que o constituinte, ao mesmo tempo que concedeu poder e competência às pessoas políticas para a instituição de imposto sobre a propriedade territorial rural e sobre operações relativas à circulação de mercadorias, vedou o exercício dessas mesmas competências sobre certas transmissões imobiliárias, sobre determinado tipo de propriedade rural, sobre certas operações de circulação de mercadorias (as que destinam ao exterior produtos industrializados) e sobre a propriedade predial de algumas pessoas jurídicas, expressamente nominadas.

"Inquestionavelmente, não fossem as imunidades — restrições à competência impositiva — e tais situações seriam perfeitamente tributáveis" (cf. *Comentários à Constituição de 1988*, op. cit. pp. 340-341).

Não obstante, as imunidades somente se explicam e se justificam se buscarmos os princípios que as inspiram. Portanto o princípio federal tanto norteia a distribuição de renda e de poder tributário, positivamente conferido às pessoas estatais, como também dá sentido à imunidade recíproca, que lhes delimita a competência. Como ensina Celso Antonio Bandeira de Mello, os princípios são conceitos categoriais básicos, dos quais se desprendem as mais distintas noções do sistema, seu alicerce, suporte e sentido.

Então, os princípios limitam o poder de tributar porque subordinam o exercício válido e eficiente da competência a critérios e requisitos; as imunidades (que só ganham sentido em razão dos princípios que as inspiram) limitam-no, porque reduzem a extensão das normas atributivas de poder, em relação a certos fatos determinados, modelando a competência.

Assim, ambos, princípios e imunidades, não se aproximam apenas em razão dos efeitos que provocam: limitações ao poder de tributar. Mas uma imunidade representa ainda a conseqüência expressa ou implícita (se necessária) de um princípio. A imunidade recíproca das pessoas públicas estatais deriva da autonomia que lhes é inerente quando se adota o princípio federativo; a imunidade das instituições de educação e assistência social deriva da ausência da capacidade econômica. E, como tais princípios, o federativo e a igualdade, são irreversíveis e fundamentais porque não podem ser afastados por emenda à Constituição, as referidas imunidades teriam de ser deduzidas, ainda que inexistisse menção expressa na Carta Magna.

Mas nem por isso ambos podem ser confundidos. Os princípios são diretrizes gerais, mandamentos alicerçantes e basilares do sistema jurídico que tanto podem inspirar concessões, prerrogativas, faculdades, negações ou privações totais ou parciais. Muitas vezes limitam o poder tributário, subordinando o seu exercício ao cumprimento de certos requisitos materiais ou formais. Nesse caso, pressupõem a existência da competência cujo exercício disciplinam (citemse os princípios da legalidade, da irretroatividade, da isonomia, da anterioridade, etc).

As imunidades, como normas denegatórias de poder, relativas a certos fatos específicos e determinados, mutilam parcela do âmbito de validade da norma atributiva de poder, delimitando a competência da pessoa estatal. Emanam de relevantes princípios constitucionais, que lhes dão sentido harmônico e coerente. Mas têm, tradicionalmente sua especialidade definida em que pressupõem a inexistência de competência em relação àqueles específicos fatos imunes.

A Emenda Constitucional n. 3, de 17 de março de 1993, ao suspender as imunidades — inclusive a recíproca — em relação a imposto, a ser instituído pela União, incidente sobre movimentação ou transmissão de valores e de créditos e direitos de natureza financeira (art. 2º, § 3º), feriu o núcleo intangível da Constituição, previsto no art. 60, IV, por isso não tem validade nessa parte, como veremos.

2. *Fundamentos da imunidade recíproca — nova posição da Constituição de 1988*

Como sabemos, a imunidade recíproca assenta-se basicamente no princípio federal. Esse princípio consagrado desde a primeira Constituição republicana brasileira, informa o Estado, no qual tanto as descentralizações político-jurídicas regionais e locais (Estados e Municípios), como o Federação (ou União) têm natureza estatal.

O Estado é essencialmente poder (Ruy Cirne Lima, "apud" A. A. Becker, *Teoria Geral do Direito Tributário*, 2ª ed., São Paulo, Saraiva, 1972, p. 158). É o monopólio de coerção social, quer o encaremos do ponto de vista estritamente sociológico, como realidade que causa o Direito, quer o vejamos como coercibilidade própria do Direito (à moda kelseniana), portanto produto e conseqüência da ordem jurídica.

Já constatou Miguel Reale que não há poder social organizado que não seja jurídico (*Teoria do Direito e do Estado*, 2ª ed., São Paulo, Ed. Martins, 1960, pp. 106-107). Por conseguinte, com a descentralização política própria do Estado Federal, se dá necessariamente, uma descentralização jurídica. O enfoque estritamente jurídico da questão leva-nos a constatar o inverso. A descentralização jurídica corresponderá à política, já que o poder estatal, sob tal ângulo, é mera validade e eficácia da ordem jurídica.

Ora, no federalismo, como forma de Estado, dá-se uma descentralização jurídica e política.

Para H. Kelsen, as formas de Estado unitário e federal (ou descentralizado) podem ser estudadas sob dois ângulos: o estático e o dinâmico. Do ponto de vista estático, a descentralização representa a convivência, em um mesmo Estado, de ordens jurídicas locais ou regionais que, no seu todo, compõem a ordem jurídica nacional. Diz-se apenas estática em razão de as ordens jurídicas parciais (locais ou regionais) emanarem do poder central. É mera descentralização quanto ao âmbito de validade territorial da norma, não enseja descentralização do poder, podendo ocorrer tanto na forma unitária de Estado, como na federal. Não obstante, a descentralização jurídica, no sentido dinâmico do termo, pressupõe descentralização do poder e se reconhece "*quando a ordem jurídica, válida somente para uma comunidade parcial, é criada por órgãos eleitos simplesmente pelos membros dessa comunidade parcial. Como exemplo poderia citar-se um Estado federal em que as leis válidas para o território de um Estado-membro unicamente podem ser expedidas pelo legislativo local, eleito pelos cidadãos desse Estado-membro*" (Cf. *Teoría General del Derecho y del Estado*,

Trad. Eduardo Garcíar Maynez, 2ª ed., México, Imprenta Universitária, 1958, p. 268).

A descentralização no sentido estático e dinâmico acima referido, a rigor, é que caracteriza o Federalismo, pois somente ela atinge a essência do Estado, o poder, pela criação de diversas e próprias fontes de produção jurídica, as quais, por sua vez, gerarão as ordens jurídicas parciais. É importante a relação quantitativa entre descentralização e centralização, pois esses fenômenos são sempre relativos, nunca se dando em grau máximo. A centralização radical precipitaria o Estado em unitário e a descentralização, levada a seu ponto extremo, provocaria a total dispersão da comunidade nacional em ordens jurídicas independentes e soberanas. É esse o princípio da simetria e da dissemetria de Pontes de Miranda, lembrado por Vilanova: "*o* quantum *de simetria não pode ir além de certo ponto sem o Estado federal desfazer-se numa pluralidade de Estados soberanos*" (Lourival Vilanova, *As Estruturas Lógicas e o Sistema do Direito Positivo*, São Paulo, Ed. RT, 1977, p. 124).

Daí, no Estado do tipo federal, a isonomia entre as ordens jurídicas que nele coexistem é corolário lógico e necessário da descentralização dinâmica (jurídico-política). Se as ordens jurídicas válidas apenas para o Estado e para o Município (descentralização estática) nascem de fonte jurídica própria, por meio de órgãos estatais, eleitos por membros de cada uma dessas comunidades (descentralização dinâmica), não pode haver hierarquia ou relação de supra-ordenação de um poder parcial sobre o outro (quer federal, estadual ou municipal). Caso contrário, a descentralização dinâmica, característica essencial do federalismo, estaria prejudicada. Tanto a União, quanto os Estados e os Municípios (no caso brasileiro) exercem a própria autonomia política, que lhes foi institucionalmente conferida. Uma descentralização política horizontal relativa é sua característica, enquanto no Estado unitário dá-se uma concentração.

Segundo Richter e Schuppert, o Tribunal Constitucional alemão assim resumiu o fenômeno: "*Os Estados são membros do Estado Federal — embora também delimitados um frente ao outro — com soberania estatal própria não derivada da Federação, porém por ela reconhecida*" (Cf. *Casebook Verfassungsrecht*, München, Verlag C, H. Beck. 1987, p. 358).

Como lembrou Baleeiro, o princípio da imunidade recíproca é inerente ao Estado federal, resultou remota e indiretamente da "teoria dos poderes implícitos" de Hamilton e nunca constou expressamente de nenhum dispositivo da Constituição dos Estados Unidos ou de suas emendas. Se, em nosso País, figurou, desde logo, no bojo do art. 10 de nossa primeira Constituição republicana, foi por influência da doutrina e da jurisprudência daquela nação da América do Norte.

Sendo corolário de uma relativa descentralização político-jurídica do Estado federal, que se assenta na isonomia das ordens jurídico-estatais que nele convivem, a imunidade recíproca não precisa estar expressamente prevista em Carta Constitucional. Aliás, a evolução da teoria da imunidade recíproca dependeu, em suas linhas básicas, da evolução da teoria do Estado Federal (no mesmo sentido, entendendo a imunidade recíproca como necessária decorrência do princípio federal, tendo idêntica eficácia se meramente implícita: Aliomar Baleeiro, *Limitações Constitucionais ao Poder de Tributar*, 5ª ed., Rio de Janeiro, Forense, pp. 91-172; Francisco Campos, *Direito Constitucional*, Freitas Bastos, 1956, vol. 1, p. 18; Oswaldo A. Bandeira de Mello, "Tributação dos bens, das rendas e serviços das entidades da Federação", *Revista de Direito* 9:124-125; Zelmo Denari, *Elementos de Direito Tributário*, São Paulo, Ed. Juriscredi, 1973, pp. 185-186; Gilberto de Ulhôa Canto, *Revista de Direito Administrativo*, vol. 52, p. 35; Geraldo Ataliba, *Sistema Constitucional Tributário*, São Paulo, Ed. RT, 1968, p. 54; Paulo de Barros Carvalho, *Curso de Direito Tributário*, 2ª ed., São Paulo, Saraiva, 1992).

2.1 Evolução e funções do Estado federal

A função histórica do Estado federal tem sido apontada, tradicionalmente, na manutenção da unidade, com preservação das diferenças sociológicas, culturais, éticas e econômicas locais, no respeito às multiplicidades regionais. Esse enfoque é dado especialmente, nos federalismos historicamente formados da periferia para o centro, da dissimetria para uma simetria incipiente (como é o caso dos Estados Unidos).

Em outros países, em que resultou menos da pressão da realidade, como fato sociológico anteposto, e mais de uma decisão político-jurídica, o princípio federal cedo passou a cumprir uma importante função adicional, que não pode ser negligenciada: a de configurar uma evasão do poder vertical e uma preservação da democracia.

Convém lembrar a experiência germânica, em certo grau similar à nossa. Embora já tivesse dado origem a uma Confederação de Estados independentes (de 1815 a 1866), o Estado alemão esteve unificado por mais de dez anos, durante a ditadura do nacional-socialismo de 1934 a 1945. Por isso, explicam Ritcher e Schuppert, deu-se uma decisão, em favor do Estado federativo, no ano de 1949, por quatro motivos:

a) o surgimento da República federativa que encontra os já existentes Estados federativos;

b) a manutenção em aberto da República federativa para o ingresso de outros Estados;

c) a insistência das forças de ocupação ocidentais, na adoção do princípio federal;

d) o desejo de evitar a ditadura do III Reich, que caracterizou a consciência dos novos democratas (Cf. op. cit., p. 358).

Embora não tenhamos tido fortes raízes históricas ligadas ao Federalismo, a intermitência da democracia brasileira recomendou e ainda recomenda a adoção dessa forma de Estado e sua manutenção. E não importam as críticas que possam ser levantadas. O papel que cumpre o Estado federal, como garantia adicional da liberdade e da República democrática, é suficiente para legitimá-lo.

Por essas mesmas razões é perfeito o resumo que faz STEIN, na Alemanha, das vantagens da decisão em favor do Federalismo.

"O sentido do princípio federativo é visto, hoje, menos na manutenção de peculiaridades regionais do que em uma segurança adicional da liberdade. A divisão dos poderes, segundo Montesquieu, quase não tem mais significado prático.

"A tendência do moderno Estado administrativo a uma acumulação de poder cada vez maior, que já levou, na Alemanha, uma vez, a um totalitarismo funesto, precisa ser detida por isto com outros contrapesos. A isto serve também, entre outros, a distribuição do poder estatal entre a Federação e os Estados. Como nova forma de evasão da força ("evasão do poder vertical") ela deu bons resultados nas décadas passadas em muitas oportunidades. Isto não deveria ser esquecido quando se acentuam, por outro lado, as muitas desvantagens do princípio estatal federativo. Por longo período, seu futuro vai depender de qual uso os Estados fazem de suas competências" (Cf. *Staatsrecht*, "apud" Richter e Shuppert, op. cit., p. 329).

Não se nega a possibilidade de a forma unitária de Estado conviver com regimes políticos que adotam o princípio democrático, nem tampouco o princípio federal representa defesa absoluta contra os regimes ditatoriais. Mas a descentralização de poder, peculiar à forma federal de Estado, acarreta mais facilmente a República democrática, dificultando o totalitarismo. Afinal, enriquecer o Federalismo, dotando de maior autonomia os entes estatais que convivem no mesmo Estado, ampliar a competência legislativa de Estados-membros e Municípios, é dar maior espaço à codeliberação e à autodeterminação popular. Em um país de grande extensão territorial e elevado número de habitantes como no nosso, restabelecer o equilíbrio federativo, através da concessão de maior autonomia aos entes regionais e locais, é fazer crescer a representação legislativa do cidadão, o qual passa a interferir na formação de ordens jurídicas que têm base territorial menor. Crescer a liberdade política de Estados e Municípios é, sem dúvida, fazer crescer o nível de participação política de cada um em particular.

Portanto, *a decisão por um Estado federal, é uma decisão pela liberdade e não deixa de ser uma decisão pela igualdade*, na medida em que se respeitam as diferenças e peculiaridades locais e regionais. Tal respeito, ao mesmo tempo, torna essas disparidades menos relevantes ou menos radicais.

Está claro que a Democracia republicana, como forma de governo e o Federalismo, como forma de Estado, são conceitos inconfundíveis. Mas guardam conexões, pois se assentam ambos na liberdade e na igualdade, em maior ou menor grau. Pois à medida em que mais se fortalece e se enriquece o Estado federal naquilo que é sua característica (descentralização jurídico-política), mais ganha, em termos qualitativos a República democrática, que, nas distintas esferas estatais, obtém novas e mais latas oportunidades de codecisão e coparticipação popular na ordem jurídica.

Ora, a Constituição de 1988 representa a culminância de um processo de abertura política já lentamente iniciado, para o restabelecimento da vida democrática nacional. Por isso, como não poderia deixar de ser, cuidou de reforçar o Federalismo, como garantia adicional da liberdade, cuidou de aumentar o espaço legislativo dos Estados, do Distrito Federal e dos Municípios. Em relação ao Direito Tributário, impostos, antes atribuídos ao campo de competência da União, passaram ao Poder legislativo estadual, como o incidente sobre serviços de transporte intermunicipal e interestadual e de comunicação, sobre minerais, combustíveis líquidos e gasosos e energia elétrica. Além disso, o imposto incidente sobre a transmissão *causa mortis* e doação de quaisquer bens ou direitos, como espécie nova, foi conferido aos Estados-membros. Finalmente, permite-se aos entes estaduais criar adicional ao imposto de renda pago à União. Dois outros impostos compõem, agora, o elenco dos tributos de competência municipal, a saber, o de transmissão intervivos, a qualquer título por ato oneroso, de bens imóveis e o de vendas de combustíveis a varejo (embora a Emenda Constitucional n. 3/93 tenha determinado a extinção paulatina do adicional estadual e do imposto municipal de vendas de combustível no varejo).

É evidente que, no Direito Tributário, a questão assume dupla importância, envolvendo tanto o fortalecimento político, quanto o financeiro. Ao conferir maior renda tributária a Estados, Distrito Federal e Municípios, quer pela participação de um ente estatal no produto da arrecadação de outro, quer pela participação em fundo de redistribuição, quer pela atribuição mais lata de competência tributária, a Constituição dotou-os de maior autonomia política, legislativa e financeira. Sem dúvida, especialmente o crescer da autonomia político-jurídica do Estado federal é que configura fruto e reflexo de um ser democrático de direito.

Mas não se suponha que o cognome *Estado Democrático de Direito*, em que se funda a República Federativa do Brasil, leve o retorno de um Federalismo dualista ultrapassado e isolacionista. Feitas as aparas ao excessivo centralismo, atenuado o controle do poder central sobre funções formalmente consideradas estaduais ou municipais, entretanto as necessidades de desenvolvimento nacional, de planejamento econômico e de redução das desigualdades sociais e regionais levam ao Federalismo integrativo ou financeiro. Alerta J. Alfredo de Oliveira Baracho para o fato de que a aceitação do planejamento econômico marca a passagem da teoria clássica do Federalismo dualista ao corporativo, integrativo ou financeiro (*Teoria Geral do Federalismo*, Belo Horizonte, FUMARC/UCMG, 1982, p. 239). Deve-se considerar ainda que a destinação de recursos por meio de fundo especial (art. 159, I, "c" da CF/88) às regiões mais carentes ou menos desenvolvidas do País, como Norte, Nordeste e Centro-Oeste, e outros critérios de redistribuição são normas constitucionais expressivas do Federalismo cooperativo.

A evolução do princípio federal, compreendido como garantia adicional da liberdade — forma de evasão da concentração de poder — e profundamente impregnado da igualdade, da redução das grandes disparidades econômico-materiais, em favor de um desenvolvimento harmonioso e solidário — Federalismo cooperativo — se faz sentir, como demonstra Aliomar Baleeiro, na teoria da imunidade recíproca.

2.2 A imunidade recíproca como expressão do princípio da capacidade econômica

Como acabamos de registrar, a imunidade recíproca é explicada pela maioria dos juristas como necessária decorrência da opção pela forma federal de Estado, assentando-se, em primeiro lugar, na autonomia das pessoas estatais. Por essa razão, estende-se a imunidade apenas a impostos, espécie de tributo na qual o poder de império do Estado tributante se manifesta em grau máximo, o que é incompatível com o Federalismo (v. Geraldo Ataliba, *Apontamentos de Ciência das Finanças, Direito Financeiro e Tributário*, São Paulo, Ed. RT, 1969, p. 265). Por essa mesma razão, as modificações evolutivas da imunidade recíproca podem ser explicadas de acordo com as alterações por que passou o Estado federal. Garantia adicional da liberdade e da democracia, o Estado federal se compenetrou da igualdade, da necessidade de redução das grandes disparidades regionais e das metas intervencionistas que caracterizam o Federalismo integrativo e cooperativo, trazendo limitações à imunidade recíproca: ela não se estende a particulares, nem deve beneficiá-los, de modo que são tributáveis as remunerações de servidores públicos, sem distinção de cargo ou função e a renda dos títulos da dívida pública; igualmente se excluem da imunidade recíproca os serviços públicos concedidos e a atividade empresarial do Estado, na qual ele persegue o lucro e se submete às regras do Direito Privado, despindo-se do seu poder de império.

Outros juristas, no entanto, preferem fundamentar as imunidades dos entes estatais na ausência de capacidade contributiva. Nesse caso, o princípio se estenderia às municipalidades e entes autárquicos, mesmo sendo unitária a forma de Estado, uma vez que a riqueza estatal se destina a fins públicos (cf. Dino Jarach, *El Hecho Imponible*, Buenos Aires, Abeledo-Perrot, p. 199; também Sacha Calmon N. Coêlho, *Comentários à Constituição de 1988*, Sistema Tributário, Rio de Janeiro, Forense, 1991).

De fato esse é outro prisma pelo qual a questão também deve ser examinada, não se podendo reconhecer nas atividades estatais próprias, como instrumentalidades governamentais, a capacidade inerente às atividades econômicas de fins lucrativos. Nem seria razoável tributar, decepando a renda, aquela atividade para cuja manutenção compulsoriamente devem contribuir os cidadãos. Tal ângulo de análise também explica por que motivo se excluem da imunidade, as empresas públicas, organizadas em regime de Direito Privado.

Por si, o argumento da ausência de capacidade econômica, hoje requisito expresso no art. 145 da Constituição para a imposição tributária por meio de impostos, seria suficiente para justificar e deduzir a imunidade recíproca dos entes estatais. Mas ele deve ser utilizado complementarmente, porque ele se presta também a explicar a imunidade das instituições de educação, de assistência social, dos sindicatos e dos partidos políticos, a qual não pode ser colocada no mesmo plano comum àquele da recíproca.

É que a imunidade recíproca, assentada apenas na ausência de capacidade contributiva, fica empobrecida em sua importância prevalente e em seus distintos desdobramentos. A imunidade recíproca responde a dois princípios constitucionais igualmente intangíveis, por meio de emenda constitucional: ao princípio federal e ao princípio da igualdade (que, no Direito Tributário, deve ser examinado segundo o critério da capacidade econômica). Quer se examine o tema sob um ângulo — o da isonomia política dos entes da Federação — quer sob outro — o da inexistência de capacidade econômica — a imunidade intergovernamental obriga e não pode ser reduzida por modificação posterior que altere o Texto Constitucional originário. Na Constituição brasileira, a imunidade recíproca não se fundamenta em um ou outro, mas ao contrário, no duplo princípio, no federal e na ausência de capacidade econômica, ambos limitadores da faculdade de emendar ou de revisar a Carta, própria do Poder Legislativo derivado.

2.3 A imunidade recíproca na constituição de 1988

A. Baleeiro menciona como ressalvas expressas à imunidade (Cf. *Limitações Constitucionais*, op. cit., p. 91) a tributação dos serviços públicos concedidos, da renda, das obrigações da dívida pública e dos proventos dos agentes dos Estados e Municípios. De fato, o Mestre apontou o fenômeno como exceção, considerando a época em que foi introduzido na Constituição Federal. Mas com a evolução do princípio federal, tanto no Direito Constitucional norte-americano, como no nacional, delineia-se uma nova teoria da imunidade, trabalhada pela igualdade, pela abolição de privilégios e pela reciprocidade de tratamento entre os entes políticos federados. Dentro dessa nova mentalidade, há mudanças e não, propriamente, ressalvas, ficando assim conformada a imunidade recíproca dentro da Constituição de 1988, dentro dos seguintes critérios, todos emanados dos grandes princípios que a norteiam: o Federalismo e a inexistência de capacidade econômica das pessoas estatais (art. 150, VI, "a" e §§ 2º e 3º):

a) o tratamento imunitório de reciprocidade entre a União, os Estados, o Distrito Federal e os Municípios tornase necessariamente deduzido da descentralização de poder, própria do Estado federal, ainda que não tivesse sido sucessivamente expresso nas Cartas Constitucionais brasileiras;

b) a imunidade recíproca não beneficia particulares, terceiros que tenham direitos reais em bens das entidades públicas, nem créditos ou rendas de outrem contra tais entidades — como queria Pontes de Miranda — cessando os "odiosos" privilégios de funcionários públicos, magistrados, parlamentares ou militares; não se estende, pelos mesmos fundamentos, aos serviços públicos concedidos, nem exonera o promitente comprador da obrigação de pagar imposto relativamente ao bem imóvel (art.150, II, §§ 2º e 3º);

c) a imunidade recíproca se deduz ainda da superioridade do interesse público sobre o privado, beneficiando os bens, o patrimônio, as rendas e os serviços de cada pessoa estatal interna, como instrumentalidades para o exercício de suas funções públicas, em relação às quais não se pode falar em capacidade econômica, voltada ao lucro ou à especulação (art. 150, §§ 2º e 3º);

d) a imunidade não beneficiará atividades, rendas ou bens estranhos às tarefas essenciais das pessoas estatais e de suas autarquias, que tenham caráter especulativo ou voltadas ao desempenho econômico lucrativo, em respeito ao princípio da livre concorrência entre as empresas públicas e privadas e à tributação segundo o princípio da capacidade contributiva (art. 145, § 1º, art. 173, §§ 1º e 2º).

2.3.1 Imunidade recíproca entre a união, os estados e respectivos Municípios, ou destes entre si e a EC N. 3, de 1993

Não apenas a isonomia necessária entre as pessoas estatais impede a imposição recíproca, como também a solidariedade e o respeito recíprocos.

A Corte Constitucional alemã desenvolveu o princípio da lealdade mútua federal ou o dever de que tanto a União, como os Estados ajam amigavelmente uns com os outros. Trata-se de um princípio do Estado federal que corresponde ao dever que têm todos os seus membros e a própria União de se compreenderem uns aos outros, assim como de procederem lealmente uns com os outros. A imprecisão dos termos manter "a fidelidade" e a "essência do Federalimso raramente tem obtido uma útil aplicação concreta, na construção das funções do princípio. Segundo apontam Richter e Schuppert, o princípio tem servido para decidir casos em que se discutem:

" — regras de procedimento entre os participantes;

" — delimitação do exercício da competência e

" — justificação dos deveres de tratamento de uns em relação aos outros" (cf. *Casebook Verfassungsrecht*, op. cit., p. 365).

A Constituição de 1988, na mesma linha das anteriores e dos ensinamentos de Aliomar Baleeiro, estimula a unidade nacional, repelindo a tributação entre esferas de governo distintas, quer entre Estados, quer entre Municípios de um ou outros Estados da Federação. O art. 150, I, "a" também está versado em termos claros e inconfundíveis, patenteando-se a reciprocidade da imunidade:

"Sem prejuízo de outras garantias asseguradas ao contribuinte, é vedado à União, aos Estados, ao Distrito Federal e aos Municípios:

"VI"(...) — instituir impostos sobre:

"a) patrimônio, renda ou serviços, uns dos outros."

Irretocável é o conceito de Paulo de Barros Carvalho:

"A imunidade recíproca, prevista no art. 150, VI, "a", da Constituição é uma decorrência pronta e imediata do postulado da isonomia dos entes constitucionais, sustentado pela estrutura federativa do Estado brasileiro e pela autonomia dos Municípios. Na verdade, encerraria imensa contradição imaginar o princípio da paridade jurídica daquelas entidades e, simultaneamente, conceder pudessem elas exercitar suas competências impositivas sobre o patrimônio,

a renda e os serviços, umas com relação às outras. Entendemos, na linha do pensamento de Francisco Campos (Direito Constitucional, *Freitas Bastos, 1956, v. I., p. 18*), *Oswaldo Aranha Bandeira de Mello, ("Tributação dos bens, rendas e serviços das entidades da Federação", cit.) e Geraldo Ataliba* (Sistema Constitucional, *cit., p. 54*), *que, se não houvesse disposição expressa nesse sentido, estaríamos forçados a admitir o princípio da imunidade recíproca, como corolário indispensável da conjugação do esquema federativo de Estado com a diretriz da autonomia municipal. Continuaria a imunidade, ainda que implícita, com o mesmo vigor que a formulação expressa lhe outorgou*" (Cf. Paulo de Barros Carvalho, op. cit., pp. 119-120).

Portanto, sendo o princípio federal imutável por meio de emenda (art. 60, § 4º., da CF), é inaceitável que a Emenda Constitucional n. 3 tenha abolido as imunidades — especialmente a recíproca — em relação ao imposto sobre movimentação ou transmissão de valores financeiros, de competência exclusiva da União. Cogita-se agora (como se fora um favor fiscal da União) da possibilidade de concessão de "isenção" às movimentações financeiras realizadas por Estados e Municípios, por meio de lei complementar que vier a instituir o tributo.

Aprovada a Lei Complementar instituidora do novo tributo citado, foi sancionada pelo Presidente da República, no dia 13 de julho de 1993 com sete vetos. Um deles afetou o art. 27 do Projeto que estabelecia o ressarcimento a ser feito pela União aos Estados e Municípios em decorrência da incidência do IPMF sobre o pagamento de obrigações desses entes políticos, custeadas com os respectivos recursos orçamentários. A justificativa do veto baseou-se no fato de que "*o ressarcimento do IPMF recolhido pelos Estados e Municípios reconheceria uma forma de imunidade, não prevista na citada Emenda Constitucional ou uma não incidência não contemplada no Projeto de Lei Complementar*" (a citada Emenda a que se refere o veto presidencial é a de n. 3, de 1993).

Também em passado recente, o Plano Brasil (do governo Collor) por meio da Lei n. 8.033/90 (advinda da MP n. 160/90) determinou a incidência do imposto sobre operações de crédito — IOF — sobre as aplicações financeiras, feitas pelos Estados, Municípios e suas autarquias, transgredindo, afrontosamente, a imunidade recíproca do art. 150, VI, "a" da Constituição Federal. Afinal, o IOF atinge o patrimônio mobiliário do ente estatal, o qual, ao fazer aplicações financeiras, não estaria a especular mas apenas zelando em preservar o poder aquisitivo da moeda, em período de alta inflação.

Por seus fundamentos e por sua primazia, o enfraquecimento do princípio federal entre nós é altamente prejudicial não apenas porque se abre um precedente inadmissível que amesquinha as *cláusulas pétreas* da Constituição (art. 60, § 4º.) mas porque também quando se reduz o federalismo, reduz-se igualmente a democracia. Como garantia adicional da liberdade, o princípio federal que inspira a imunidade recíproca não pode ser atingido. Vê-se que essa imunidade é a mais importante dentre todas e não deve ser analisada e interpretada com os mesmos critérios utilizados para qualquer outra. Afinal, dois princípios imutáveis por meio de emenda a fundamentam: o princípio federal e a igualdade (vista sob o critério de ausência de capacidade econômica).

2.3.2 A imunidade recíproca não beneficia particulares

A interpretação que deu Pontes de Miranda ao sentido das imunidades, fixando a inteligência do art. 17, X da Constituição de 1934 (V.I, pp. 415-416) e o próprio Aliomar Baleeiro (*A Tribu-*

tação e a Imunidade da Dívida Pública, Bahia, 1939, pp. 111-113) prevaleceu entre nós e foi sucessivamente incorporada aos Textos Constitucionais, inclusive ao de 1988, com mais rigor. Segundo esse entendimento, o que se veda é "*a tributação de bens e rendas de outras entidades públicas e não os direitos reais de outrem em bens de tais entidades, nem os créditos ou rendas de outrem contra tais entidades*" (Pontes de Miranda). Portanto, a imunidade recíproca não aproveita a particulares, nem a detentores de títulos da dívida pública, nem a funcionários públicos, mesmo magistrados, nem a parlamentares ou a militares.

Extinguiram-se as últimas imunidades existentes, que ainda resistiram na Constituição de 1969 e que simbolizavam imunidades de remunerações e proventos de altos funcionários, militares e parlamentares. Tratava-se da imunidade concedida pelo art. 21, IV, segundo a qual as ajudas de custo e as diárias pagas pelos cofres públicos estavam integralmente excluídas do imposto incidente sobre a renda e proventos de qualquer natureza.

A Constituição de 1988, na direção das anteriores, porém de forma completa e mais aperfeiçoada, consagra a primazia da igualdade, por meio da abolição de privilégios e da defesa das minorias políticas (que podem coincidir com a maior parte da população). Com ela, ficam definitivamente afastadas as imunidades dos vencimentos dos magistrados, dos militares ou de quaisquer outros servidores públicos, assim como dos rendimentos dos títulos da dívida pública que beneficiem particulares.

O que a Constituição de 1988 consagra, no lugar de tais imunidades superadas, são princípios. O primeiro deles veda à União, aos Estados, ao Distrito Federal e aos Municípios:

"II — instituir tratamento desigual entre contribuintes que se encontrem em situação equivalente, proibida qualquer distinção em razão de ocupação profissional ou função por eles exercida, independentemente da denominação jurídica dos rendimentos, títulos ou direitos" (art. 150, II).

Ficou mantido também, na Constituição de 1988, o princípio relativo à uniformidade dos tributos federais no território nacional (art. 151, I). Igualmente se proíbe à União tributar a renda da dívida pública dos Estados, Distrito Federal e Municípios, bem como de seus respectivos agentes públicos em nível superior aos que fixar para suas obrigações e para seus agentes (art. 151, II).

3. Evolução dos conceitos de renda, patrimônio e serviços, para fins de imunidade

Diante dos ditos constitucionais são possíveis duas interpretações distintas. Uma, mais restrita, formal, que predica devam ser utilizados os conceitos renda, patrimônio e serviços, na mesma acepção que lhes dá a Constituição para delimitar a norma de atribuição de poder tributário dos entes estatais — arts. 153, 155 e 156 — e o Código Tributário Nacional, o qual seguiu o modelo da Emenda Constitucional n. 18, de 1965. Assim tais conceitos, aparentemente indeterminados e de limites um tanto fluidos ganhariam conteúdo definido a partir das normas de organização dos diversos tributos, feitas pelo CTN que os distribui em impostos sobre o comércio exterior (Capítulo I), em impostos sobre o patrimônio e a renda (Capítulo III), impostos sobre a produção e a circulação (Capítulo IV) e impostos especiais (Capítulo V), todos do Título III do Livro Primeiro. Estariam, por esse prisma, excluídos da imunidade os impostos de importação, sobre produtos industrializados e sobre operações de circulação de mercadorias, assim como imposto sobre operações de crédito, câmbio e seguros — IOF, uma vez que não importa que o ente público seja o promotor da operação de circulação ou de importação (contribuinte de "iure" ou o mero adquirente do produto ou da mercadoria (contribuinte de fato). Essa a posição de Sacha Calmon (cf. *Comentários à Constituição de 1988*, Sistema Tributário, op. cit., pp. 338-348), para quem apenas os impostos incidentes sobre a renda, patrimônio e a prestação de serviços estariam incluídos na imunidade recíproca. Essa também a diretriz adotada no Dec.-lei 406, de 31 de dezembro de 1968, o qual, aceito como lei complementar de normas gerais pelos Tribunais, considera contribuintes do ICM em seu art. 13, § 1º: "... III — os órgãos da Administração Pública direta, as autarquias e empresas públicas, federais, estaduais ou municipais, que vendem, ainda que apenas a compradores de determinada categoria profissional ou funcional, mercadorias que, para esse fim, adquirirem ou produzirem".

Não se pode dizer que a jurisprudência do Supremo Tribunal Federal, sob tal aspecto, não tenha adotado o mesmo entendimento. Aliás, quando a pessoa estatal é o contribuinte de "*iure*", ou seja, a pessoa que promove a operação de circulação de mercadorias, ou a industrialização nem mesmo Aliomar Baleeiro, o grande prócere da corrente oposta, discorda do modo de enfocar o tema, que não estende a imunidade àquela pessoa governamental. As razões para tal limitação são as seguintes:

1) via de regra, atividades econômicas industriais, comerciais ou financeiras sem monopolização, mesmo exercidas pelo Estado, mas voltadas ao lucro ou à especulação, evidenciam organização empresarial e estão, por norma constitucional expressa, excluídas da imunidade, no art. 150, VI, § 3º;

2) manifestam presença de capacidade econômica, pela natureza da atividade e de seus fins.

Mas nessa corrente restritiva não se levam em conta aquelas situações nas quais os entes públicos, como adquirentes de mercadorias e produtos industrializados suportam, economicamente, a transferência do IPI ou do ICMS incidentes na operação. Como demonstrou o próprio Aliomar Baleeiro, no STF prevaleceu a tese, defendida pelo Min. Bilac Pinto, que restringe a imunidade recíproca aos contribuintes de direito, não cabendo investigar o fenômeno da repercussão sobre o contribuinte de fato, mesmo se ele é pessoa estatal (também nesse sentido, Paulo de Barros Carvalho, op. cit., p. 120; Hugo de Brito Machado, *Curso de Direito Tributário*, 5ª ed., Rio de Janeiro, Forense, p. 187).

Insurgindo-se contra a interpretação formal e limitativa, posicionou-se certa parte da doutrina (cf. Geraldo Ataliba, *Revista de Direito Tributário*, São Paulo, Ed. RT, n. 1, 1987, p. 87) e a jurisprudência, nessa parte minoritária, do STF, liderada por Aliomar Baleeiro.

Importante para essa outra corrente, ampliativa e de cunho material, que não se conforma com uma interpretação meramente formal, será cuidar em que a imunidade recíproca:

1) desonere a renda, o patrimônio ou os serviços da pessoa estatal, para isso investigando, em cada caso, se o encargo do tributo será suportado pela pessoa estatal, no exercício de suas atividades públicas essenciais. Portanto os conceitos de renda, patrimônio e serviços são tomados em acepção ampla, não importando a posição do ente estatal no ICMS ou no IPI, se contribuinte de fato — adquirente — ou de direito. O que importa é saber se ele vai suportar a carga financeira do tributo, se haverá possibilidade de transferência do peso tributário que onere seu patrimônio, sua renda ou o custo do serviço. A questão é apenas de prova, pois a posição da pessoa pública como contribuinte de direito não impede a demonstração de que não haveria repasse do tributo, com o reconhecimento da imunidade ao ICM pelos tribunais, como aconteceu nas operações feitas pelo IBC com o café.

Também o STF já cedeu, em outras oportunidades, ao critério da repercussão econômica, como lembra Aliomar Baleeiro, pois já estendeu o imposto de importação aos bens adquiridos ao exterior, ligados à atividades essenciais da pessoa estatal importadora;

2) não aproveite a particulares, mas apenas a pessoas jurídicas de Direito público, no exercício de suas atividades essenciais. A Constituição acabou por absorver esse raciocínio pois determina a tributação da renda dos títulos da dívida pública, dos vencimentos dos servidores públicos, inclusive magistrados (arts. 150, II e 151, II) assim como estabelece que a imunidade recíproca "não exonera o promitente comprador das obrigações impostas relativamente ao bem imóvel" (art. 150, § 3º).

A consideração, nesses casos citados, de que a imunidade não deve aproveitar a particulares, especialmente no último, embora aparentemente assentada na consideração jurídica de que, na transmissão de imóveis, o contribuinte pode ser qualquer das partes envolvidas (art. 42 do CTN), cede ao argumento de que o encargo, na maioria das vezes, é suportado pelo adquirente, ou o particular sucessor;

3) não aproveite a empresas estatais, que atuam em regime de Direito privado, em respeito ao princípio da livre concorrência entre empresas públicas e privadas, regra também adotada pela Constituição de 1988 (art. 173, §§ 1º e 2º) e ao princípio da capacidade econômica (art. 145, § 1º).

4. *Finalmente um retorno a Aliomar Baleeiro? O falso dilema entre interpretação jurídica ou econômica*

A Constituição de 1988 parece antes apontar mais no sentido de fortalecer a tese de Aliomar Baleeiro do que na direção de uma interpretação literal, restritiva ou formal. Sua normatividade efetiva repele as ficções ou presunções jurídicas que escondem os verdadeiros valores e princípios fundamentais. Se o art. 145, § 1º, determina: "sempre que possível os impostos terão caráter pessoal e serão graduados segundo a capacidade econômica do contribuinte"..., a interpretação sobre a extensão da imunidade recíproca deve levar em conta as repercussões dos impostos sobre o patrimônio público, o qual, sendo instrumento governamental, nem é signo de capacidade econômica nem, tampouco, se sujeita ao princípio da solidariedade no pagamento de imposto, porque já pertence à coletividade.

Hesitando sobre a exatidão da tese formal-restritiva que adotara, Sacha Calmon reconsidera:

"Nas primeiras edições desses comentários não advoguei as teses de Baleeiro, delas fazendo apenas o registro. Agora, contudo, urge meditar mais intensamente sobre elas. Alguns casos concretos parecem dar razão ao grande mestre baiano, senão vejamos: a) quando a Usiminas vende chapas de aço à Marinha Nacional, para consumo próprio, conquanto o contribuinte de "iure" seja a Usiminas, o repasse do ICMS no preço faz da União Federal o contribuinte do imposto, sem dúvida. Não seria o caso de considerar a teoria da repercussão para atender atentamente ao princípio constitucional da imunidade intergovernamental recíproca, sabendo-se que as pessoas políticas não possuem, por definição, capacidade contributiva, à luz do princípio constitucional? b) Por ocasião do chamado Plano Brasil Novo, já no mandato Collor, ententou a União cobrar imposto sobre o patrimônio mobiliário de Estados e Municípios, representando por títulos mobiliários, com o IOF. Ocorre que a base de cálculo do pretenso IOF era o "valor do bem" a denunciar um imposto sobre o patrimônio e não sobre operações de câmbio, segu-

ros ou mobiliários, até porque era pago por quem detinha a riqueza e não por quem realizava a operação tributada. O imposto era proporcional ao patrimônio do contribuinte, intrinsecamente desprezadas as operações em si mesmas. Com o ouro, a vera natureza de imposto sobre a riqueza daquela exação restou claríssima, por isso que a CF impunha a tributação do ouro pelo IOF apenas sobre a primeira operação a uma alíquota nunca superior a 1%. Tributou-se a propriedade do ouro em custódia ou em certificados em 35%, outra vez. Seja lá como tenha sido, duas coisas restaram evidentes. Por primeiro, por não possuírem as Pessoas Políticas e suas instrumentalidades autárquicas capacidade contributiva (art. 145, § 1º da CF) deveriam estar excluídas de quaisquer tributações. Em segundo lugar, consoante o exposto acima, dever-se-ia na consideração da imunidade intergovernamental evitar não apenas a incidência dos impostos que tivessem por fatos geradores, o patrimônio, as rendas ou os serviços, igualmente, os impostos que formalmente incidentes sobre outras realidades viessem a molestar o patrimônio ou a renda das mesmas, à luz do princípio da capacidade contributiva. Estou propugnando, por isso, uma interpretação, a mais larga possível, da imunidade intergovernamental, na esteira de Baleeiro" (cf. *Comentários*, op. cit., pp. 347-348).

Ora, a imunidade recíproca das pessoas estatais tem, inegavelmente, importância destacada sobre as demais imunidades porque cumpre dupla função:

1) como conseqüência necessária da forma federal de Estado, preserva a autonomia política dos entes estatais, a harmonia solidária e a fidelidade reinantes entre eles, e que não podem ser reduzidas ou perturbadas por meio da imposição, fiscalização e cobrança de tributos;

2) estendendo-se a impostos que amputem, economicamente, parcela de sua renda ou de seu patrimônio, como o IPI, o ICMS, o IOF, o II e o nóvel imposto sobre movimentação financeira, visa a protegê-los de forma concreta e substancial (e não meramente fictícia), no cumprimento de suas atividades públicas essenciais.

É falsa a questão de se colocar como alternativa excludente: interpretação jurídico-formal ou interpretação econômica? Falsa porque tal indagação jamais deve ser examinada por um jurista, ou por um tribunal, uma vez que somente o jurídico pode interessar na aplicação do Direito.

A verdadeira indagação que se coloca por detrás desse falso dilema, o econômico vs. o jurídico, está em descobrir a que princípios e valores jurídico-constitucionais devem servir os resultados de uma interpretação. A melhor interpretação é aquela que, de forma mais razoável e adequada, realiza os ditames constitucionais. Quando se conclui ser imperativo constitucional, na interpretação da imunidade recíproca, por força de valores e princípios fundamentais, a consideração da translação ou transferência do encargo de impostos, tal critério (mesmo assentado em dados ou pressupostos econômicos) será jurídico e nunca meramente econômico. Ora, econômicos são os dados da realidade (ou morais, ou político-sociais) que só adquirem importância na medida em que a "lei" ou a Constituição a eles se refira. Como lembra Isensee, a impropriamente chamada interpretação "econômica" é um método jurídico que não guarda nenhuma particularidade (cf. Josef Isensee, *Die Typisierende Verwaltung*, 1ª ed., Berlim, Duncher & Humblott, 1976, p. 83).

Portanto, a questão não é nova e já foi transposta, há muito tempo, para o campo da Hermenêutica jurídica.

Lembremo-nos de que depois da separação dos poderes, que ganhou foros de universalidade com a Revolução Francesa, inicia-se a supremacia absoluta da lei e a crença na legalidade, como único suporte de segurança e justiça. É o domínio do positivismo legal, da escola exegética francesa e do pandectismo alemão. Então, um decreto bávaro, de 19.10.1813, proibia aos servidores públicos e doutores qualquer comentário a respeito do Código Penal de 1813, documento hoje considerado "um monumento da ingenuidade legislativa".

Recaséns Siches anota que, a par do processo revolucionário estar influenciado pelas idéias jusnaturalistas dos séculos XVII e XVIII, o culto fetichista à razão pura de caráter matemático, em parte herdado da Grécia antiga, foi apoteoticamente proclamado na obra legislativa do século XIX. A lei escrita (o Código de Napoleão, p. ex.) vinha a ser o Direito, completo, perfeito, acabado. O juiz seria, como descreve Siches, uma espécie de "*máquina automática com três ranhuras e um botão: introduzia-se em uma delas a constatação dos fatos, a qual se acreditava coincidir exatamente com a figura de um dos fatos previstos pela lei; e se introduziam em outra ranhura as normas legislativas pertinentes; então se apertava um botão ou se dava volta a uma manivela e a máquina soltava a sentença*" (cf. *Nueva Filosofia de la Interpretación del Derecho*, 2ª ed., México, Porrúa, p. 202).

Segundo Perelman, o processo de Nuremberg, pondo a descoberto uma legislação nazista iníqua, abalou a fé na lei como suporte único do Direito, da segurança, da justiça. Deu alento a um movimento antipositivista. Buscou-se, então, a partir daí, uma interpretação eqüitativa, razoável, justa mas conciliável com o Direito em vigor (cf. *La Lógica Jurídica y la Nueva Retórica*, trad. Luís Díez — Picazo, 1ª ed., Madrid, Civitas, 1979, p. 178).

Antes disso, entretanto, a partir das críticas escarnecedoras de Ihering ou do realce da função social do Direito, em Gény (cf. Rudolf Von Ihering, *El fin en el Derecho*, Buenos Aires, Bibliográfica Omeba, 1960, p. 280 e François Gény, *Métodos de Interpretación y Fuentes en Derecho Privado Positivo*, 2ª ed., Madrid, Reus, 1925), por exemplo, aqui e ali, já se haviam manifestado reações a um dogmatismo legalista e racionalista. Entretanto, Perelman, com toda razão, aponta em Nuremberg, a experiência humana que desencadeou mudanças na ideologia judicial.

De fato, é hoje cediço afirmar o papel criador do juiz. O abandono da caduca concepção de uma aplicação da lei, como um silogismo lógico dedutivo, em favor de uma compreensão jurídica, parece uma aquisição definitiva.

A evolução da Hermenêutica jurídica, desencadeada pelo impulso notável que lhe deu Betti (cf. *Interpretazione della Legge e Degli Atti Giuridici*, Milano, Dott. A. Giuffrè, 1955), ao inseri-la numa teoria geral da interpretação, e sobretudo, pela obra não menos fundamental de Hans Georg Gadamer, reforçou as tendências já apontadas.

Se a interpretação do Direito, em fase inaugural, se centrava na busca da intencionalidade primária do legislador, em uma segunda etapa desloca-se para o exame objetivo da obra jurídica (desligada das subjetividades de seu autor), como totalidade e sistema integrado de normas.

Finalmente, a partir da década de sessenta, coube a Gadamer acrescentar-lhe a perspectiva histórica do intérprete. Toda interpretação, inclusive a jurídica, é uma "*interpretação entre a nossa visão lingüística do mundo e a linguagem do texto*" (cf. Hans Georg Gadamer, "Le probléme hermeneutique", *Archives de philosophie*, Paris, 33: 3-27, 1970, p. 24).

O intérprete, em que pesem todas as pretensões à objetividade, não pode abolir o seu pertencer ao mundo, de modo que sempre se dá uma tensão entre o sentido original do texto e o atual. O aqui e agora ou a historicidade do direito, através do caso, do problema proposto, atua continuamente no sentido da norma, no evoluir jurídico do texto.

A natureza da coisa, a razoabilidade jurídica, a nova retórica assentada na argumentação, a busca dos valores e princípios, a tópica, o sistema jurídico aberto e a noção da historicidade do Direito demonstram que, sem se falar em interpretação exegética ou interpretação econômico-sociológica, como alternativa excludente, a Hermenêutica jurídica já absorveu amplas possibilidades de flexibilidade na busca do melhor sentido da norma em cada caso.

Ora, o importante para o deslinde da polêmica são os princípios constitucionais fundamentais expressos ou implícitos a que uma interpretação deve servir — o método escolhido deve ser o melhor para realizá-los. Lembremo-nos de que a imunidade recíproca é a mais importante das imunidades. Ela serve, como já vimos, a dois princípios fundamentais, igualmente intangíveis, por meio de alteração do Texto Constitucional: ao Federalismo e à capacidade econômica (critério de medição da igualdade tributária).

Em relação aos impostos que a Constituição Federal, a lei e a jurisprudência, classicamente consideram "indiretos" porque entendem, como de sua técnica, o fato de que oneram o consumidor-adquirente do produto ou da mercadoria e não o contribuinte propriamente dito, destacam-se, exatamente, o ICMS e o IPI. Em relação a eles, a Constituição Federal adota dois princípios — o da seletividade e o da não cumulatividade — que somente podem ser explicados ou compreendidos integralmente pelo fenômeno da translação, uma vez que a redução do imposto a recolher, entre outros objetivos — em um ou outro princípio — se destina a beneficiar o consumidor, por meio da repercussão no mecanismo dos preços. E mais, não apenas há uma aceitação jurídico-constitucional da repercussão do encargo financeiro, mais ainda uma autorização para a transferência.

Ao dizer a Constituição o princípio da não-cumulatividade, em relação ao IPI e ao ICMS, ela assim se expressa: "compensando-se o que for devido em cada operação... com o montante cobrado nas anteriores" (art. 155, § 2º, I). Ora, o montante cobrado nas operações anteriores não foi recolhido aos cofres públicos pelo adquirente, o qual apenas sofre a repercussão econômica do tributo, repercussão transformada em uma presunção *iuris et de iure* pela Constituição. Convertida em um direito de crédito, necessariamente compensável com os débitos tributários no ICMS ou no IPI, a repercussão é uma presunção inerente à técnica não-cumulativa desses tributos, que serviu de inquestionável fundamento adotado pela Constituição. Compro'vado que, na operação anterior de aquisição da mercadoria, o contribuinte não suportou o encargo do imposto, em nenhum caso ficará inibido o seu direito de crédito; nem tampouco, demonstrado que o promotor da operação não efetuou a transferência, deixará de nascer para ele o débito tributário.

E do princípio da não-cumulatividade e da repercussão foi que as leis (Dec. lei 406/68) e a jurisprudência extraíram a regra de que, na imunidade da exportação de manufaturados ou na isenção, não devem ser anulados os créditos relativos às operações anteriores, assim como devem ser concedidos créditos presumidos para compensação nas operações seguintes. Regra essa que, erroneamente, a Constituição de 1988 pretendeu afastar, embora admitindo-a, se prevista em lei expressa.

Por isso é inadequado e mesmo estranho supor que a consideração da repercussão, para os efeitos da imunidade recíproca, e só para esses, seria adoção de critério "ajurídico" ou meramente "econômico". Ao contrário, ela é presunção constitucional *iuris et de iure* no direito à compensação dos créditos, o qual é incondicionalmente estabelecido.

5. *Conclusões: imunidade recíproca — o IPMF e o IOF*

Os critérios objetivos a serem tomados em consideração pelo intérprete não são necessariamente os mesmos para uma e outra imunidade. Basta citar que a imunidade recíproca não se sujeita a nenhuma limitação infraconstitucional (sendo, nesse sentido, plena e de efeitos incontíveis por lei complementar). Não obstante, para o gozo da imunidade sobre o patrimônio, a renda ou os serviços dos partidos políticos, das entidades sindicais e das instituições de educação e de assistência social são previstos os requisitos do art. 150, VI, "c".

Além de servir ao Federalismo e à capacidade econômica, a imunidade recíproca se justifica ainda pelo fato de que as pessoas estatais não estão sujeitas ao dever de solidariedade no pagamento dos impostos (art. 3º, I) uma vez que todos os seus bens, patrimônio, rendas e serviços estão exclusivamente voltados ao interesse público. E são, nesse sentido, instrumentalidades de governo que devem ser protegidas para servir, exatamente, aos interesses superiores da coletividade.

O que se deveria ter como regra é exatamente o oposto daquilo que hoje prevalece. Como queria Aliomar Baleeiro, deve-se:

- presumir que, nas industrializações ou comercializações promovidas pelo ente estatal como contribuinte de *iure*:

a) haja transferência do encargo a terceiro-adquirente, inexistindo redução do patrimônio ou da renda pública;

b) se organize a atividade em empresa industrial ou comercial, em regime de direito privado, despindo-se do seu poder de império e demonstrando capacidade econômica, e por esses fundamentos, em princípio, negar a imunidade;

- presumir que, nas aquisições de bens de qualquer natureza — industrializados ou não — para o desempenho das atividades essenciais da pessoa estatal sofra ela o ônus dos tributos incidentes, especialmente o IPI e o ICMS, com redução de seu patrimônio (ou de sua renda) e por esses fundamentos, reconhecer a imunidade.

E não se tenha receio de que tal critério inviabilize ou dificulte a aplicação do Direito graças à complexidade da investigação sobre transferência econômica. Pelo menos, no que tange ao IPI e ao ICMS, a transferência está constitucionalmente presumida (e autorizada), restringindo-se a investigação a hipóteses excepcionais ou marginais.

Como se acabou de comprovar, ao contrário do que se supõe, a consideração da transferência no IPI ou no ICMS repousa em uma presunção jurídico-constitucional (*iuris et de iure*) e o seu abandono é que ainda está por ser *juridicamente* demonstrado.

Mas outros tributos, como o imposto provisório sobre movimentação financeira (IPMF) ou sobre operações de crédito, câmbio e seguro (IOF) não devem ser enfocados economicamente (como, aliás, qualquer outro) ou segundo a distribuição feita pelo Código Tributário Nacional, à luz de norma constitucional não vigente. O que interessa é a análise de seu fato gerador. Se o tributo incide sobre a renda ou o capital (patrimônio) da pessoa política, não há como negar a imunidade. Portanto as questões relativas a esses dois impostos federais são mais simples, não interessando para a solução da espécie uma classificação (aliás, tecnicamente, defeituosa), feita por

Emenda Constitucional já revogada (a de n. 18/65) ou por lei infraconstitucional, como o Código Tributário Nacional.

Não se questiona na doutrina ou na jurisprudência o fato de que a imunidade recíproca alcança o imposto de renda, cuja hipótese de incidência somente pode atingir o excedente, o lucro ou o acréscimo patrimonial, jamais o próprio capital ou o patrimônio mesmo.

Ora, tanto o IOF como o IPMF alcançam mais do que a renda, o próprio capital ou o patrimônio que, inegavelmente, também estão protegidos pela letra *expressa* imunidade recíproca do art. 150, VI, "a". Não há qualquer presunção de transferência econômica ou translação constitucional ou legal desses tributos e, por isso, não se deve conceber a possibilidade de que venham a reduzir a renda, o patrimônio ou os serviços dos entes estaduais e municipais ou de suas autarquias, instrumentalidades de governo que já pertencem à coletividade.

O cancelamento da imunidade recíproca trazido pela Emenda Constitucional n. 3/93 não tem qualquer validade frente ao art. 60, § 4º da Constituição, por ofensa ao princípio federal e ao princípio da igualdade.

CADERNOS DE DIREITO TRIBUTÁRIO

SERVIÇO PÚBLICO: INTRIBUTABILIDADE POR MEIO DE IMPOSTO — SERVIÇOS DE TRANSPORTES URBANOS E ISS

CLÉBER GIARDINO
AIRES BARRETO

Consulta

Consultam-nos, no interesse de empresa do Estado do Rio de Janeiro, os eminentes advogados, Doutores Sérgio Sahione Fadel e Aroldo Gomes de Mattos, sobre questão jurídica que pode ser assim sintetizada:

A consulente é empresa que, na qualidade de permissionária de serviços públicos, se dedica à prestação de serviços de transportes coletivos, na cidade do Rio de Janeiro.

Sobre tal atividade vem a Prefeitura local exigindo imposto sobre serviços de qualquer natureza — ISS, sob o fundamento de que está ela submetida à incidência desse tributo, pela execução de "serviços de transportes"... (inciso 27 da lista anexa ao dec.-lei n. 834/69).

A seu turno, entende a permissionária que os serviços prestados, dada a sua natureza *pública*, não comportam tributação, por via de ISS.

Em face da profunda divergência entre tais entendimentos, deseja colher nossas considerações, e nosso parecer, sobre a questão.

Parecer

Resume-se a questão posta, como visto, em definir-se, no nosso sistema constitucional, é admissível a tributação de serviços públicos por via de imposto sobre serviços de qualquer natureza (ISS), seja sob a modalidade da prestação direta, pelo Poder Público, seja quando exercido por terceiros, empresas permissionárias ou concessionárias, sujeitas ao regime do artigo 167 da Constituição Federal.

Como ficará evidenciado no decorrer deste estudo, a pretensão do Município do Rio de Janeiro é *insustentável*. Independentemente de quem o exercite, o serviço público é sempre *intributável pelo ISS* (de resto, por qualquer imposto), dado não se incluir, na esfera constitucional de competência impositiva (relativa a *impostos*) da União, Estados e Municípios, a faculdade de instituição dessa espécie tributária sobre situação expressiva de atividade ou atuação estatal que, no nosso sistema, só pode render ensejo à cobrança do tributo "taxa".

Sobre essa temática central — e desdobramentos particulares que a hipótese da consulta sugere — são, pois, nossas seguintes considerações e comentários.

I. Consistência material da hipótese de incidência do Iss

1. O imposto sobre serviços de qualquer natureza foi conferido à competência dos Municípios, pela EC n. 1, de 1969, nos seguintes termos:

"Art. 24 — Compete aos Municípios instituir impostos sobre:

"I — *omissis*

"II — serviços de qualquer natureza não compreendidos na competência tributária da União ou dos Estados, definidos em lei complementar."

E qual o conjunto de atos, fatos e situações que se compreende nessa dição constitucional? Em outras palavras: qual o alcance (possível) que poderá dar o legislador municipal à hipótese de incidência desse tributo, diante da cláusula constitucional permissiva da criação do chamado ISS?

2. O conceito *vulgar* de serviço atina ao desempenho de qualquer esforço humano (realização de ação pessoal) objetivando proporcionar a outrem, um proveito, utilidade ou comodidade.

Incorporado ao Texto Constitucional, sofre, porém, esse conceito comum (*ad hominis*), influência ditada pelas balizas e princípios do sistema no qual se insere (interação recíproca do conjunto de normas constitucionais, cada qual influenciando — e sendo influenciada — as demais normas do sistema).

3. É nesse estádio, e com essa grave limitação, que ganha relevo o conceito constitucional de serviços tributáveis, para o intérprete do direito. Conclusões nesse campo, portanto, haverão sempre de resultar da acurada exegese do conceito de serviço, como *sistematicamente* posto pela Constituição. Nesse sentido, o conceito obtido deverá considerar o vocábulo representativo do comportamento humano (amplamente considerado) que tenha serviço por objeto (eis que tributos só incidem sobre ações pessoais ou comportamentos).

Dessa conjugação é que fluirá o arquétipo da hipótese de incidência do ISS constitucionalmente qualificado.

4. "Serviço", como ensina Pontes de Miranda, é, em sentido amplo, "... qualquer obrigação de fazer... " (*Tratado de Direito Privado*, Tomo XXII, pg. 3). Designa a atividade pessoal de prestar utilidade a terceiros, tenha por fim *um resultado* (empreitada), tenha em mira o mero desempenho da atividade em si mesma (serviço, em sentido estrito). Daí a expressão "de qualquer natureza" empregada pela Constituição. Não se entenda, porém, seja o "serviço", em si considerado, o cerne da consistência material do tributo atribuído aos Municípios. Definitivamente, não o é. É que a consistência do aspecto material da hipótese de incidência reflete sempre certa conduta (em sentido amplo) de uma pessoa. Tributável não é o serviço, em si mesmo, mas a *conduta humana que tem um fazer obrigatório — serviço — por objeto*. E essa conduta humana pode, no caso, ser sintetizada, em sua essência, num *prestar* esforço pessoal (serviço). Aliás, por isso, o que se tributa pelo ISS é, na verdade, a *execução* do serviço e não sua singela estipulação (*v.g.*, o contrato de serviço).

5. Essa síntese — "prestar serviço" — envolve ainda latitude conceptual, em rigor incompatível com a Constituição, que circunscreve o amplo espectro da tributação "aos signos presuntivos de riqueza", na expressão de Alfredo Augusto Becker (vale dizer, ao respeito à "capacidade contributiva"). A consideração isolada da cláusula simplificada "prestar serviços" poderia conduzir à ilação, equivocada, de que tributáveis poderiam também ser as atividades exercidas em benefício próprio.

Não há, porém, prestação de serviços no desenvolvimento de atividade em favor do próprio prestador. Da perspectiva jurídica, aí *não há serviço*. O proveito, necessariamente, há de ser *de outrem*; há de favorecer a terceiros; jamais ao próprio prestador.

6. Impende ainda acrescer que não basta reflita a prestação de serviços, em si considerada, um "signo *presuntivo* de riqueza". É imprescindível que a prestação tenha efetivo e real *conteúdo econômico* (que haja *preço*, como refere o dec.-lei n. 406/68). Só as condutas humanas "remuneradas" (onerosas) podem render ensejo à exigência do imposto municipal. Afastados estão, destarte, (do campo de incidência do ISS) quaisquer serviços de cunho caritativo, filantrópico, destituídos que são desse conteúdo oneroso. Falta-lhes, nessas hipóteses, conforme ensina Geraldo Ataliba, secundado por Roque Carrazza, *caráter negocial*.

O núcleo do serviço tributável, por via de ISS corresponderá, assim, a uma "*prestação de serviço em favor de outrem, com conteúdo econômico*".

A par disso, esse *fazer* haverá de ser *habitual*. Prestação "eventual" de serviço inocorre em contexto negocial, que caracteriza o exercício de quaisquer atividades econômicas (por isso, o dec.-lei 406/68, limita a incidência do tributo a serviços prestados por *empresa* ou *profissional autônomo*).

II. Serviço privado e serviço público

7. Ora, se os sinais de denotação do vocábulo "serviço" se esgotassem aí, ter-se-ia que o ISS poderia alcançar tanto os serviços prestados sob regime de direito privado, como os submetidos a regime de direito público (serviços públicos, de utilidade pública, etc.).

Assim não o é, contudo. Como ensina Baleeiro, "o fato gerador pressupõe prestação de serviços a terceiros como *negócio ou profissão*..." (Aliomar Baleeiro, *Direito Tributário Brasileiro*, 10ª ed., Forense, 1981, p. 282; grifo nosso).

Paulo de Barros Carvalho, jurista de maior suposição, também abona esse entendimento: "Temos para nós que a prescrição correta sobre o sujeito capaz de realizar o fato jurídico tributário do ISS haveria de ser quem prestasse utilidades, materiais ou imateriais, com conteúdo econômico, habitualmente, e sob *regime de Direito Privado*" (*RDT* 17/18, pp. 198/199; grifo nosso).

E mais adiante, arremata: "... quem quer que preste serviços, assim entendida a prestação de utilidade a terceiro, materiais ou imateriais, com substância econômica, em caráter habitual e *debaixo de regime de Direito Privado*, estará realizando o fato imponível do imposto sobre serviços de qualquer natureza" (*RDT* 17/18, p. 200; grifamos).

De igual pensamento, Pontes de Miranda é categórico: "O contrato de serviços e o contrato de trabalho, estrito senso, são, no Código Civil e na legislação do trabalho, *contratos de direito privado. A semi-publicidade não os deslocou para o direito público*, a despeito de estarem cercados e por vezes invadidos por algumas regras jurídicas publicísticas" (*Tratado de Direito Privado*, 2ª ed., tomo XLVII, Editor Borsói, Rio, 1964, p. 9; grifamos).

O ISS, como se vê, só pode incidir sobre fatos decorrentes de contratos *de cunho eminentemente privado*. O serviço sobre o qual pode recair o imposto é, *exclusivamente*, o regido pelo direito privado, isto é, o serviço situado no "mundo dos negócios", cujos timbres são a igualdade das partes contratantes e a autonomia das vontades.

A previsão do artigo 24, II, da CF esgota-se nas prestações de serviço consumadas no âmbito e *sob regime privado*. Não colhe a prestação de serviço público. Isso é incontroverso, inequívoco, fluindo ainda da classificação jurídica dos tributos, como passaremos a ver.

8. Os tributos, como excelentemente expõe Geraldo Ataliba (*Hipótese de Incidência Tributária*, Ed. RT, 3ª ed., São Paulo, 1985), são "vinculados" ou "não vinculados". Resulta essa classificação da "... radical diversidade de regimes jurídicos a que se submetem" (Geraldo Ataliba, *op. cit.*, p. 113).

O ponto nuclear do discrimen exposto, pioneiramente, por Geraldo Ataliba e acolhido pela nossa melhor doutrina (entre outros, Rubens Gomes de Sousa, Souto Maior Borges, Hector Villegas, Paulo de Barros Carvalho, Roque Carrazza e Agostinho Sartin) repousa na lei, no sistema e nas normas constitucionais. É a partir do direito positivo que encontra apoio, razão bastante para que, juridicamente, tal critério distintivo dos tributos se sobreponha aos demais.

Com efeito, o exame da materialidade de todas as hipóteses de incidência tributárias conduzirá, sempre, à verificação de que seu aspecto material ou (a) *consiste* em uma atividade do poder público (ou em repercussão desta), ou (b) *consiste* num fato ou acontecimento qualquer, diferente de *uma atuação estatal*. Em outras palavras, *ou* a hipótese de incidência traduz-se na descrição de uma ação ou atuação do Poder Público, *ou* a lei erige por hipótese de incidência (fato gerador de tributo) um fato qualquer *não* expressivo de atividade estatal. O critério classificatório referido afasta um terceiro gênero (*tertius genus excluso*), já que cobre, pela contradição absoluta de seus elementos, todo o universo das situações consideradas.

Decorre daí que não pode existir hipótese "híbrida" nas dobras do sistema tributário brasileiro: ou o fato tributário é *realizado* pelo Poder Público, sob regime público e na qualidade de ato estatal — e só poderá render ensejo a tributo vinculado (taxa, contribuição ou às impropriamente designadas "tarifas") — ou o fato se consuma no domínio privado, sob regime de direito privado — e só autorizará a cobrança de *impostos*!

Será, pois, logicamente aberrante (e inconstitucional) a previsão de *imposto* recaindo sobre o patrimônio, as rendas e os serviços das pessoas públicas — por isso, inclusive, referidos pela regra imunitória do artigo 19, III, *a*, da CF. Como será inconstitucional a instituição de taxa sobre atos jurídicos privados, ou que tome o valor desses atos como base de cálculo (art. 18, I, e 18, § 2º, da CF).

Com sua linguagem candente, Geraldo Ataliba sintetiza a questão: "Se a h.i. consistir numa atuação estatal, o tributo será uma taxa ou contribuição (tributo vinculado); se consistir em outro fato qualquer o tributo será *não vinculado* (ou imposto)" (*op. cit.*, p. 123).

Essa classificação radica na Constituição encontrando respaldo, ademais, no artigo 16, do CTN, que, de modo juridicamente irrepreensível, estatuiu: "*Imposto* é o tributo cuja obrigação *tem por fato gerador uma situação independente de qualquer atividade estatal* específica dirigida ao contribuinte" (grifos nossos).

A definição legal de imposto elimina qualquer dúvida: os tributos que, por efeito dessa classificação, tenham por consistência uma atividade estatal não poderão ser *da espécie imposto*. Se forem definidos como tal serão inconstitucionais e inválidos, ineficaz a lei que assim erroneamente os haja criado.

Em resumo: ou se tem tributo que não incide sobre atividade do poder público (que dela "independe", como diz o art. 16 do CTN), ou se tem situação de fato ligada a atuação do poder público. Só caberá imposto no primeiro caso, nunca no segundo.

9. Foi afirmado, e demonstrado, que o ISS incide sobre a "prestação de utilidade (material ou imaterial) a outrem, em caráter negocial". Destacou-se, também, que, fosse o conceito assim amplo, abrangidas nele estariam as prestações de utilidade tanto sob regime de direito público, como sob regime de direito privado.

Temos, no entanto, que, no sistema brasileiro, todo tributo cuja hipótese de incidência expresse fato consistente em atividade estatal jamais poderá assumir a natureza de imposto; ou seja, nenhum imposto poderá incidir sobre situação "dependente" de atividade estatal (art. 16 do CTN).

Disso resulta evidente e manifesto que a prestação de serviços públicos — típica e ontológica atividade estatal que é — *não pode consistir em hipótese de incidência de imposto*; de *nenhum imposto*; inclusive, obviamente, do imposto sobre serviços.

Ora, todo serviço público subordina-se (sempre e unicamente) ao *regime de direito público*. Falar em serviço público e cogitar de regime jurídico privado, ou diverso do público, é *contraditio in terminis*.

É esse, também, o escólio de Elizabeth Nazar Carrazza:

"Em primeiro lugar, cumpre assinalar que os serviços alcançados pelo ISS são aqueles prestados em regime de direito privado.

"...Dessa forma, os serviços tributáveis pelo ISS não se confundem com os serviços públicos que estão submetidos a regime jurídico diverso, na sua prestação" (*RDT* 19/20, p. 255).

E, mais adiante, conclui: "Até porque, pela prestação de um serviço público só é possível cobrar-se taxa" (*op. cit.*, p. 256).

Em face dessas considerações, podemos, agora, de modo firme, enunciar o conceito de serviço tributável pelo ISS, como referido pelo artigo 24, II, da CF, e que corresponde à *prestação, em caráter habitual, por empreitada, ou por qualquer outro modo, de utilidade (material ou imaterial) a outrem (terceiro), com conteúdo econômico, sob regime de direito privado*.

Os serviços que estiverem referidos na cédula constitucional privativa da União (e eventualmente dos Estados), só por essas pessoas poderão ser tributados; os demais podem ser colhidos pela lei municipal sob o alcance da regra que prevê "definição dos serviços tributáveis por lei complementar".

III. Transporte coletivo é espécie de serviço público

10. A questão posta na consulta versa a possibilidade de serem tributados, pelo ISS, serviços de *transporte coletivo* exercitados por concessionário ou por permissionário de *serviço público*.

Cravadas as balizas evidenciadoras de que o ISS só pode incidir sobre prestações de serviço submetidas ao regime de direito privado, cumpre examinar, pois, para dar seguimento à análise do problema, se transporte coletivo é serviço público ou serviço privado.

11. Não existe dissenção alguma quanto a não configurarem serviços públicos os serviços de transporte coletivo diretamente exercidos pelo Estado. A simples presença da pessoa pública, nesses casos, desempenhando atividade de interesse coletivo, sob regime legal, afasta qualquer tipo de dúvida a respeito.

Ora, exatamente o *mesmo* se passa quando tais serviços — por simples conveniência da administração — têm sua prestação delegada a terceiros, pessoas físicas ou jurídicas, públicas ou privadas.

Aliás, mesmo por isso (por ser *público* o serviço) é que *sua titularidade é absolutamente indelegável*; só o exercício das tarefas materiais de execução é que podem sê-lo. Daí que a *natureza* de um serviço (como público) não se altera em razão da qualidade da pessoa que o exercita. A atribuição do qualificativo *público* a determinado serviço decorre da Constituição ou da lei; essa mera designação já os subordina a regime jurídico específico (o administrativo), que não é afastado pela contingencial ou aleatória circunstância de, em certas situações, sua execução vir a ser delegada a terceiros.

De resto, é exatamente assim que se contrapõem serviços públicos e serviços privados. Estes são marcados pela vontade das partes; aqueles submetem-se apenas à vontade da lei. Os últimos regem-se pelas normas de direito privado; às normas de direito público, submetem-se os primeiros.

Em qualquer caso, o serviço público se tipifica pela *realização de ato estatal*; o Estado é seu *único e exclusivo* titular; sua instituição e desempenho visam a atender, sempre, o *interesse público* (Celso Antonio Bandeira de Mello). Já o serviço privado se faz o interesse particular das partes, consubstanciando ato *independente de qualquer atividade estatal* (art. 16 do CTN).

12. É certo, entre nós, *ex vi legis*, a natureza *pública* dos serviços de transportes coletivos. Até porque, se assim não fosse, não poderiam ser prestados — como, freqüentemente o são — por empresas de características nitidamente públicas (*v.g.*, por sociedades de economia mista). Defeito, como adverte Celso Antonio Bandeira de Mello, "... no âmbito estadual e municipal só podem existir sociedades de economia mista que sejam prestadoras de serviços públicos propriamente ditos" (*Prestação de Serviços Públicos e Administração Indireta*, 2ª ed., Ed. RT, São Paulo, 1983, p. 106). O fato de serem "serviços públicos propriamente ditos" é que legitima sua prestação por sociedade de economia mista do Município.

Eis por que se subordinam, sempre, a regime de direito público — que, como visto, assenta exclusivamente na lei. E não escapam dos rigores do regime *legal*, pela circunstância de terem seu exercício outorgado a um particular. A lei não é — e não pode ser — "revogada", pela mera vontade da administração ou do concessionário!

Dentre outros, esse pressuposto permitiu a Celso Antonio asseverar, com extrema firmeza: "... por igual razão da natureza do serviço, *os de transporte* que não transponham mais de um Estado ou mais de um Município, *são*, respectivamente, *serviços públicos estaduais ou municipais*" (*op. cit.*, p. 25).

Aliás, bem por isso é que, em matéria de transportes coletivos, alude-se a "tarifas" como forma de remuneração do concessionário ou permissionário! É que *tarifa* tem cabimento quando se trate de *serviços públicos*, como deixa manifesto o artigo 167 da Constituição Federal. *In casu*, a lei estadual do Rio de Janeiro (n. 691, de 1984) reconhece como de *serviço público* a atividade desempenhada pelos permissionários de *transporte público*; deixa isso claro quando, no seu artigo 13, § 2º, remete ao *regime tarifário* para aludir à remuneração dessas empresas.

Não há dúvida, pois, que *há lei excluindo o regime privado na prestação de transporte coletivo urbano no Rio de Janeiro*.

É, pois, incontroverso, estar-se, *in casu*, diante de *serviço público*, independentemente da natureza da pessoa que o exercite. Sua submissão ao regime de direito público (administrativo) é *decorrente da lei*. Daí que só pode dar ensejo à exigência tributária cujo fulcro seja, precisamente, uma atividade estatal (pública, por natureza ou qualificação legal).

13. Há serviço público, como ensina Celso Antonio Bandeira de Mello, naquela "atividade de oferecimento de utilidade ou comodidade material fruível diretamente pelos administrados, prestada pelo Estado *ou por quem lhe faça as vezes, sob um regime de direito público* — portanto, consagrador de prerrogativas de supremacia e de restrições especiais — instituído pelo Estado em favor dos interesses que houver definido como próprios no sistema normativo" (*Prestação de Serviços Públicos e Administração Indireta*, Ed. RT, 2ª ed., p. 1; grifamos).

Trata-se de conceito essencialmente concorde com a noção que Aliomar Baleeiro tão elaboradamente construiu nas magistrais lições dos seus *Limitações Constitucionais ao Poder Tributar* (5ª ed., p. 117) e *Clínica Fiscal* (Ed. Bahia, 1958, p. 151). Este mestre, inteiramente apoiado na Constituição de 1946, serviu de inspiração para Rubens Gomes de Souza e Gilberto Ulhoa Canto, quando esboçaram o anteprojeto que se converteu na Emenda Constitucional n. 18/65, a qual, no particular, e para efeitos tributários, permaneceu, em suas linhas gerais, na Constituição vigente.

Daí ser incontroverso que transportes coletivos urbanos, ainda que desempenhados sob regime de permissão ou concessão, configuram serviços públicos. Segue-se que não tipificam atividade negocial de direito privado, por isso mesmo não sendo remunerados por "preço", fixados pela vontade das partes. E não há ISS onde não houver *preço contratual* (art. 9º do dec.-lei n. 406/68), aliás, a única base de cálculo admissível para esse tributo.

IV. Serviço público só é tributável por taxa

14. É cediço que a Constituição está acima de todas as leis que, por conseqüência, com ela se devem conformar para serem legítimas. Se o legislador discrepa das exigências constitucionais, o próprio sistema prevê a intervenção judiciária para declarar a invalidade da lei, assegurando, assim, a supremacia constitucional (arts. 116 e 119 da CF). A Constituição, por outro lado, não é um conjunto de recomendações, nem aos particulares, nem, muito menos, aos órgãos públicos. Pelo contrário, constitui um sistema de mandamentos *imperativos* e *categóricos*, que se põem como obrigatórios a todos, principalmente aos órgãos públicos, agentes e autoridades que ela mesma cria e institucionaliza, delimitando-lhes o âmbito de atuação. Nesse sentido, a Constituição não contém sugestões, mas ordena, comanda, impõe, determina, de modo inexorável. José Afonso da Silva, estudando a aplicabilidade das normas constitucionais, diz, com toda clareza, aquilo que é a súmula das melhores lições de direito constitucional a esse respeito, prevalecentes no Brasil. Esse mestre sublinha que "as normas constitucionais pertencem essencialmente ao *ius cogens* (*Aplicabilidade das Normas Constitucionais*, São Paulo, 1968, p. 63).

Por seu lado, Francisco Campos sublinha a inexistência de liberdade para o legislador — diante dos preceitos constitucionais — quanto a dar-lhes ou não obediência; diz, das normas do Texto Supremo, que: "Todas elas, de ordem constitucional, terão, igualmente, a mesma força que lhes provém, não de sua matéria, mas do caráter do instrumento a que aderem, não podendo conceber que se reserve ao legislador o arbítrio de distingui-las, para o efeito de sua observância, em essenciais ou substanciais, a saber, imperativas ou mandatórias, e em acessórias ou de mera conveniência, isto é, diretórias" (*Direito Constitucional*, vol. I, 1956, p. 32).

Isso significa não tolerar, o sistema, ordem jurídica infraconstitucional incompatível com a Constituição. Lei alguma valerá, portanto, se infringente, formal ou substancialmente dos imperativos ou dos nortes constitucionais. E essa exigência é absolutamente impostergável especialmente em matéria de discriminação de competências tributárias.

15. Ora o inciso I do artigo 18 da Constituição Federal assim se redige:

"Art. 18 — Além dos impostos... compete à União, aos Estados, ao Distrito Federal e aos Municípios instituir:

"I — Taxas arrecadadas... pela utilização efetiva ou potencial de *serviços públicos* específicos e divisíveis, *prestados ao contribuinte, ou postos à sua disposição...*".

Impõe, destarte, a conclusão de que, toda vez que se impuser tributo sobre serviços públicos, necessariamente terá ele a natureza de taxa (ou "tarifa", como por vezes chamado).

Fica evidente que, essa disposição, ao associar a "remuneração" dos serviços públicos à taxa, não se está limitando a fazer recomendações ou sugestões ao legislador ordinário. Pelo contrário, está *determinando* que, se o legislador decidir remunerar a prestação de um serviço público (desde que esse serviço seja específico e divisível) *necessariamente adotará*, como instrumento para tanto, a espécie tributária taxa. Em outras palavras, a Constituição — até para impedir invasão de competências — não tolera qualquer liberdade do legislador ordinário para optar entre taxa e qualquer outro tributo, nessa matéria. Aí há *imperativo constitucional categórico*. Se se quiser remunerar serviço público, só caberá taxa; e nenhum outro tributo. Excluída está a liberdade do legislador para a eleição de qualquer outra figura tributária (como a do imposto) nessas hipóteses. Igualmente, fica-lhe vedado remunerar tais serviços por meio de preços contratuais, incompatíveis com o serviço público.

16. Daí porque o Código Tributário Nacional, ao prescrever que: "Art. 77 — As taxas... têm como fato gerador a... utilização efetiva ou potencial de serviço público específico e divisível prestado ao contribuinte ou posto à sua disposição", autoriza entender estar simplesmente desdobrando a Constituição Federal, para reiterar aquilo que nela já se contém de modo bastante claro. Ademais disso, é interessante sublinhar que essa disposição deixa manifesto não só a plena aplicabilidade do regime da taxa aos serviços públicos, mas a impossibilidade destes serem objeto de tributação por via de ISS (ou ISTR, se fosse o caso), em face da compartimentalização que caracteriza o nosso sistema. Rígido e exaustivo que o sistema é, não oferece, nesse campo, qualquer margem de opção. Nenhuma possibilidade de escolha entre alternativas, simplesmente porque estas não existem.

Deveras, ou se está diante de *serviço público*, e só se pode criar taxa para remunerá-lo — afastados, automaticamente, quaisquer outras espécies tributárias — ou se está diante de outra situação em que serviço público não há, caso em que não cabe qualquer cogitação da aplicabilidade de taxa (tributo vinculado).

No Brasil, é lícito afirmar tranqüilamente, que, hoje, onde haja serviço público, de nenhum modo se poderá considerar aplicável o regime dos *impostos*.

17. Ora, como já se demonstrou, transporte coletivo é nítido serviço público; logo, só comporta remuneração por via de taxa. Esse, e só esse, o regime tributário aplicável, toda vez que se estiver diante de serviço público. Em outras palavras, os princípios e regras constitucionais concernentes ao exercício da tributação possibilitam a exigência de taxa — afastando peremptoriamente a incidência de imposto — quando se tratar de prestação de serviço público. Por definição, onde cabível a exigência de imposto, não haverá prestação de serviço público ou qualquer outra atuação estatal; onde houver serviço público, a única espécie tributária cabível será a taxa.

18. Na prática do direito brasileiro tem-se, geralmente, querido adotar um chamado "regime tarifário", para a remuneração de serviços públicos.

Quando se fala, no Brasil, presentemente, em tarifa, quer-se fazer referência a uma entidade jurídica que se reconhece como "preço". Ora, preço é a contrapartida de uma obrigação *ex voluntate*. É, portanto, a remuneração de uma obrigação contratual. O preço se insere, sempre, dentro de um contexto contratual (v. Orlando Gomes, *Contrato de Adesão*, Ed. RT 1973, p. 3). Ora, se o serviço público, por definição, é *res extra commercium*, há uma *contradictio in terminis*, quando se fala em *serviço público*, de um lado, e a sua remuneração por *preço*, de outro.

É impossível, portanto, haver preço e, concomitantemente, serviço público. Onde houver preço, não há possibilidade de haver serviço público. Onde houver serviço público será impensável o preço.

19. É exata a observação, no sentido em que autores do coturno de Seligman, Hugh Dalton, ou Einaudt trataram desta categorização a ponto até de criarem a categoria chamada "preço público", em oposição a preço político, etc. Não se ignora que Aliomar Baleeiro, nas suas clássicas lições, contidas na *Introdução à Ciência das Finanças*, as reproduz. Entretanto, essas são categorias pré-jurídicas; são elaborações financeiras, "objeto de preocupação do legislador, na fase pré-legislativa. Na verdade, para o direito, preço é preço, nítida categoria jurídica de direito privado. A adjetivação "público" ao substantivo "preço" é manifesta contradição nos termos. Juridicamente, ou há "preço" e o adjetivo "público" é incabível, ou se algo é "público" não pode vir vinculado a preço. Não há a figura híbrida do "público" e não "público" (regido pelo direito privado) assim como não há entidade "privada" (regida pelo direito público).

Portanto, confirma-se que, se há serviço público — no Brasil, hoje, diante do art. 18, I, da CF — somente pode haver *taxa*. E, se (impropriamente) por vezes se o submete ao regime das tarifas, é absolutamente certo que *nunca* poderá permitir a incidência de *impostos*.

20. Não é possível olvidar que o serviço público, *mesmo quando exercido por pessoa diversa do Estado*, é sempre informado por um regime publicístico e que só se desempenha em nome do poder público. Em outras palavras: regime que qualifica os bens jurídicos — em torno dos quais se estrutura — como indisponíveis. Regime, como vimos, peculiarizado pela inexorável característica de ser governado pela vontade da lei — salvo os casos de discricionariedade administrativa — com base imediata na *voluntas legis*, implicando, *ipso facto*, exclusão tanto da vontade dos administradores, quanto da vontade dos administrados.

Portanto, no âmago e na essência de toda essa problemática está o regime público. A circunstância de algumas das formas operacionais desenvolvidas serem semelhantes às do direito privado, ou de, na sua ação, apropriarem-se de formas e categorias de direito privado, não descaracteriza a essência pública que não pode ser perdida de vista pelo intérprete, nem pelo aplicador. *Em todos os casos o serviço continua público*.

A proteção jurídico-normativa ao interesse público — que está no cerne do serviço público — continua sempre a existir. O que a Constituição consente, nesta matéria, é apenas que as *formas de exercício*, de desempenho dos atos concretos tendentes à produção e à prestação do serviço público, sejam submetidas a formas de direito privado. Tem-se em vista, aí, agilizar o desenvolvimento do serviço público, tornar expedito o desenvolvimento dessas atividades; fazer versátil o funcionamento das entidades que os desempenham.

Tudo isso, entretanto, não significa que o serviço tenha deixado de ser público. Jamais será qualificável como *res in commercium*, só pela circunstância de as formas, mediante as quais se os desempenha, serem privadas. Serviço público é *res extra commercium* e, portanto, jamais poderá ser, ele em si mesmo, objeto de atos, situações ou negócios livremente firmados (o único objeto que autoriza a incidência de impostos).

21. Portanto, em rigor, só taxa pode remunerar os serviços públicos, seja qual for a forma operacional adotada pelas entidades que os desempenhem. O que se concede não é o serviço, mas sim a *sua execução*. O serviço é sempre público, o titular é sempre a pessoa pública.

O execício material — ou seja, o desempenho das atividades materiais, em que se traduz a prestação de serviço — é que pode ser entregue em mãos de pessoa diversa do próprio titular, que é necessariamente uma pessoa pública. A paridade de posições jurídicas entre concessionária e permissionária autoriza a aplicação de princípios contratuais no seu relacionamento recíproco, não porém ilimitadamente. Essa aplicação vai esbarrar na legalidade, na relação de administração, no princípio da indisponibilidade do interesse público, no princípio da continuidade do serviço público etc.

Não cabe, na espécie, nenhuma situação intermediária, híbrida. Transporte coletivo é, entre nós, serviço público. Se o serviço é prestado pelo próprio Estado, cometido a concessionário seu, ou conferido a particulares, é o que menos importa. O serviço, em qualquer caso, seguirá sendo público, porque "ne concetti giuridici non ci sono dei gradi, essi esistindo o non esistindo" (Santi Romano, *Scritti Minori*, 1950, vol. II, p. 49).

Importa, assim, como se viu, ter presente que "... inexiste lugar para Estados ou Municípios como protagonistas no campo da exploração do domínio econômico..."; por isso "... só há lugar para sociedade de economia mista cuja missão seja gerir serviços públicos propriamente ditos." (Celso Antonio, *op. cit.*, p. 109).

Independentemente de quem o executa, o serviço de transporte coletivo é (e continua sendo) serviço público — instituto absoluta, completa e totalmente inconciliável com o do imposto.

22. De resto, como, no caso concreto, o serviço é municipal, estar-se-ia diante de figura consímile à da confusão, aludida no art. 1.049, do Código Civil, uma vez que a mesma pessoa estaria a enfeixar as qualidades de credor e de devedor. Efetivamente, ter-se-ia o Município figurando, a um só tempo, nos pólos positivo e negativo da obrigação tributária. Simultaneamente, assumiria a qualidade de sujeito ativo e de sujeito passivo do tributo em questão (é inexorável que, se cobrado *imposto* (ISS) ao concessionário ou permissionário, a remuneração deste — pela taxa ou "tarifa" — necessariamente deveria ser acrescida).

Daí já se vê o quão despropositado é admitir-se imposição tributária sobre o serviço público municipal de transporte coletivo, seja quando exercitado pelo próprio Município (administração direta), seja quando executado por delegado seu (concessionário ou permissionário).

V — Conclusões

23. Do que se expôs, já é possível, em síntese, concluir que:

a) a hipótse de incidência do ISS se esgota na "prestação, em caráter habitual, de utilidade (material ou imaterial) a outrem, com conteúdo econômico, *sob regime de direito privado*;

b) de conseguinte, não se pode alcançar, por via de ISS, a *prestação de serviço público*, subordinada que está ao regime de direito administrativo;

c) transporte coletivo é nítido serviço público, quer quando executado diretamente pelo estado, quer quando seu exercício é conferido a outra pessoa, física ou jurídica, pública ou privada;

d) no nosso sistema, *impostos são tributos não vinculados a qualquer atividade estatal*, sendo, destarte, constitucional (arts. 21, 23 e 24, da CF) e legalmente (art. 16 do CTN) inexigíveis em relação à prestação de serviços públicos, pelo estado ou por quem lhe faça as vezes;

e) as taxas (tributos vinculados) têm por arquétipo constitucional, precisamente, a "remuneração" de serviços públicos (além do exercício do poder de polícia), específicos e divisíveis, prestados ao contribuinte ou postos à sua disposição (art. 18, I, da CF, comando desdobrado pelos artigos 77 a 79, do CTN). Só por meio de taxa podem ser tributados os serviços públicos.

VI. Resposta aos quesitos

24. As considerações expendidas e as conclusões extraídas, permitem, agora, responder aos quesitos envolvidos na consulta — e a seguir transcritos — na seguinte conformidade:

Quesito um: "Há incidência do ISS sobre a prestação de serviços públicos?"

Resposta: O ISS — em face das balizas postas pela Constituição — só incide sobre a prestação de serviços, em regime de direito privado; logo, excluídas estão as prestações de serviço público subordinadas a regime jurídico diverso (administrativo).

Quesito dois: "Na negativa, o fato de esses serviços serem prestados por pessoa privada, tem o condão de transmudar a natureza dos serviços para "privados", ficando, nesse caso, submetidos ao imposto referido?"

Resposta: O Estado não pode transferir a titularidade do serviço público, mas, simplesmente, delegar ou conceder a alguém *a excecução dos atos materiais em que eles se podem traduzir*. Como o Estado prossegue sendo — sempre — o titular do serviço público, a despeito de cometer o seu exercício a pessoa privada, o serviço continua sendo público. Logo, é ele insuscetível de tributação por via de imposto (ISS).

É o parecer, s.m.j.

São Paulo, 17 de dezembro de 1985.

CONFERÊNCIAS & DEBATES

LIMITAÇÕES CONSTITUCIONAIS AO PODER DE TRIBUTAR(*)

GERALDO ATALIBA
Professor Titular de Direito da Universidade de São Paulo
e Universidade Católica de São Paulo

O Sr. Ministro Antonio Torreão Braz (Presidente do Superior Tribunal de Justiça): Exmo. Sr. Ministro Sidney Sanches, Presidente do Supremo Tribunal Federal, que nos honra com sua presença; Srs. Magistrados e Advogados presentes, dando prosseguimento ao simpósio sobre a Justiça Federal, a conferência de hoje versará o tema ''Limitações Constitucionais ao Poder de Tributar'', e será proferida pelo Dr. Geraldo Ataliba, Professor Titular do Departamento de Filosofia e Teoria Geral do Direito da Universidade de São Paulo e Professor Titular de Direito Tributário da Faculdade de Direito da Universidade Católica de São Paulo.

Com a palavra, o ilustre conferencista, Prof. Geraldo Ataliba.

O Sr. Geraldo Ataliba: Insigne Ministro Antônio Torreão Braz, Presidente do Superior Tribunal de Justiça, Ilustre Presidente da Suprema Corte, Ministro Sidney Sanches, cuja presença nos honra imensamente; insigne Ministro William Patterson, Srs. Ministros, Srs. Juízes.

Senhoras e Senhores, nosso tema é ''Limitações Constitucionais do Poder de Tributar''. Desse assunto cuidam os arts. 150 a 152 da Constituição Federal. Não vamos fazer seu exame tópico; o tempo não o permite, além de ser muito aborrecido fazê-lo. Nossa intenção é trazê-los, de maneira mais simpática possível, a uma remeditação sobre a globalidade do tema, cuja designação correta vem de Aliomar Baleeiro, catedrático de Direito Tributário das Universidades Federal da Bahia e do Rio de Janeiro. Depois de ter sido constituinte de 1946,

* Aula Magna, no Superior Tribunal de Justiça, em junho de 1992.

reuniu num livro, que foi a sua tese de cátedra, um rol de princípios e regras constitucionais, que servem de limites e barreiras ao legislador ordinário, em matéria tributária.

Toda regra constitucional é limitativa

A esse felicíssimo livro deu o nome *Limitações Constitucionais ao Poder de Tributar*, que todos conhecem, compulsam e admiram e de onde todos tiram lições. E daí, quando sobrevém a Carta de 1967, abre-se na Constituição um capítulo para reunir, digamos, didaticamente todos os princípios e regras constitucionais que limitam o poder de tributar, que já existiam no nosso Direito Constitucional, na tradição das nossas Constituições. Foi uma homenagem, digamos assim, ao Constituinte Aliomar Baleeiro, além de uma facilitação didática para os intérpretes e os aplicadores.

Entretanto, se nos lembrarmos de quaisquer das definições de competência, especialmente as aplicáveis ao Direito Constitucional, se nos lembrarmos da melhor de todas, que é de Forsthoff — que diz que toda atribuição de competência é, ao mesmo tempo, atribuição de limitações — já se vê que, como a Constituição é uma carta de competências, lei distribui competências, e portanto fixa limitações para todas as entidades (União, Estados, Municípios) e para todos os órgãos (Legislativos, Executivos e Judiciários). A Constituição é um compêndio distribuidor e limitador de competências, porque todas elas são limitadas, senão não seriam competências. O Professor e Ministro Sidney Sanches, Mestre do Direito Processual, maneja a categoria ''competência'' com inexcedível habilidade.

A Constituição é um rol imenso — do primeiro ao último artigo — de atribuições de competências e, portanto, de limitações. Os arts. 150 a 152 contêm as principais limitações ao poder de tributar. Essa meditação é importante porque amolda a nossa mente, habilitando-a à tarefa de aproximação da Constituição, para interpretá-la, inclusive em matéria tributária. O estudo desses preceitos constitucionais em matéria tributária impõe, como qualquer trabalho exegético, que o intérprete se disponha a aproximar-se do objeto de seu exame, no caso, a Constituição, adequadamente, para dotar-se de categorias sólidas para fazer um trabalho mais eficiente e seguro de interpretação.

Direito comparado

A nossa cultura é importada da Europa. Repetimos concepções, categorizações, sistematizações elaboradas na Europa. O filtro pelo qual recebemos essa cultura, em matéria jurídica, geralmente é o italiano, espanhol, francês e alemão, e esses doutrinadores europeus, nos quais nos abeberamos, sempre viveram num clima constitucional diferente do nosso. Isso impõe uma advertência ao intérprete e, conseqüentemente, modificação da postura com relação ao que nos ensinam esses autores. Tudo decorre do seguinte: da liberdade do legislador tributário, diferente aqui e lá.

Uma comparação didática

Recordo exemplo que dou aos meus alunos: suponhamos que os senhores fossem soldados de um batalhão e eu fosse o major, que os comandasse, e que, numa sala ao lado, houvesse um outro grupo igual de soldados, comandados por um outro oficial igual. Entra um general e diz a mim: ''Major, o senhor vai preparar esta tropa para o desfile de 7 de setembro. Quero um desfile bonito, garboso da sua tropa. Vou prestar muita atenção nisso. Determino que o senhor faça duas horas de ginástica por dia com esse pessoal até o dia 7 de setembro''.

Vai para outra sala e, ao outro Major, diz: ''Quero que o senhor prepare essa tropa para o dia 7 de setembro. Quero um bonito desfile; ordeno que o senhor faça duas horas de ginástica por dia, uma hora de natação, três horas de marcha batida; de manhã, que se use o uniforme de campanha; de tarde, o uniforme de ginástica; no fim do dia, quero que o senhor faça uma preleção. Prepare essa tropa para o dia 7 de setembro!'' E vai embora.

Vejam bem: as tropas são iguais e os comandantes são do mesmo nível hierárquico. A ordem, a finalidade última é a mesma. ''Prepara a tropa para o dia 7 de setembro''. Entretanto, a liberdade que eu, oficial comandante, tenho para preparar esta tropa para o dia 7 de setembro é a mais ampla, desde que eu dê duas horas de ginástica por dia, porque essa foi a ordem do General. Quanto ao outro Major, a finalidade dele é a mesma; só que ele não tem liberdade nenhuma porque, examinando o rol de instruções que o General lhe deu, não tem opção, não tem o que decidir livremente. Já está sabendo quantas horas de ginástica, quantas de natação, qual o uniforme que deve usar, etc. A situação é a mesma do legislador europeu. As constituições européias dizem: ''Legislador, tribute! Imponha os tributos! Faça a lei tributária! Obedeça a legalidade! Observe a igualdade! Ponto!''

Ali na outra sala está o Brasil. O constituinte, que é o General, diz ''Legislador, faça a lei tributária! Mas deve fazer com tais e quais limitações, com tais condicionamentos, regras, limites; este legislador só pode fazer isso, aquele só pode fazer aquilo etc.''.

Postura peculiar do constituinte brasileiro

Vemos que a Constituição tem um vasto, eu diria quase exaustivo, compêndio de princípios e de regras modulando, ordenando e organizando a atividade legislativa tributária. Assim, quando lemos um livro europeu a respeito dos temas mais belos e cheios de fecundas lições, precisamos saber que a maioria delas, especialmente no que toca aos grandes princípios, já foi absorvida pelo constituinte, e ele, ao absorvê-las, traduziu suas conclusões em princípios e regras os quais pôs na Constituição. De modo que as diretrizes e orientações doutrinárias, para o legislador ordinário aplicar com liberdade, são campo muito pequeno no Brasil. Na Europa não. Quando se coloca doutrinariamente a capacidade contributiva, a razoável distribuição de encargos entre os contribuintes, as classificações de tributos, as modulações que cabem e são exigíveis pelo senso de justiça, em matéria de cada tributo, tudo isso o legislador europeu recebe da doutrina e atua com liberdade, com a amplitude que quiser, criando e suprimindo impostos, somando e modificando impostos, muitas vezes dando um nome a um imposto, mas excedendo, na descrição legislativa, a área própria daquele imposto, sem nenhum inconveniente. Não há barreiras constitucionais. O critério é dele, legislador. Ele haurirá na doutrina inspiração que o orientará na elaboração legislativa com a mais ampla liberdade. Além disso, todos os países onde buscamos nossa informação doutrinária básica são estados unitários onde há um só legislador, que é o Parlamento Nacional, e este faz o que quer, dando às províncias, regiões e municípios (as subdivisões internas) ou tirando delas, a seu talante, as competências; fixando limitações e delimitações.

Peculiaridades da constituição alemã, em matéria tributária

Inclusive, merece especial atenção, por sua influência, a doutrina alemã.

Mesmo a legislação tributária da Alemanha é típica de país unitário, é igual à francesa, à italiana, à espanhola, etc. Deveras, a Alemanha é influente no mundo inteiro, em matéria jurídica. A Alemanha fez o seu Código Tributário em 1920, instalou o seu tribunal financeiro tributário em 1921, e dali nasceram jurisprudência, doutrina e legislação, que foram modelares para o mundo inteiro. Depois da primeira guerra, a Alemanha foi invadida e estava ocupada por tropas estrangeiras, antes de fazer a famosa Constituição de Weimar. A Alemanha assumiu o compromisso de que em matéria financeira, ela seria um Estado unitário. As potências ocupantes exigiram que a Alemanha pagasse a dívida de guerra. Havia um movimento na Alemanha dizendo: vamos tirar a competência tributária da União e dá-la aos Estados. Assim, a União assume a dívida de guerra, mas não tem dinheiro para pagar. Então, as potências estrangeiras, com tropas ocupando o país, obrigaram a Constituinte de Weimar a colocar: "em matéria tributária, a União legisla e administra, inclusive arrecada todos os tributos".

Assim, o Código Tributário alemão, toda doutrina tributária alemã, toda jurisprudência marcante dos anos 20 a 30 — período mais fecundo da elaboração doutrinária nessa matéria — é marcado por uma concepção de estado unitário, em matéria tributária. No nazismo, dos anos 30 em diante, a concentração ditatorial foi total. E, depois, quando em 1949 a Alemanha Ocidental faz a sua "Lei Fundamental de Bonn", estava novamente ocupada por tropas estrangeira e a Alemanha era regida pelo tratado que impunha, entre outras coisas, que não tivesse exército, e que modelasse o seu sistema tributário sob inspiração de princípios de estado unitário. E, de lá para cá, houve excelente jurisprudência, seja do Tribunal Constitucional, seja, ainda, do Tribunal Financeiro.

Assim, a consideração de todo tema tributário por qualquer brasileiro, deve estar ciente de que o doutrinador europeu reflete um clima jurídico constitucional e legal radicalmente diverso do nosso. É com muita prudência e cuidado que temos que receber cada inspiração, cada citação.

O sistema tributário caracteriza-se pelo conteúdo e pelo modo de sua distribuição

Como introdução à meditação considero importante uma lição de filosofia do Direito, de um mestre da atualidade, o Professor Tércio Sampaio Ferraz Júnior, nosso colega da Faculdade de Direito de São Paulo e que hoje ocupa o cargo de Procurador-Geral da Fazenda Nacional. Ele mostra, no seu livro *Introdução ao Direito*, que o sistema jurídico é igual a qualquer outro *sistema*, na sua concepção lógica. Um sistema se faz não só pelos conteúdos, pelos elementos que o compõem, mas pela forma de arranjar, arrumar, distribuir esses elementos. Isso, em matéria jurídica, é de capital importância. Isso é o que distingue o socialismo do capitalismo; o liberalismo da social-democracia; embora, aparentemente, o conteúdo das Constituições seja igual, a forma, o modo de arranjar esses ingredientes (as normas e os princípios, os institutos e os organismos, dentro de uma Constituição), essa forma é que dá o "clima" do sistema e uma tônica ao Judiciário que o guarda, ao doutrinador que o estuda, ao legislador que o desenvolve.

É exemplo dado pelo Professor Tércio Sampaio Ferraz: se alguém entrar nesta sala e encontrar todas essas poltronas amontoadas num canto, esta mesa virada em outro, as poltronas empilhadas, dirá: "isto é um depósito de móveis". Num outro instante esta mesma pessoa volta a esta sala e a encontra arrumada como está hoje. Imediatamente diz: "isto é auditório". Mas como? É a mesma sala, são os mesmos elementos. Conforme a arrumação dos mesmos elementos tem-se uma sala de aula ou um depósito de móveis. E poderia também ser um salão de baile, conforme a arrumação que se fizesse. Assim são todos no sistema.

No sistema jurídico, o modo de dispor os princípios e regras é tão importante quanto seus próprios conteúdos.

O modo de dispor os princípios e regras é tão importante quanto seu próprio conteúdo

Na Constituição, é óbvio que valem muito o conteúdo, o sentido e o alcance dos princípios e das regras constitucionais. Mas a tônica e sobretudo a relatividade dos valores, a hierarquia desses valores depende da organização que o legislador constituinte lhes deu, e esta ordenação é que faz o sistema, juntamente com o conteúdo. Não é só conteúdo, nem só organização (arrumação): é "organização de conteúdos". Não basta afirmar que, eventualmente, alguma Constituição tenha, como a brasileira, os ingredientes tais e quais. É preciso perguntar, ainda, como estão arrumados, para que se saiba se é um salão de festas; se é uma sala de aula ou se é um depósito de móveis que tenho diante de mim. Com essa "arrumação mental", teremos condições de estudar todo o sistema tributário.

Ficaremos nesta seção segunda do capítulo do Sistema Tributário, que nos foi proposta pelos ilustres Ministros Antônio Torreão Braz e William Patterson, que nos honraram com este convite para despertar e provocar uma remeditação em torno desse tema.

Cunho negativo do art. 150

O art. 150 é o mais importante deste capítulo das limitações constitucionais ao poder de tributar. A cabeça já começa dizendo: este artigo, que trata de limitações importantíssimas, não esgota o assunto, não se pretende exaustivo. Diz: "Sem prejuízo de *outros* direitos, e outras garantias, a União, o Estado e os Municípios são *proibidos* de..." E daí vem o rol do que é proibido. Mas não é só isso que é proibido; é também proibido o que está no art. 151 e 152; é também proibido tudo o mais que a cabeça do art. 150 invoca. E nem precisava, basta que estejam na posição de princípios negativos ou regras positivas, que já são obrigatórios.

Legalidade

Em primeiro lugar: União, Estados e Municípios não podem *criar* tributos sem *lei*. Este assunto é tão velho, que nasce por volta de 1215, na Inglaterra, com a Carta Magna do rei João Sem-Terra, há sete ou oito séculos, e parece tão cediço que surpreende que hoje, dia 12 de junho de 1992, no Brasil, ainda se questione. Muitas das questões que os Senhores têm em mãos para decidir como magistrados, ainda questionam o conteúdo, sentido e alcance do princípio da legalidade.

Tradicional, é o instituto mais velho de todos, diria não do Direito Tributário, mas do Direito Constitucional. O próprio Direito Constitucional nasceu por causa da exigência da legalidade em matéria tributária. A despeito de sete séculos, da solar clareza que a jurisprudência e a doutrina puseram sobre isso, ainda os executivos se rebelam contra estes princípios. O poder político não o aceita, porque este, realmente, limita o poder político. Só se pode criar tributos fazendo lei e esta, necessariamente, deve ser universal, igual e irretroativa. Isso é muito duro para quem tem o poder político, para quem foi eleito por uma maioria, precisa agradar essa maioria e não gosta das minorias, tem os seus desígnios, os seus interesses, os seus programas, os seus planos, e exatamente foi investido no poder político porque pregou aquele programa, aquele plano. Este preceito constitucional é obstáculo, é empecilho, seja à realização do programa, seja à satisfação das correntes que investiram aquele grupo no exercício do poder político, para um certo período republicano. Aí um dos principais problemas. Esse aparentemente tão inocente, tão claro ''princípio da legalidade'', que é o primeiro dentre as *limitações*, ainda questionado como se tivesse nascido ontem e tivesse o seu conteúdo ainda ignorado por muitos, como se ainda fosse possível questionar essas coisas.

Conteúdo da legalidade

Examinando sistematicamente a Constituição, comparando o tratamento que esta dá à matéria penal, à tributária e a todas as outras matérias de Direito Público, fica evidente que o que o Constituinte quer dizer aqui é que qualquer critério de decisão sobre se existe ou não um tributo, se é devido ou não, e quanto é devido, qualquer critério que leve a estas duas respostas — é devido ou não? quanto é devido? — deve estar na lei. Exaustivamente.

O legislador não pode despir-se desse dever. Biscaretti di Ruffia, notável professor de Direito Constitucional de Milão, discípulo direto de Santi Romano, é que propõe esta inversão. Não é só um poder-dever de legislar nestas matérais; é um dever-poder. O legislador é obrigado a legislar, exaustivamente, em matéria tributária. Nada pode relegar à imaginação, à cooperação, à colaboração, seja do Executivo, seja de qualquer outro intérprete ou aplicador.

Em matéria de obrigação tributária os aplicadores devem só interpretar e aplicar, mais nada; não têm contribuição a dar. Ao contrário do que acontece no Direito Civil, Comercial, Administrativo, em geral, Financeiro, Bancário, ou qualquer outro ramo — em matéria tributária e em matéria penal não há contribuição de ninguém. O legislador esgota a função; os demais são meros, simples, puros aplicadores. Essa é a essência do primeiro preceito.

Vedação a igualação de situações desiguais

O inciso II tem capital importância. Diz a Constituição: ''É proibido tratar desigualmente situações iguais; é proibido tratar igualmente situações desiguais''. Isto é explicitação, até o grau de didática elementar, do princípio geral da igualdade, que já está na cabeça e no inciso I do art. 5º da Constituição; é pura explicitação didática daquilo que já é sabido, já é conseqüência universalmente aceita, inquestionada, no plano teórico, entre nós, do princípio geral da igualdade. Mas foi necessário.

O Constituinte, ao estabelecê-lo, reagiu a um clima que encontrou e que quis ordenar e disciplinar, e, por isso, deixou claro, até para completar o princípio que está no art. 145, § 1º, da capacidade contributiva, que só cobre os impostos. É o princípio que informa os impostos, com conseqüência, exigência, implicação da igualdade, no setor dos impostos. Taxa não se baseia em capacidade contributiva. Contribuição não obedece a capacidade contributiva. Ficavam essas duas espécies tributárias sob o império da igualdade — não como capacidade contributiva — mas como comutatividade ou proporcionalidade.

Todos os tributos estão sob o inciso II: é para contribuição, é para taxa; é lógico que, também, para os impostos. Fique claro que não se pode tratar desigualmente as situações iguais. Em outras palavras, ele é mais genérico, abrange todos os tributos, ao contrário da capacidade contributiva, que só abrange os impostos.

Princípio normativo

Isto é uma grande diretriz, um princípio. Princípio, todos nós sabemos, aplicando a noção ao direito, é não só um dos fundamentos da ordem jurídica ou de um setor da ordem jurídica. É diretriz, é norte que o Constituinte aponta. Diz: caminhe naquele sentido; vá para aquele lado. A sociedade deve rumar nessa direção, e você, legislador, começará andando, caminhando nessa direção. E, depois, os intérpretes e os aplicadores administrativos e judiciais continuarão empurrando a sociedade na direção da diretriz apontada pela Constituição. Quando qualquer destes intervenientes falhar, discrepar dessa direção haverá sistemas, métodos, modos de corrigir e dizer "... não; a direção é aquela"; às vezes até com a liberdade de escolher certos caminhos, mas a direção é aquela.

Aqui está uma grande diretriz. Portanto nenhuma lei pode ser válida se caminhar em outro sentido. Nenhum ato administrativo pode deduzir, seja da Constituição, seja de uma lei, uma interpretação que aponte para outro sentido. E nenhuma decisão judicial pode prestigiar interpretações caminhando em sentido diverso. Situações iguais devem ter tratamento igual.

O exemplo do imposto sobre a renda

Para ilustrar bem, dou exemplo triste para nós. A Constituição de outubro de 1988 fixou, de modo explícito, o que estava implícito, no sistema anterior; não dá para reclamar de falta de clareza no art. 150, II. Posta em vigor a Constituição, faz-se uma modificação na legislação do imposto de renda de pessoa física, modificação a título de simplificação — lembram-se os senhores da propaganda "Vamos simplificar"? (aliás minha experiência ensina-me que toda vez que o Governo brasileiro tenta simplificar alguma coisa, é bom sair de baixo, porque virão as maiores barbaridades). Havia uma série de deduções e abatimentos que permitiam, diante da mesma renda, distinguir aquele que tem muitos filhos daqueles que têm poucos; o que tem despesa com educação do que não tem; o que aufere rendimentos puros do trabalho daquele que aufere rendimentos puros do capital. Tudo isso era um pouco complicado, mas permitia o tratamento desigual de situações desiguais. Depois havia, até atendendo a um outro princípio constitucional, o princípio da progressividade, uma série de alíquotas do Imposto de Renda, como, aliás, em todos os países civilizados. A Inglaterra tem alíquotas de 3, 4, 5, 10, 12, 15, 18, 25, 30, 32, 45 e até 55% de Imposto de Renda. À medida que cresce a renda, aumenta a alíquota. Na Alemanha é assim, no Canadá e nos Estados Unidos também. Em todo país civilizado. Veio a simplificação ficando só duas alíquotas para todos. Por exemplo, pago o mesmo Imposto de Renda que os maiores milionários. Aqueles que freqüentam as páginas das colunas sociais de jornais ou, às vezes, as primeiras páginas do próprio jornal pagam o mesmo Imposto de Renda que eu. Vejam, no instante em que a Constituição diz: "trate desigualmente os desiguais", vem uma legislação para simplificar e diz "trate igualmente todo mundo", tenha filho ou não; tenha despesa com saúde ou não; despesa com educação, não interessa etc. Trata todos igualmente, é a suprema desigualdade. Se fosse levado à Corte Constitucional alemã, já teria sido arrasado há muito tempo. O Dr. Ademar Maciel vai concordar comigo; na Suprema Corte americana já estaria fulminado há muito tempo, porque diria: "legislador, o Senhor não pode caminhar para o sul quando a Constituição claramente manda para o norte. Anulo tudo o que o Senhor fez".

Se *não existe* esta lei — porque é inconstitucional — seu artigo final ("revogadas as disposições em contrário") também não existe. Logo, não está revogada a lei anterior. O contribuinte, a meu ver, continua tendo o direito de aplicar a legislação anterior, que previa deduções, abatimentos, etc., etc., e continua tendo o direito a aplicar a legislação anterior, porque ela não foi revogada, estabelecendo uma série de alíquotas, progressivas, como quer a Constituição.

O termo "cobrar" é errado

O inciso III do art. 150 — usando uma expressão inadequada: *cobrar tributos* — estabelece algumas vedações que passaremos a examinar rapidamente. Censura-se a expressão cobrar, utilizada leigamente em textos anteriores, porque todos sabemos que cobrar significa, para o jurista, exigir o cumprimento de obrigações, exigir a "prestação" objeto da obrigação. Cobrar é conseqüência de existir um direito de crédito. Se não existir um direito de crédito, não se pode cobrar. Cobrar é uma conseqüência, e a Constituição deve tratar da causa: "como se cria, validamente, um crédito em benefício do Tesouro", e não simplesmente "cobrar". A expressão está impropriamente usada.

Irretroatividade da lei tributária

Diz o inciso que: Art. 150, III: "Em relação a fatos geradores ocorridos antes do início da vigência da lei que os houver instituído ou aumentado". Outra impropriedade técnica quando diz: "Exigir tributo em relação a fatos *geradores* ocorridos antes do início da vigência da lei".

Ora, se a lei não estava em vigor, não pode ter eficácia e nem incidir sobre os fatos, mesmo porque o fato — aqui está dito — é anterior. No entanto, puseram a expressão *fato gerador*. Mas a expressão *gerador* siginifica que gera. Ora, segundo o preceito, não gera nada, porque ele é anterior à lei. A leitura correta é *em relação a fatos ocorridos antes da lei*. Não são fatos "geradores", não podem receber essa qualificação, porque aconteceram antes de existir a lei. Esse é um requisito elementar, essencial da segurança jurídica, que já era implícito nas nossas Constituições anteriores.

Se alguém sugerisse, num país civilizado, imitar os brasileiros no que diz respeito a isso, receberia como resposta que tal idéia era um absurdo, uma coisa repugnante, pois, na Europa, isso não acontece há, mais ou menos, trezentos anos. Como pôr na Constituição algo tão insignificante! Porém o constituinte brasileiro achou necessário explicitar no nosso Texto.

Infelizmente, até hoje vê-se que isso é importante, porque ainda temos um poder político indomável, que não aceita limitações, que não aceita submissões, que precisa ser tratado como um bicho selvagem a cada instante, sendo contido nos seus limites.

Esse princípio, na verdade, está afirmando a *irretroatividade* da lei tributária. Não pode ser retroativa. Voltando à cabeça do inciso II, o problema não é "cobrar" tributo. Vamos nos lembrar das lições de Alfredo Augusto Becker, Prof. Roberto Rosas: primeiro vem a lei, depois, na conformidade de descrição que a lei faz, acontecem fatos e sobre estes incide a lei. Esses fatos produzirão os efeitos jurídicos queridos pela lei.

Portanto, o fenômeno da incidência da lei tributária, que é especificamente o que estamos estudando, só pode darse nos termos constitucionais e da lógica jurídica, nesta seqüência: primeiro a lei, depois o fato e depois as conseqüências da incidência da lei sobre o fato. No nosso caso, o nascimento das obrigações tributárias.

O problema, portanto, não é saber se pode cobrar ou não. É evidente que, se nascer uma obrigação tributária corretamente, de acordo com a Constituição e a lei, evidente que "cobrar" uma obrigação que nasceu corretamente é conseqüência natural. *Cobrança* não poderá haver se o nascimento da obrigação não foi correto. Então, quando este inciso III diz: "cobrar tributos" temos que ler, forçosamente, *instituir tributos*. Porém, veja-se bem, sobre *fatos anteriores à lei*, é proibido. Institui-se o tributo, o legislador edita a lei desenhando a hipótese de incidência, ou seja, uma descrição de um fato, *depois* de vigente e eficaz esta lei, os fatos que, quando acontecidos, se subsumirem àquela descrição da lei, farão nascer obrigação tributária. Se não corresponderem rigorosamente àquela descrição legal, não farão nascer obrigações tributárias; se fizerem nascer obrigação tributária, ela será cobrável quando terminar o prazo de pagamento (caso de extinção de obrigação por comportamento voluntário do devedor). Se não acontecer isto, não será cobrável. Assim, o problema não está na cobrança — que é ulterior, lógica e cronologicamente — o problema está na *instituição* do tributo. Em outras palavras aqui se diz: "é vedada a incidência sobre fato já ocorrido". Há alguns exemplos, não há tempo para examiná-los, exemplos na história recente da nossa jurisprudência, que estão até hoje *sub judice*. Há irretroatividade da lei tributária onerosa para o contribuinte. A lei tributária que cria ou aumenta a carga tributária não retroage, ou seja, não tem efeito, não tem eficácia sobre fatos ocorridos antes da sua data de eficácia.

Anterioridade da lei tributária

A letra *b* desse inciso III: "É vedado exigir impostos no mesmo exercício financeiro em que haja sido publicada a lei que os instituiu ou aumentou". A Constituição está, explicitando algo que decorre do seu sistema, daquela arrumação geral que o constituinte fez dos fatores que estão em jogo, dizendo: Toda atividade financeira do Estado e, necessariamente, a atividade de abastecer de recursos os cofres públicos — portanto, não só a despesa, mas também a receita, inclusive as receitas tributárias — se dá, para efeitos jurídicos, levando-se em consideração o período anual, um período que corresponde e coincide com o ano civil, o ano comercial, o ano econômico, o ano universal, geográfico. Este ritmo, a Constituição brasileira o consagra como constitucional, "o ano", e dá-lhe o nome de "exercício financeiro", para obedecer uma tradição que, no Brasil, vem desde antes da Independência.

A Constituição está dizendo: "as leis tributárias, a receita tributária, devem ser consideradas anualmente". A cada ano começa — e Baleeiro, no livro *Limitações Constitucionais do Poder de Tributar* tem páginas primorosas a respeito — para efeito tributário, tudo de novo. Todos os juristas são obrigados a considerar períodos anuais, dentro dos quais acontecem as coisas que podem ter eficácia ou conseqüências jurídicas. Aqui, então, está dito: "iniciado um ano (que começa a 1º de janeiro), não pode surgir lei eficaz, tributária, onerosa para o contribuinte, nova". Vejam quantos requisitos! Em outros termos, a qualquer instante o legislador pode aumentar os tributos, a qualquer instante ele pode fazer lei criando tributos, mas esta lei *só terá eficácia a partir de primeiro de janeiro do ano seguinte*.

Esta a regra geral que está na Constituição: "a qualquer instante, o legislador aumenta tributo, adotando o procedimento ou técnica que puder"; mas *a eficácia dessa lei só se dará a partir do dia 1º de janeiro do ano seguinte*. Em outras palavras, todos os fatos, contemplados pela lei, no próprio exercício em que ela criou ou aumentou o tributo, são juridicamente irrelevantes; não são fatos geradores, são fatos ordinários. A lei passa a incidir em fatos ocorridos após o dia 1º de janeiro do ano seguinte. Os fatos que se dêem, se conformados à descrição da lei, serão fatos *geradores*, se acontecidos a partir de 1º de janeiro do ano seguinte. Isto impõe distinguir vigência de eficácia. A lei poderá entrar em vigor no mesmo dia, ou trinta, sessenta, noventa dias depois não importa; a sua eficácia, quando criar ou aumentar tributos, só se dará do dia 1º de janeiro subseqüente em diante. Quer dizer: só incidirá depois disso.

Prudente compreensão das exceções

A Constituição só contempla uma exceção a isto: Contribuições Sociais — art. 195, 6º. Estas, criadas ou aumentadas, a lei incidirá noventa dias depois; quer dizer, em noventa dias ela já tem eficácia. É a única exceção.

Alguém dirá que estou esquecendo do IPI, do Imposto de Importação, do Imposto de Exportação, do Imposto sobre Operações Mercantis. Mas não me esqueci; pelo contrário. Chamo a atenção dos Senhores para o art. 2º da Constituição, que diz: *Os poderes são harmônicos e indepedentes entre si; não se admite delegações*.

É claro o princípio: o poder legislativo é investido no Congresso Nacional; quem legisla é o Congresso. O art. 84 diz: "Compete ao Chefe do Executivo — e, portanto, a toda a máquina que a ele está submetida — *executar* a lei", e nada mais do que isso. Entretanto, a Constituição obriga o Legislativo, no item I do art. 150, a esgotar a descrição da matéria tributária (condições de incidência e eficácia da lei tributária). A lei deve fazer tudo isso. Entretanto, em matéria de Imposto de Importação, Imposto de Exportação, IPI e Imposto sobre Operações Financeiras, a Constituição dá — veja-se bem — *ao legislador*, a faculdade de, nestes quatro impostos, estabelecer alíquota máxima e mínima. Ao invés de dizer que a única medida do tributo é "x" a lei pode dizer: as medidas do tributo podem ser: mínima "x", e máxima "y". E, verificadas certas condições, que o legislador dirá, o Executivo poderá variar de "x" a "y"; mas o Executivo só o pode se o Legislativo autorizar. Portanto, a Constituição está dando esse poder ao legislador, que usará ou não, se quiser, como quiser e quando quiser.

Estou sendo enfático, porque, infelizmente, em muitos livros (com exceções de Souto Maior Borges, Paulo Barros de Carvalho, Roque Carrazza, juristas), se diz: o Executivo pode variar a alíquota do IPI etc. Na verdade, *o Executivo não pode nada*. Pela nossa Constituição o legislador é que *pode*, nesses casos, estabelecer o máximo e o mínimo, permitindo que o Executivo varie; se o legislador não der isso, o Executivo não poderá variar. Isso é preciso que fique claro, porque essa tônica decorre da arrumação das coisas, e não das coisas individualmente consideradas; decorre do sistema que tem espírito e diretrizes, que são os seus princípios. O Professor Esdras Dantas sempre enfatiza que estes princípios comandam a exegese e não o contrário.

Jurisprudência do STF

Fui convidado como professor e, por isso, posso falar da jurisprudência da nossa Suprema Corte, não como jurisdicionado, mas como doutrinador. Há uma súmula do Supremo Tribunal Federal dizendo que se aplica a lei do imposto de renda do ano do lançamento. Esta súmula, muito criticada pelo Ministro Aliomar Baleeiro — ex-Presidente do Supremo, antecessor do nosso Professor e Ministro Sydney Sanches — que ficava bravíssimo quando ouvia a sua invocação. Realmente, isso é um absurdo. Fiquemos tranqüilos. Esse absurdo cometido solenemente pelo Supremo Tribunal Federal, está superado. O próprio Supremo não tem aplicado a súmula, quando as partes mostram adequada, conveniente e oportunamente sua erronia. O Supremo não tem aplicado esta súmula, porque ela ainda faz parte do regime anterior a 1824, quando não havia Constituição no Brasil. Esperemos que ele a revogue. O Supremo tem descoberto meios, caminhos, modos e argumentos para não aplicá-la.

Conceito constitucional de renda

Que diz a Constituição brasileira? Estou fazendo uma interpretação sistemática.

Que é renda? Renda é "algo mais" — não pode ser *menos* nem continuar *igual* — que qualquer de nós recebemos como fruto do trabalho, do capital, ou da combinação de ambos, e que venha aumentar o nosso patrimônio e nos enriquecer. É algo *mais* do que o necessário para sobreviver. Se gasto tudo em alimentação, remédio, habitação e transporte, é evidente que não estou tendo renda, estou apenas vivendo; isto é não ter capacidade contributiva e, se não tenho capacidade contributiva, não posso pagar imposto, especialmente o imposto que, magnificamente, expressa esse princípio, que é o imposto de renda. Renda é algo mais que acresço, que ultrapassa o necessário à minha sobrevivência, como pessoa física.

Renda não se recebe em um dia, recebe-se durante um ano. A Constituição colocou claramente implícita a noção de período. Aliás, não há um só doutrinador: alemão, italiano, francês, espanhol, americano, ou de qualquer país civilizado, que, ao definir renda, não ponha a noção de *período* como essencial. Não há noção de renda sem *período*. Renda sem período só no Código Tributário brasileiro ou na Bolívia, Paraguai, Uganda, Guiné-Bissau. Como Professor, todo mês recebo dois salários: um salário trabalhista pela PUC, e um professor, da USP, que é autarquia do Estado de São Paulo. Ainda advogo e recebo honorários. Durante um mês recebo dois honorários, no outro recebo um, às vezes em três meses nada recebo, e assim por diante. O que é verdadeiro é que vou recebendo ao longo de um período anual, e que a Constituição manda considerar este período. Quando terminar o ano, no dia 31 de dezembro, já estou em condições de fazer a soma de tudo o que recebi: salários de professor, honorários de advogado, dinheiro que ganhei em títulos aplicados etc. Faço uma soma e tenho uma coluna de receitas. Só nesse dia, terminado o período, posso avaliar as minhas despesas: tantos filhos no colégio, tantas operações cirúrgicas, gastos que a lei permite. Enfim, confronto receitas e despesas, e obtenho um resultado. Havendo *saldo positivo*, tive renda, porque há sobra no confronto entre as entradas e saídas; se o saldo for negativo, não tive renda. Se houve renda, incide a lei de imposto de renda. Isto é renda; até "x" paga-se uma alíquota tal (de acordo com a lei antiga, que é a que está em vigor, porque a Constituição está acima de tudo, impedindo a eficácia da lei que reduziu a diversidade de alíquotas).

Previsibilidade da ação estatal

Quando se inicia um ano, há um conjunto de princípios constitucionais que, sob a designação de segurança jurídica — que é a própria razão de ser da Constituição — fixa um princípio que a doutrina universal chamou de "não surpresa", ou seja, o contribuinte não pode ser supreendido pelo Estado, que ele mesmo criou, e pelo legislador que o representa. O princípio da lealdade do Estado com relação ao cidadão, o princípio da previsibilidade da ação estatal, o princípio da livre empresa — que sugere que eu e minha empresa, que tem uma função social (é a Constituição que o diz) contribuímos para dar emprego, aumentar a produção e pagar mais tributos. Tenho o direito de gerir a minha empresa, planejar a minha atividade e os meus investimentos como empresário. Então, tenho o direito de saber com antecedência quais são os tributos que vou pagar no próximo ano. Também tenho o direito de, definidos esses tributos, iniciado o ano, o exercício, exigir que não haja mais alteração. Pode haver alteração para menos, mas não para mais.

Esse conjunto de princípios é que dá a catadura e o alcance da segurança jurídica, em matéria tributária. Esse conjunto de direitos é que ilumina a compreensão deste inciso III, "b", do art. 150 da Constituição. Não pode, portanto, nenhuma lei agravar o resultado final daquela soma que vou fazer, para apurar meu Imposto de Renda, daquele confronto entre entradas e saídas, pois qualquer agravamento que entre em vigor ao longo do ano é inaplicável naquele ano, servindo apenas para o ano seguinte.

Essas considerações mostram que a chamada anterioridade da lei tributária aplica-se integralmente ao Imposto de Renda, sob pena de ser um princípio sem aplicação prática e eficaz, que não se coordena com as exigências dos outros princípios constitucionais.

Vedação ao confisco

É vedado utilizar tributo com efeito de confisco. Recomendaria ler a *Revista de Direito Tributário*, n. 42, que publica o artigo de uma professora espanhola notável, Dra. Antonia Aguelo, onde ela estuda o confisco e os tributos com efeito de confisco e todos os problemas jurídicos para configurar-se isso. Pela leitura deste trabalho, verifica-se que a Constituição brasileira é igual à espanhola e que os critérios de confisco dependem exclusivamente — é um dos raros casos do arbítrio — do Tribunal constitucional; ele é que vai dizer o que é confisco e o que não é.

O Supremo Tribunal Federal, no nosso caso, é que, diante de uma cópia de exemplos, de experiências, vai estabelecer o que seja. É muito difícil doutrinariamente dizê-lo.

Limitações ao tráfego interno

Inciso V, art. 150: É proibido estabelecer limitações de fronteira entre os Estados e Municípios etc. Quer dizer: o fato de passar a fronteira de um Estado ou Município, no Brasil, não pode ser motivo de tributação.

Não pode ser hipótese de incidência de nenhum tributo passar-se pela fronteira do Estado ou do Município. É o que está dito na Constituição. E, desnecessariamente, está dito: "exceto quanto ao pedágio". Mas pedágio não cabe "porque" se passa a fronteira. Aqui mesmo, na Constituição, se diz: "o pedágio é uma taxa, que remunera o serviço de conservação de estradas". Portanto, não se paga pedágio só *porque* se passou pela fronteira. Paga-se pedágio quando se passa pelo posto de pedágio, "porque" se desgastou a estrada, exigindo serviço de conservação. Periodicamente, de espaço em espaço, deve haver um posto de arrecadação dessa taxa, para medir a *intensidade* e a *freqüência* do uso da estrada, que tem como conseqüência o seu desgaste e que implica a despesa de sua conservação. Paga-se pedágio para obedecer ao art. 152, que exige: "tratar desigualmente as situações desiguais"; e deve ser medida a *freqüência* e a *intensidade* do uso dos serviços públicos, como o demonstra Aires Barreto.

Sr. Presidente, faltou o tema referente às imunidades, que é apaixonante, mas já gastei muito tempo e, todo auditório, por mais inteligente e qualificado que seja, tem um limite psicológico, e já passamos desse limite. Vou ficar em dívida com o Presidente Torreão Braz e com V. Exas. Muito obrigado.

O Sr. Ministro Torreão Braz (Presidente): Teremos 30 minutos para a formulação de questões.

Pergunta: O Sr. Deoclício Dias Borges (DEC-UDF): Essa proposta do imposto único sobre transação contraria o princípio da isonomia?

O Prof. Geraldo Ataliba: Sim. Sabemos que a Constituição não pode ser modificada em algumas coisas, nem por emenda constitucional. Não é dizer que o Congresso não possa aprovar emenda que reduza os direitos fundamentais. Não. O Congresso não pode nem "discutir". Ao iniciar a discussão de um projeto de emenda constitucional permitindo a pena de morte — é inconstitucional, porque está reduzindo um dos direitos fundamentais e, no rol do art. 5º da Constituição está dito: "É proibida a pena de morte". Então, uma emenda constitucional que diz: "Pode existir a pena de morte", está mexendo com o art. 5º da Constituição. Ele só pode ser ampliado, não podendo ser reduzido. É uma cláusula *pétrea*. Foi Francisco Campos que o demonstrou tão maravilhosamente, mas secundado por toda nossa doutrina e, recentemente, tão maravilhosamente explicada por Celso Antônio Bandeira de Mello: "A igualdade é um princípio básico fundamental". Assim, quando o capítulo tributário veda tratar igualmente os desiguais, não tratar desigualmente os iguais, está simplesmente dizendo algo que é óbvio, conseqüência de um direito fundamental, que está no art. 5º cabeça, e no item I: Todos têm direito a tratamento igual pelo legislador e pelos aplicadores.

Inventaram a idéia de um imposto que eu pago porque movimentei dinheiro, ignorando a razão pela qual o movimentei. Isso é violar a igualdade, porque se eu tirar o dinheiro para comprar um instrumento de trabalho não posso pagar imposto. Se for gastar com saúde, se for para gastar com educação, não pode ser a mesma coisa que aplicar em especulação, ou diversão etc.

Não pode haver tratamento igual entre quem tira dinheiro para tratar da saúde, para salvar a vida do seu filho e outro que tira dinheiro para fazer uma viagem de recreio. Quer dizer, uma norma que coloca como materialidade da hipótese de incidência de um tributo um fato, que pode ou não ter conteúdo ou significação qualquer, uma lei que faça isso é inconstitucional. Dir-se-á: "mas é emenda"! Ora, emenda que estabeleça um tributo arbitrário, descomprometido com todos os princípios constitucionais, especialmente o art. 5º; o que é mais importante, descomprometido com o sistema, com a arrumação que o Constituinte deu aos princípios e regras, uma emenda dessas é flagrantemente inconstitucional. Ela está destruindo, arrasando, negando totalmente, cabalmente a igualdade de tratamento entre todos nós, especialmente em matéria tributária. Está desconsiderando totalmente a capacidade contributiva. Prevê um imposto em que a capacidade contributiva não interessa. Levantou mil cruzeiros, paga um de imposto. Mas o sujeito é rico? É pobre? Está gastando para a saúde, para a educação, para comprar um instrumento de trabalho, um capital para aumentar a indústria, aumentar o emprego (que é um dos desígnios constitucionais)? Não, isso tudo não importa. A proposta de emenda que institua esse imposto é inconstitucional; seja como imposto único, a inconstitucionalidade é mais flagrante; mas seja no meio de outros impostos, também será inconstitucional. O Professor Paulo de Barros Carvalho, que é uma das maiores cabeças do Direito Público brasileiro, tem um capítulo em seu *Curso de*

Direito Tributário — que é um primor de obra jurídica — sobre impostos fixos. Ele mostra que o imposto fixo é totalmente inconstitucional; não é possível existir imposto fixo. Viola diversos preceitos, e, o que é importante, viola o sistema. Ora, os argumentos que ele dá para essa demonstração valem para essa emenda, porque todo o fundamento de sua demonstração está na igualdade, e a igualdade é cláusula pétra da Constituição, não pode haver reforma constitucional que muda na igualdade.

Professor Osiris Azevedo Lopes (Direito Tributário — UnB): O Professor Ataliba levantou um problema do imposto de renda e creio que dentre todos os impostos existentes hoje no País, possivelmente é o que está em maior contramão à Constituição, porque a promulgação da Constituição se deu no dia 6 de outubro e no dia 22 foi feita a lei que desconsiderou a existência da Constituição. Hoje temos no Brasil não imposto sobre renda, mas imposto sobre rendimento e quase que rendimentos brutos. Por quê? É inerente em todos os países no mundo que a renda é produto do capital do trabalho ou da combinação de ambos e aqui no Brasil tributamos ainda os proventos.

A lei feita no dia 22 de dezembro de 1988 chegou a definir o seguinte: a base de cálculo do imposto de renda é a renda bruta. Ora, a renda não é só o produto do capital, mas, deste menos o custo para sua produção. Na pessoa jurídica, isso significa a consideração para limpar a renda da despesa operacional; na pessoa física, o que antigamente se chamava a dedução à despesa necessária à produção do rendimento. Então, o conceito de renda é *sempre um conceito líquido*, seja o lucro na jurídica, seja renda na pessoa física, isto é, "*o resultado obtido num determinado período e diminuído do custo para essa obtenção*".

Agora, o que acho — só aproveitando o aparte do Prof. Ataliba — é que ele cometeu um certo equívoco, e na legislação brasileira não está claro, parece-me — porque não houve coragem do legislador — é que o fato gerador do imposto de renda hoje é apurado num período mensal através do sistema de bases correntes, que os ingleses chamam de "pay as you earn" e, a nível anual, submetido a uma declaração de reajustamento. Ou seja, todos os sistemas dos países desenvolvidos, que o Prof. Ataliba mencionou, como Estados Unidos e Inglaterra, usam o "pay as you earn", que, no Brasil, chamou-se de bases correntes, em que a geração da renda é mensal, daí o "carnê Leão" de apuração mensal.

Mas o que queria dizer, justificando a contramão do imposto de renda, é que entrou na Constituição, de novo — o que existia na Constituição de 1946 — o princípio da capacidade contributiva e o da personalização do tributo. Há um autor alemão, chamado Gunter Schmolders que sustenta ser o princípio da personalização correspondente a uma "vestimenta" para adequar a carga tributária de cada contribuinte. Isso, dirigido ao legislador, significa que este tem que colocar uma pletora de hipóteses e que duas pessoas, ganhando a mesma renda bruta na soma de rendimentos, vão terminar pagando impostos diferentes, porque teriam deduções ou abatimentos — como queiram chamar — de educação, seguro, juros de empréstimos, despesas de aluguel etc., diferentes. Ou seja, o comando da Constituição é para que o legislador estabeleça muitos e diversificados tipos de abatimentos, e a personalização do tributo está acabando.

Chegou essa lei de 1988 e destruiu o conceito tradicional de que o Brasil tinha, que era ímpar no mundo, de fazer distinção entre *dedução* como despesa necessária à obtenção do rendimento e *abatimentos*, que eram outras despesas consideradas relevantes do ponto de vista de política tributária. Não existia, nos

Estados Unidos nem na Inglaterra, que são os modelos que copiamos, essa distinção; nestes países chamam "abatiment", o que é diferente.

Bem, no imposto de renda, pela primeira vez, entra a progressividade como critério constitucional; antes existia uma progressividade legal e isso entrou na Constituição. A última lei antes da nova Constituição previa nove faixas de progressividade, de 5% a 45%. Vem o legilador, reduz numa cópia de "macaco" — realmente voltamos à fase argentina, chamada de "macaquito" — e cópia da legislação americana sem entender o que ocorreu lá: duas faixas de alíquotas — 10% e 25%. Agora, numa perversidade com as rendas baixas, eleva para 15% a menor faixa.

No entanto, para mim o grande equívoco que se introduziu no Brasil, de Amílcar Falcão, é que começou com essa questão de fato gerador complexivo e todo mundo o repete. Este conceito seria aquele que se integraliza de 1º de janeiro a 31 de dezembro e não explica e nem resolve o problema do imposto de renda. É uma tolice. Por isso discordo dessa noção de período, porque há as incidências definitivas na fonte. Se o fato gerador se integraliza só no final do ano, como há uma incidência definitiva na fonte? É muito melhor a doutrina italiana, que considera o fato gerador de formação continuada e que pode se interromper ou integralizar lá. A Constituição colocou um grande problema para o jurista, mas principalmente para o Judiciário, quando determina que o imposto de renda tem que ser progressivo e universal. Então tem que incidir sobre todas as rendas; é obrigatório isso, o que no Brasil não acontece.

Essas são minhas observações, porque não vim fazer conferência, mas agregá-las ao que o Prof. Ataliba expôs.

Bases correntes e IR

O Dr. Geraldo Ataliba: Estou plenamente de acordo. O professor Osiris Azevedo Lopes, da UnB, Professor de Direito Tributário que é, e grande Mestre, acabou de confirmar o que eu dissera. Todos ouviram sua bela lição sobre o sistema "pay as you earn", "pague na medida que recebe", que existe para as pessoas jurídicas em certos países. Todos sabem que na Inglaterra não há o período anual, não há o chamado exercício financeiro. E nos outros países onde há exercício financeiro, orçamento, regras constitucionais a respeito, não há o balizamento que existe no Brasil para estabelecer o ritmo da atividade financeira pública e das receitas públicas, que, no Brasil, é anual. Assim, aqui, o período anual é necessário. Todas as boas lições e exemplos que podem vir do direito comparado devem ser aqui recebidos com reservas. No Brasil, o período é anual. O sistema "pague na medida que recebe", no Brasil, seria inconstitucional. Uma empresa que tem um grande gasto em fevereiro, deve ter o direito de contrastá-la com a grande receita que teve em novembro, porque todas foram despesas *x* receita "dentro daquele período". Isso é um direito que a Constituição lhe dá, e que nenhuma lei pode lhe tirar. Tenho certeza de que o Dr. Osires não discorda disto.

Imposto sobre a renda exclusivo na fonte

Quanto ao imposto de renda "exclusivamente na fonte", vem o legislador e diz: "Tal incidência na fonte é exclusiva". Como deve o intérprete entender isso? É lógico que a intenção do legislador é dizer: "O sujeito paga na fonte e o assunto está liquidado, encerrado". Ora, o Judiciário não obedece ao legislador, mas à Constituição, sempre; e ao legislador, se puder, e, neste caso, ele não pode obedecer ao legislador, porque, como não há renda oriunda de um fato isolado, mas a renda é sempre o resultado de um confronto, terminado o *período anual* entre entradas e saídas, então, o aplicador judicial é obrigado a dizer, houve incidência na fonte? Então aquilo é antecipação de renda que se vai trazer a confronto, no fim do período. E então fazem-se as compensações, compondo aquela soma das receitas e saídas e a apuração daquele saldo, para haver renda; se o saldo for negativo, não há renda.

Quando o legislador diz: "incidência exclusiva na fonte", está desacatando a Constituição e desrespeitando o aplicador judicial, porque está dizendo ao aplicador judicial "não obedeça à Constituição", e isso o legislador judicial não pode aceitar. Em nenhum país civilizado se interpreta norma do legislador que desacata a Constituição, como uma norma que obrigue o Poder Judiciário. Este só aceita ordens conformes à Constituição. O imposto de renda exclusivo na fonte deve ser interpretado pelo aplicador judicial em igualdade de condições com qualquer outro imposto de renda na fonte, como mera antecipação, provisória e, aliás, de discutível constitucionalidade.

O Dr. Prudente: Meu caro Professor Geraldo Ataliba, V. Exa. iniciou a palestra mostrando, com ênfase, a norma do art. 150, da Constituição e disse que, sem prejuízo de outras garantias asseguradas ao contribuinte, seguem-se as vedações aqui contidas.

Esse art. 150, inciso VI que V. Exa., à míngua de tempo não chegou a apreciar, cuida da imunidade tributária em matéria de impostos. Esse tema já fora abordado por diversas correntes doutrinárias e jurisprudenciais à luz da Constituição anterior, no sentido da afirmação categórica de que só há imunidade tributária em matéria de imposto, e não em matéria de taxa judiciária.

Nesse momento histórico, prezado professor, em que se cogita uma reforma da legislação processual civil brasileira, e que a Justiça Federal se encontra em busca de uma lei de custas para atender aos reclamos dos jurisdicionados, gostaria de saber de V. Exa. se não seria ousadia demais da minha parte buscar no *caput* do art. 150 essas outras garantias que a Constituição assegura ao contribuinte, a novidade do art. 5º., inciso XXXIV e LXXVI, que assegura a todos, brasileiros e estrangeiros, independentemente do pagamento de taxas, o direito de petição aos Poderes Públicos para a defesa de direitos ou contra ilegalidade ou abuso do poder.

Um grande publicista já sustentava, com o aval de toda a doutrina processual brasileira e estrangeira, que o direito de petição é uma emanação do Direito Constitucional fundamental à cidadania. O direito de petição é gênero, sendo espécie o direito de ação, também emanação do direito à liberdade de que o Estado tem o dever de fazer a prestação jurisdicional gratuitamente, e todos têm direito a ela. Tenho a convicção de não ser possível malferir o direito de ação com a tributação de uma taxa judiciária a fim de que o cidadão possa ingressar em Juízo. O livre acesso à Justiça impõe que todos têm direito à prestação jurisdicional — que é dever do Estado — sem pagamento de taxa.

O Egrégio Supremo Tribunal Federal já decidiu em 7 argüições de inconstitucionalidade — de forma equivocada, quanto ao conceito de custas, uma vez que se busca na doutrina comparada na Alemanha, no Uruguai, no México, na Espanha — que custas processuais não se restringem tão-somente à taxa judiciária como entendeu, *data venia*, o Supremo Tribunal Federal; que elas são taxas judiciárias, espécie do gênero tributo e que abrange todas as despesas concorrentes ao nascimento, realização e finalização de um processo. Há custas de natureza tributária, taxa judiciária (acobertadas pela imunidade constitucional) e custas sobre a espécie de despesas outras contraprestacionais que não podem ser mescladas ou jungidas por essa camisa de força tributária como despesa com oficiais de justiça, intérpretes, tradutores etc. Era isso que gostaria de ouvir de V. Exa.

Imunidades e taxas

O Prof. Geraldo Ataliba: Realmente a imunidade a tributos não se limita aos impostos. Obrigado, Dr. Prudente, pela lembrança do art. 5º inciso XXXIV da Constituição Federal.

Art. 5º, Inciso XXXIV: "São a todos assegurados, independentemente do pagamento de taxas:

a) o direito de petição aos Poderes Públicos em defesa de direitos ou contra ilegalidade ou abuso do poder".

A primeira coisa que me parece estar clara, no caso, é que qualquer ação contra o Poder Público está perfeitamente exonerada de pagamento de taxas, portanto, imune a elas, pois é uma disposição constitucional.

b) "a obtenção de certidões em repartições públicas para a defesa de direitos e esclarecimento de situações de interesse pessoal".

Onde houver Poder Público não pode haver taxa para estes casos. Talvez o Dr. Prudente tenha sugerido que em nenhuma ação, mesmo de particular contra particular, não poderia haver custas, visto que são espécie de taxas. Inclinar-me-ia nesse sentido.

O Dr. Prudente: Entendo que o art. 257 do Código de Processo Civil, quando estabelece que será cancelada a distribuição de feito, que deu entrada sem pagamento, é inconstitucional. Aí se exigem, tão-somente, as custas sobre a espécie de taxa, mas há algumas outras que devemos cobrar. V. Exa. tem um trabalho excelente sobre a distinção entre taxa e preço público. A taxa não pode ter caráter contraprestacional; V. Exa. já o afirmou.

O Prof. Geraldo Ataliba: É a mesma coisa o inciso LXXVI do art. 5º da Constituição; são gratuitos para os pobres, reconhecidos assim na forma da lei, o registro civil de nascimento, a certidão de óbito. Assim, fica claro que há imunidade para taxas também.

Excelente a contribuição que trouxe o Dr. Prudente para os nossos debates. Quanto à sua original posição, que tem minha simpatia, vou meditar, incitado por seu inteligente raciocínio.

Medida provisória

Lerei, rapidamente, duas questões: "Diante das limitações apontadas, como lhe parece a utilização ou trato de matéria tributária por via de medida provisória"?

Há hoje diversos autores que trataram do assunto; porém, dentre eles, salientaria a Professora Misabel Derzi, da Universidade Federal de Minas Gerais, uma das melhores juristas que tem estudado Direito Tributário no Brasil. S. Exa. mostra que a medida provisória só cabe em caso de urgência e relevância e que todas as hipóteses de urgência e relevância no Direito Tributário já estão contempladas no Capítulo do Sistema Tributário da Constituição. Dessa maneira, a existência do princípio da anterioridade exclui qualquer outra consideração de urgência e de relevância. Assim, sistematicamente, não cabe medida provisória em matéria tributária, ou seja, qualquer medida tributária que tenha pretensão de criar ou aumentar tributo é inconstitucional, pode ser ignorada e desconsiderada pelo Judiciário.

Correção monetária

Outra questão: "Se se considera correção monetária mera atualização do principal, a instituição dela ou a alteração dos índices corretivos dos tributos também se submetem às limitações constitucionais, já que se poderia, eventualmente, caracterizar aumento de tributo?''

O Professor Cleber Giardino, infelizmente já falecido, uma das mais privilegiadas cabeças que estudou Direito Tributário neste País, escreveu na *Revista de Direito Tributário*: ''Correção monetária de aluguel é aluguel; correção monetária de um direito qualquer é aquele direito; correção monetária de multa é multa; correção monetária de tributo é tributo''. Correção monetária não é algo novo, que se inventa a partir do nada; é simplesmente a atualização do poder aquisitivo de uma determinada moeda. Esta, a moeda, tem duas funções para o jurista: uma, como medida de valor, quer dizer, através dela atribui-se o valor às coisas: usa-se a moeda como padrão de referência para atribuir valor econômico a coisas econômicas. E a moeda tem uma segunda função: extinguir obrigações. As obrigações são expressas em moeda, e nós, com moedas, extinguimo-las. Esta segunda função, é impossível fazer com que ela desapareça; não há fenômeno que tire esta função da moeda. Já quanto à primeira função — atribuir valor às coisas — esta desapareceu. Com essa economia tumultuada, de uma inflação galopante, a moeda já não exprime o valor das coisas ou, se o exprimir num dia, dali a uma semana já não o exprime mais. Esse é um problema dramático que o Brasil vem enfrentando há muitos anos, e que a jurisprudência, de modo maravilhoso — façamos esta homenagem ao Poder Judiciário brasileiro — tem enfrentado de maneira criativa, fecunda, inovadora, e tem, de certa maneira, dado boas respostas às angústias e às aflições que emergem desta dramática circunstância. O legislador, entretanto, à medida que o Judiciário vai construindo princípios, diretrizes, vai ampliando e estendendo a compreensão disso e aplicando a diversos casos concretos, com toda prudência e senso de eqüidade, a tudo destrói, sempre em benefício do Fisco, como se isso beneficiasse o País. Temos uma experiência de intervenções inadequadas do legislador nessa matéria e sabemos que todas as vezes que ela surge, como salvação nacional, com uma medida qualquer, dessas arbitrárias, passado um certo tempo, vemos que aquilo foi desastroso para a sociedade, para a organização dos negócios, para a livre empresa, para as liberdades, para a segurança dos direitos e acaba sendo desastroso para a Fazenda.

O Dr. Geraldo Ataliba: Hoje, a crise de receitas do Tesouro Nacional é atribuível a dez medidas tomadas pelo Governo, com apoio do legislador, nos últimos três ou quatro anos. Dessas dez medidas, umas oito são gritantemente inconstitucionais, mas, no instante em que surgiram, foram ''para salvar o País'', e todos eram exortados a adotar e acatar; o legislador, infelizmente, curvava-se à onda criada pelo Executivo, o Executivo punha como salvação nacional e o Judiciário ficava, aos olhos do povo, leigo, no papel de vilão: ''O Judiciário é contra a salvação do País, o Judiciário é contra a Justiça, o Judiciário é contra a correção das desigualdades etc''.

O Judiciário, galhardamente, tem enfrentado isso e deve assim continuar, porque, ao longo do tempo, verificamos que o único que cumpriu a Constituição foi o Judiciário; e cumprir a Constituição é a melhor coisa que se pode fazer para tornar um país civilizado.

Do problema da correção monetária não há tempo para cuidar. Outro dia, o Ministro Moreira Alves estava dizendo no Supremo: ''Engraçado, a inflação é uma só, e, no entanto, há tantos índices de correção! Não dá para entender! Se a inflação é uma só, deve haver um índice para determinar qual tenha sido; no entanto há dez índices aí ...'' A multiplicidade de índices deforma mais ainda as coisas e causa a insegurança, prejudicando a vida jurídica normal. Infelizmente, ela tem sido usada pelo Executivo, exatamente para, nos casos em que ele é devedor, aplicar índices baixos ou até, se puder, fugir a índices. E no caso em que ele é credor, sempre os melhores índices para ele; essa desigualdade, esse destempero vai tendo, cada vez mais, desastrosas conseqüências, e estamos sofrendo todas elas e não é preciso dizer quais são; é um desafio, talvez, dos maiores, ao Judiciário, pela rebeldia do legislador.

O poder político não quer aceitar limitação nenhuma e não quer aceitar a submissão ao Judiciário; mas o Brasil deve impor isso a qualquer custo, porque estado de direito só existe submetido ao Poder Judiciário; não há estado de direito que não se submeta ao Poder Judiciário.

Finsocial e isonomia

Última pergunta: "A constitucionalidade ou não da medida provisória que foi transformada em lei posteriormente e que aumentou o núcleo de incidência de IOF. Gostaria de saber sobre a constitucionalidade da lei complementar que legislou sobre o Finsocial".

Vigência e eficácia na Constituição

A medida provisória que tratou do IOF, na verdade, funcionou como um projeto de lei, que o Congresso processou e terminou aprovando; lei essa que teve vigor, no instante em que foi promulgada e que só podia ter eficácia nos termos da Constituição. Vimos bem que a Constituição exige distinguir vigência de eficácia, em matéria tributária, muito claramente. A medida provisória tributária não vale nada, não existe, é um projeto de lei não ortodoxamente processado.

Tributo sobre faturamento

Segunda parte: Finsocial — lei complementar n. 70, que está em discussão neste instante. Ela estabelece como base de cálculo o "faturamento" das empresas. Ora, a palavra faturamento é muito vaga. Na verdade, o que significa faturamento? É a soma de todas as faturas que a empresa expediu. É preciso considerar que há diversos tipos de empresas: há empresas que são comerciais ou industriais cujo faturamento corresponde à soma das suas vendas de mercadorias.

A indústria, o comércio faturam num mês todas as suas vendas, e nem podem deixar de faturar. O faturamento é a soma daquelas faturas. Ora, se faturamento é a soma de faturas, sobre cada operação a que se refere uma fatura incidiu ICMS (imposto sobre operações mercantis). A soma, no fim do mês, do ICMS, é a soma das faturas, é o faturamento; a Constituição não permite esta superposição tributária. Sobre empresa comercial não pode incidir este imposto sobre faturamento.

Há outras empresas que são puramente prestadores de serviços. Tais empresas não podem pagar este tributo; é que seu faturamento é base do imposto municipal sobre serviços.

Sobram as empresas que não vendem nem mercadorias nem serviços, como é o caso das financeiras. Mas estas foram objeto de um tratamento especial. A União pode tributar operações financeiras, entretanto, ela já tem um imposto sobre operações financeiras e já tem uma técnica especial, específica de uma legislação privativa de incidência sobre isso. A Constituição não permite que a União, mesmo sendo competente para exigir um imposto de competência explícita — art. 153 — sobreponha a esse imposto qualquer outro, com base no art. 154. Assim, não vejo salvação para esse imposto sobre faturamento. Alguém dirá: mas sempre foi assim; sempre foi lícito até a Constituição de 1988. Penso que já não era, mas, enfim, era consenso de que podia haver imposto sobre faturamento.

A contribuição do art. 195, I, da CF

Hoje, parece-me de uma clareza total; faço remissão à Professora Misabel Derzi, faço remissão às decisões do TRF da 3ª Região; me perdoem se cometer omissões, não sou onisciente e não estou atualizadamente informado: O Tribunal Regional Federal de São Paulo já tem diversos acórdãos em Plenário, dizendo que o imposto só sobre o faturamento é inconstitucional, com base no seguinte argumento, que foi elaborado pelo Professor Aires Barreto: o art. 195 da Constituição veio trazer uma grande novidade e é preciso que entendamos essa novidade para aplicá-la. Ele veio prever uma contribuição para os empregadores, uma só. Contribuição essa que levará em consideração conjunta três dados financeiros: lucro, faturamento e folha de salário. Estes três dados, combinadamente, têm que ser trabalhados pelo legislador para gerarem uma contribuição do empregador. Isto é o que diz o art. 195, I, da Constituição. A esse resultado se chega, considerando-se sistematicamente todo o art. 195, o capítulo da seguridade social e o capítulo tributário da Constituição.

Igualdade como critério básico dos impostos

A Constituição tem diretrizes básicas (art. 3º) sobre solidariedade social, sobre eliminação das desigualdades regionais e sociais. Tudo isso tem que ser levado em conta para ver que um imposto só sobre folha de salários, isoladamente, viola a igualdade, o art. 150, II: tratamento igual a situações desiguais.

Duas empresas faturam mil; entretanto, uma, por exemplo, indústria de tecidos pouco mecanizada, tem mil operários, e a outra fatura também mil e tem só *um* empregado; é uma financeira. É tratar igualmente os desiguais, num país que precisa criar empregos, exigir tributo igual para os dois? Vejam como a isolada consideração da folha de salário leva às mais gritantes desigualdades.

Faturamento: um posto de gasolina fatura mil. Com quanto fica o dono do posto? Meio por cento! O resto vai para a distribuidora, para a produtora, impostos ... Para o dono, de mil, fica só meio por cento. E um financista individual? Desses que freqüentam as folhas dos jornais, que trabalham por telefone: "aplica no título tal, desaplica não sei de onde, compra dólar, vende não sei o quê ..." Esse sujeito não tem nem empregado. Só tem seu capital, um telefone, sua cabeça e as informações. Ele fatura mil e ganha mil. Quer dizer: um só embolsa meio por cento, outro embolsa cem por cento. Os dois são tratados igualmente? Isso é o que a Constituição propõe? Será que alguém pode entender que este imposto está de acordo com o art. 150, II, que diz: proibido tratar desigualmente situações iguais? Evidentemente que não.

O Dr. Geraldo Ataliba: Apliquem este art. 150, II: "Proibição de tratar desigualmente os iguais", apliquem este princípio à folha de salários isoladamente considerado e ao lucro. Porque o lucro daquele financista é uma coisa fantástica. Sem trabalho, sem organização, sem empregado e sem nada, ele tem um lucro fabuloso nas operações financeiras. E aquela indústria de tecidos, aquela olaria, aquelas indústrias pobres das regiões mais pobres e desamparadas etc. etc., têm uma despesa enorme; o lucro é uma coisa insignificante e às vezes não existe. Interessa ao País que ela continue trabalhando porque ela está produzindo tijolo, está dando mão-de-obra, está sendo socialmente útil. É o conjunto da Constituição que o diz, não sou eu. Não interessa que sejam destruídos para criar o tal capitalismo selvagem que, ou dá muito lucro, ou vai plantar batatas; que é a idéia que prevalece em tantas retóricas por aí. Não é isso que a Constituição tão generosa, socialmente, propõe.

Consideração sistemática dos valores básicos da constituição

Assim, devem ser considerados conjuntamente folhas de salários, faturamento e lucro, distinguindo a região em que está a empresa: Norte, Nordeste, Sudeste, os grandes centros industrializados e privilegiados deste País, tudo isso para se poder exigir, cada um na medida das suas condições objetivas.

É necessária uma legislação complicada, difícil; é um desafio para o legislador, que também considera as necessidades de mão-de-obra que hoje são diferentes das de 20 anos atrás e, queira Deus, sejam diferentes das de daqui a 20 anos; quem sabe daqui a 20 anos estejamos na situação do Japão, que precisa incentivar a mecanização, porque não tem operários para a produção de que eles são capazes. Então, o legislador vai modular esta contribuição em função da realidade, mas sem desacatar o art. 150, inciso II. Para conciliar esses dois artigos, não dá para entender faturamento, folha de salário e lucro isoladamente. É preciso conjugar os três e isso é um trabalho de ciência das finanças, que não compete a mim, mas às assessorias do legislador.

As disposições transitórias confirmam o asserto

Só quero completar dizendo o seguinte: a Constituição conforta, não só neste plano objetivo que tentei expor, embora sumariamente, o que eu digo, mas veja o art. 56 das Disposições Transitórias. O Constituinte teve consciência de que ele está introduzindo uma coisa completamente nova, que é uma contribuição para o empregador, levando em consideração três fatores, e que estavam em vigor leis considerando essas coisas isoladamente e que não era possível paralisar a eficácia dessas leis de repente. Assim, o art. 156 diz que: "São mantidas estas leis *até que* o legislador dê uma disciplina definitiva ao art. 195, inciso I, das Contribuições Sociais". Nem prazo se impôs, porque se sabia que era uma tarefa desafiadora. Até este momento continuam estas leis em vigor. Pois bem, o legislador vem e se pronuncia fazendo uma primeira lei — não me lembro — já em 1988 e já cuidando só do lucro; portanto, já continuando a se comportar como se o sistema fosse igualzinho ao anterior, desacatando todo o novo sistema constitucional, especialmente o art. 150, inciso II. Quer dizer, o legislador não fez aquilo que era dar disciplina completa, por imprudência, falta de assessoria técnica e mau uso de excelente assessoria, que os Ministérios têm, e sabemos que há gente capacitada e inteligente e também sabemos que essa gente está posta de lado. Trazem-se jovens recém-formados em universidades, porque são amigos do seu "fulano" e dizem que vão fazer uma lei nova; pessoas que não têm experiência, não têm vivência. "Bolam" um improviso qualquer, ou copiam uma bobagem qualquer, pela metade, de um país estrangeiro, mas que não tem nada a ver com a nossa realidade normativa. E sai a fórmula. Os bons técnicos estão postos de lado. Eles é que deviam ser chamados pelo Executivo para fazer esse projeto de lei que, assim, implementaria o art. 56 das Disposições Transitórias. Assim, está criada a situação desafiadora para o Judiciário; fez-se leizinhas, tratando isoladamente da folha de salários, do faturamento e do lucro, como se o sistema não tivesse mudado, não tivesse acontecido coisa nenhuma. Está aí flagrantemente violado o art. 150, II, da Constituição.

Este país precisa cair em si e entender que o maior valor que existe é cumprir a Constituição. Penso que o certo é dizer: isso é inconstitucional, lamento e sinto muito. Daí o Executivo dirá: Mas n!ão tenho dinheiro. Não haverá hospitais, não haverá, como já não está havendo, assistência médica, etc. Parem de fazer usina nuclear, festas, recepções e parem com a corrupção, que haverá dinheiro para essas coisas. Façam a legislação correta a fim de se submeterem ao Poder Judiciário e saírem lisonjeiramente disso.

Muito obrigado.

O Sr. Ministro Antonio Torreão Braz (Presidente): ao terminar o debate, agradeço a participação do eminente Professor Geraldo Ataliba, que abrilhantou este simpósio, discorrendo, com seu conhecido talento e erudição sobre tema da maior relevância para a sociedade brasileira.

EL PRINCIPIO DE SEGURIDAD JURIDICA EN LA CREACIÓN Y APLICACIÓN DEL TRIBUTO

(TRABALHO DO RELATOR GERAL DAS "XVI JORNADAS LATINOAMERICANAS DE DERECHO TRIBUTARIO", PROMOVIDAS PELO ILADT, LIMA, PERU, 1993)

HUMBERTO MEDRANO C.
Professor da Universidade Católica do Peru

1. Introdución 2. La seguridad jurídica: 2.1 Concepto; 2.2 La norma jurídica: condiciones a cumplir para el logro de la seguridad jurídica; 2.3 Repercusión de la aplicación de la norma en la seguridad jurídica. Importancia de la jurisprudencia y de la absolución de consultas por la Autoridad Administrativa. 3. Seguridad jurídica y creación del tributo: 3.1 La seguridad jurídica frente a la legislación delegada; 3.2 La norma tributária y su vocación de permanecia frente a la legislación de urgencia; 3.3 La seguridad jurídica y las normas que otorgan exoneraciones o beneficios — Los convenios de estabilidad. 4. Seguridad jurídica y aplicación del tributo: 4.1 Necesidad de la aplicación a futuro de la norma tributaria — La retroacitividad benigna; 4.2 Tributos de periodicidad anual. Conclusiones.

1. Introducción

Corresponde a esta Ponencia General ofrecer una visión global del contenido de los diversos informes nacionales y comunicaciones técnicas presentadas. Sin embargo, debemos dejar constancia de que, infortunadamente, algunas importantes contribuciones llegaron a nuestro poder cuando ya se había enviado a la imprenta los trabajos recibidos, luego de vencido el plazo reglamentario. Por resta razón no ha sido posible recoger aquí esos aportes, como hubiera sido nuestro deseo.

Hemos procurado sistematizar las materias tratadas para permitir que el lector conozca de manera sintética el planteamiento de cada autor respecto de los rubros en que se ha subdividido el tema. Como quiera que todos los trabajos citados se publican íntegramente, puede recurrirse directamente a la fuente cuando exista especial interés en algún punto específico.

Los trabajos sobre cuya base se ha elaborado esta Ponencia General son los siguientes:

Argentina: Dr. Vicente Oscar Díaz (comunicación técnica).
Argentina: Dr. Héctor B. Villegas (comunicación técnica).
Brasil: Dr. Paulo de Barros Carvalho (informe nacional).

Brasil: Dr. Hugo de Brito Machado (informe nacional).
Chile: Dr. Italo Paolinelli (comunicación técnica).
España: Dr. Eusebio González (informe nacional).
España: Dr. José Juan Ferreiro Lapatza (informe nacional).
Italia: Dr. Victor Uckmar (comunicación técnica).
Italia: Dr. Pietro Adonnino (comunicación técnica).
Portugal: Dr. Nuno Sá Gomes (informe nacional).
Perú: Dr. Jorge del Busto (informe nacional).
Uruguay: Dra. Nelly Valdés (informe nacional).
Uruguay: Dr. José Pedro Montero Traibel (comunicación técnica).

El resumen que aquí efectuamos, los trabajos complementarios presentados y las exposiciones que habrán de realizar los autores, facilitarán a las comisiones y al plenario adoptar las conclusiones y recomendaciones más adecuadas.

2. La seguridad jurídica

2.1 Concepto

Seguridad jurídica puede identificarse con certeza y ésta se obtiene de la aplicación de una serie de principios jurídicos, cuya concurrencia permite alcanzar ese estadio en el cual los ciudadanos están siempre — razonablemente — en aptitud de conocer sus obligaciones y derechos.

Por lo tanto, la seguridad jurídica más que una regla explícita en el derecho positivo puede considerarse el resultado de la conjugación de diversos principios fundamentales que la realizan, muchos de los cuales deben estar recogidos por la Constitución.

Desde luego, la certeza a que se aspira por la vía de la seguridad jurídica obliga a que exista una verdadera division de poderes, con un poder judicial autónomo, integrado por miembros capaces y honestos, al que pueda recurrirse confiadamente para solicitar y obtener la restitución del derecho violado.

El ordenamiento debe franquear al contribuyente la posibilidad de formular impugnación contra las resoluciones de determinación de la Administración. De acuerdo con ello es indispensable que se elimine la regla "solve et repete", porque exigir el pago del tributo como requisito para admitir una reclamación implica ejecutar la obligación antes de haberse establecido de manera definitiva si la misma es o no procedente. A pesar que es comprensible el deseo del Estado de no ver interrumpido el flujo de sus ingresos, no puede dejarse de considerar que en muchos casos la exigencia fiscal podría no estar arreglada a derecho por lo que la exigencia resultaría manifiestamente injusta.

Para evitar que los contribuyentes utilicen la reclamación como un modo de diferir el cumplimiento de sus obligaciones, el ordenamiento legal puede establecer que en caso de desestimarse la impugnación, el contribuyente estará obligado a pagar sanciones adicionales a las generadas por el mero hecho de la mora.

Obsérvese que exigir el pago previo del tributo genera una suerte de discriminación ya que las determinaciones fiscales sin fundamento sólo podrían ser impugnadas por quienes cuentan con medios económicos que les permiten pagar la suma de la cual se reclama y, em cambio, impide o dificulta el ejercicio del derecho a quienes carecen de esos medios.

Los distintos trabajos presentados muestran, con matices, una tónica homogénea y para los propósitos de este análisis pueden dividirse en tres grupos:

2.1.1 Trabajos que, en esencia, califican la seguridad jurídica como un sobreprincipio y en los que la consagración en el ordenamiento de la misma se verifica indirectamente, a través de principios más simples que la realizan

Argentina: (Dr. Vicente Oscar Díaz): La seguridad jurídica resultaría "de conjugar los principios esenciales que sumados hacen dicha seguridad".

Argentina: (Dr. Héctor Villegas): "El contenido del principio de seguridad jurídica está dado por tres aspectos ... confiabilidad, ... certeza y ... interdicción de la arbitrariedad". Cada uno de dichos aspectos logra alcanzarse a través de la consagración y cumplimiento de distintos principios.

La confiabilidad reside en los principios de legalidad e irretroactividad; la no arbitrariedad en la independencia de los poderes del Estado.

Brasil: (Dr. Paulo de Barros Carvalho): "La seguridad jurídica es un sobreprincipio ... nos tenemos conocimiento de que algún ordenamiento la contenga como regla explícita. Se realiza a través de la acción de los principios como los de legalidad, anterioridad, igualdad, irretroactividad, universalidad de jurisdicción y algunos otros".

"... será posible emitir un juicio de realidad que afirme la existencia del principio de seguridad, precisamente porque en este ordenamiento empírico se insertan aquellos valores que conducen a su realización".

"Bastaría con instituir los valores que le sirvan de soporte, los principios que, conjugados, conformarían los cimientos sobre los que se levanta. Visto desde este ángulo será difícil encontrar un orden jurídico normativo que no ostente el principio de seguridad ... todos los países ... proclaman este principio supremo en su dimensión implícita".

Brasil: (Dr. Hugo de Brito Machado): Se condiciona el concepto de seguridad jurídica al pensamiento filosófico del jurista o intérprete.

Si bien inicialmente se define la seguridad como un ideal, posteriormente se afirma que su presencia en los ordenamientos jurídicos se materializa a través de diversas normas que a su vez recogen principios que tienden a ese ideal, muchos de los cuales están reconocidos por la Constitución: Irretroactividad de las leyes, cosa juzgada, preclusión, prescripción, decadencia (caducidad).

España: (Dr. Eusebio González): Se entiende como principio ligado al nacimiento del estado liberal del derecho y, "... al conjunto de principios filosóficos, políticos y económicos que con base del movimiento ilustrado conforman dicha concepción del Estado".

La presencia de la seguridad jurídica no está condicionada a su positivización: "Aunque la Constitución Española vigente no contenga un precepto expreso, ... es claro que el *conjunto de preceptos* consagrados al principio de legalidad y en particular ... a las ideas de certeza e interdicción de la arbitrariedad ..." y los "principios generales del derecho" determinan esa presencia.

Portugal: La seguridad jurídica constituye "un principio supra positivo inherente a la constitución material del Estado de Derecho que tiene vigencia en todos los estados que se proclamen como tales, como es el caso de la Constitución de la República Portuguesa".

La seguridad jurídica "se realiza a través de otros principios jurídicos de los que es fundamento, que la complementan o que se derivan de ella como sus corolarios ... legalidad del Derecho Tributario material positivo ... del cual resulta, (a su vez) ... los principios de autoliquidación tributaria ... tipicidad cerrada, arbitrariedad administrativa, prohibición de la arbitrariedad administrativa ... exclusivismo (... prohibición del empleo de normas indeterminadas) ... prohibición de la integración analógica, ... protección de la confianza con la correspondiente prohibición de la retroactividad de las leyes tributarias''.

Uruguay: (Dra. Nelly Valdés): "... un princípio general que debe considerarse inherente a todo Estado de Derecho y a la personalidad humana ..." (en tanto) "la finalidad primaria del Derecho es hacer posible la convivencia social pacifica, asegurar la paz y el orden dentro de una sociedad, para lo cual el Derecho debe introducir cierto grado de certeza en las relaciones entre los mienbros de la sociedad ...".

Si bien la Constitución Uruguaya recoge el principio de seguridad jurídica — aunque suscintamente — se aclara que, en atención a la concepción ius naturalista de la Constitución, el principio de seguridad juridica debe considerarse comprendido en ella a pesar de la falta de mención expresa.

Se analiza la relación de la seguridad jurídica con los principios de legalidad, igualdad, tutela jurisdiccional y de prohibición de la retroactividad.

2.1.2 Trabajos que sin perjuicio de lo anterior, consideran la seguridad jurídica como resultado de la concurrencia de determinadas condiciones del ordenamiento

Argentina: (Dr. Héctor Villegas): La seguridad jurídica se califica como principio con dos aspectos: Objetivo y subjetivo que estarían dados "... por las garantías que la sociedad asegura a las personas, bienes y derechos...", garantías que deben ser estables y por "... la convicción que tiene cada persona que está exenta de peligros, daños y riesgos".

En materia tributaria se concibe esencialmente como "... certeza pronta y definitiva acerca de la cuantía de la deuda tributaria, la ausencia de cambios inopinados que impidan calcular con antelación la carga tributaria, así como en la correcta interpretación de los preceptos legales.

Chile: "... existe Seguridad Jurídica, en términos generales, cuando los derechos y obligaciones del individuo, como sujeto activo y pasivo de relaciones sociales, se hallan previstos por un cuerpo normativo conocido, objetivo y generalmente observado".

"En nuestro país los fundamentos esenciales de la seguridad jurídica están contemplados en la Constitución Política de la República, al establecer, en su artículo 19, n. 3, que se asegura a todas las personas igual protección de la ley en el ejercicio de sus derechos; que toda persona tiene derecho a la defensa jurídica en la forma que la ley señale; que la ley arbitrará los medios para otorgar asesoramiento y defensa jurídica a quienes no puedan procurárselos por sí mismos; que nadie puede ser juzgado por comisiones especiales, sino por el tribunal que le señale la ley y estlabecido con anterioridad por ésta y que toda sentencia de un órgano que ejerza jurisdicción debe fundarse en proceso previo legalmente tramitado".

España: (Dr. José Juan Ferreiro Lapatza): La seguridad jurídica es definida en términos de certeza y ésta a su vez en términos de claridad y estabilidad. "... normas claras y sencillas en la medida de lo posible, estables, de tal forma que los ciudadanos puedan, sin grandes esfuerzos, medir las consecuencias fiscales de sus actuaciones".

Italia: (Dr. Victor Uckmar): Partiendo de la necesidad de "orden" tributario se sostiene que "certeza, eficiencia y transparencia deben ser respetadas para la actuación de un Estado de Derecho en materia tributaria, en las tres funciones de legislación, administración, justicia ...".

Italia: (Dr. Pietro Adonnino): "La seguridad jurídica en la creación y aplicación del tributo sólo puede ser consecuencia de la concurrencia de elementos jurídicos con elementos sociopolíticos... debería fundarse en la capacidade de las mayorías para legislar de tal manera que se pueda obtener también la adhesión de las minorías...".

Perú: "... la seguridad es algo complejo, resultante de la concurrencia de factores varios, como son entre otros, la justicia, la paz y cierta estabilidad mínima de las normas".

Uruguay: (Dra. Nelly Valdés): "... seguridad jurídica es un estado o situación en que se encuentra el contribuyente cuando el ordenamiento jurídico es simple, certero y justo y las normas que lo conforman son claras, precisas y estables, y por lo tanto ... deberá surgir del contexto del ordenamiento y no de normas de derecho positivo".

2.1.3 Trabajos que, adicionalmente, invocan como condición para la seguridad jurídica la existencia de adecuados mecanismos de defensa frente a posibles arbitrariedades

Argentina: (Dr. Héctor Villegas): La eliminación de la arbitrariedad es uno de los tres aspectos fundamentales que se señalan como contenido de la seguridad jurídica: "Es imposible pretender que la gente se sienta jurídicamente segura si no advierte una adecuada protección por parte de los organismos administrativos y jurisdiccionales ...". En ese sentido, "... debe evitarse la posible arbitrariedad ... en la aplicación de los preceptos respectivos ..." y el Poder Judicial deberá ser "... un órgano absolutamente independiente en relación a los otros Poderes del Estado, y en especial el Ejecutivo". Se enfatiza la necesidad de descartar la regla "solve et repete".

Argentina: (Dr. Vicente Oscar Díaz): Se sostiene que la seguridad jurídica presupone la eliminación de toda arbitrariedad.

Chile: "... el reino de la arbitrariedad es el reino de la total inseguridad: la lucha contra la arbitrariedad es, entre otras cosas, la lucha por la seguridad jurídica. La legalidad es siempre un progreso con respecto a la arbitrariedad".

Italia: (Dr. Victor Uckmar): Se menciona la arbitrariedad como una de las causas que dificultan la certeza y estabilidad de las normas. Por otra parte, se precisa la necesidad de una efectiva garantía jurisdiccional, lo que implica órganos constituidos con personal idóneo.

Italia: (Dr. Pietro Adonnino): "... Es necesario que la norma impida que la Administración ejerza cualquier tipo de discrecionalidad, que no sea... técnica, y que prevea ... fases de eventual búsqueda de solución del posible contencioso junto al contribuyente ...".

En ese sentido se propone la existencia de adecuados recursos jerárquicos, la descentralización de la Administración y la uniformidad de sus comportamientos medianter circulares y resoluciones dirigidas a sus órganos internos, así como la "... creación de instrumentos por los cuales el contribuyente pueda preventivamente interpelar a la Administración ... sobre reclamaciones jurídicas que debe poner en ejecución". Esta última consideración deriva en la necesidad del caráter vinculante de la consulta tributaria.

Adicionalmente, se invoca la necesidad de la garantía de imparcialidad de la toma de decisiones y la eliminación de la exigencia de pago previo a la impugnación.

Perú: La principal dificultad u obstáculo para la seguridad jurídica es la arbitrariedad, que se define como "el querer antojadizo de quien ejerce el Poder". Se alude a la necesidad de un poder judicial eficiente.

Portugal: La defensa contra los poderes del Estado debe sustentarse en la separación de estos poderes, autonomía de tribunales y en principios como los de capacidad contributiva y legalidad y sus consecuencias: la autoliquidación tributaria, la tipicidad cerrada o taxativa, la prohibición de la retroactividad, la indeterminación, la analogía y la arbitrariedad de la disponibilidad de la tasa fiscal y del crédito fiscal.

Las garantías de los adminitrados frente a los órganos del poder se encuentran plasmadas a nivel constitucional e infraconstitucional. Constitucionalmente mediante el derecho a la información, derecho a recibir notificación de actos y resoluciones administrativas con fundamentación expresa, derecho de acceso a los archivos, derecho al recurso contencioso contra cualquier acto administrativo que lesione derechos e intereses jurídicamente protegidos. A nivel infra constitucional y concretamente en materia fiscal, el Código de Procedimientos Tributarios establece el principio de legalidad, la certeza, seguridad y celeridad en la definición de las situaciones tributarias, la obligación de administración tributaria de pronunciarse sobre las peticiones y reclamos de los contribuyentes.

Uruguay: (Dra. Nelly Valdés): "... para cumplir debidamente con el principio de seguridad jurídica, es imprescindible que las personas puedan defenderse de las conductas antijurídicas del Estado ...".

Dichas garantías jurisdiccionales "... deben prever la declaración e inconstitucionalidad de las leyes así como la anulación de los actos administrativos reglamentarios o subjetivos ... contrarios a una regla de derecho, entendiendo por ésta a toda norma jurídica y no solamente a las leyes en sentido formal".

Adicionalmente se requiere de: Publicidad de las normas, publicidad que no sólo debe cumplirse en materia tributaria a nivel de legislación y de normas reglamentarias sino también y necesariamente, respecto de sentencias judiciales y de la llamada jurisprudencia administrativa: "los criterios de la Administración sean generales o dictados para casos particulares, deben ser conocidos por los administrados a efectos de que ellos guíen sus conductas"; y de sujeción al principio de legalidad.

Uruguay: (Dr. José Pedro Montero Traibel): "Como esas relaciones entre Fisco y contribuyente pueden dar lugar a más de una controversia por el actuar arbitrario de la administración, se hace necesario salvaguardar la seguridad de los contribuyentes, dotar ... (de) ... instrumentos ... algunos ... preventivos como la consulta previa a la administración ... otros ... curativos como los controles jurisdiccionales ...".

2.2 La norma jurídica: condiciones a cumplir para el logro de la seguridad jurídica

Constituye un lugar común la queja sobre el carácter complejo, contradictorio e inestable de las normas tributarias. Dichas particularidades frecuentemente conducen a la incertidumbre y ésta a la omisión en el cumplimiento de las obligaciones. De allí que es necesario procurar por todos los medios que la legislación sobre la materia sea clara y coherente.

Es sabido que muchas veces el legislador emplea como fórmula sacramental frases tales como "deróguense todas las disposiciones legales que se opongan a la presente" u otras parecidas, de similar imprecisión. De ordinario ello da inicio a un nuevo problema ¿cuáles son las disposiciones previas que se oponen a la más reciente? En función de la seguridad jurídica debería establecerse que toda ley que derogue o modifique una ley tributaria debe mantener el ordenamiento jurídico indicando expresamente la norma que deroga o modifica. Es evidente que los problemas de esta naturaleza se suscitan en muchos de nuestros países, pues observamos que en los trabajos del Dr. Victor Uckmar y del Dr. Pietro Adonnino se postula la necesidad de la derogatoria expresa de las normas.

El primer Código Tributário del Perú exigía la derogatoria expresa pero, en los hechos, las leyes posteriores siguieron empleando la fórmula genérica. Ante los reclamos de los contribuyentes el Tribunal Fiscal señaló que la disposición no era de cumplimiento obligatorio por el Congreso sino que se trataba de una recomendación al legislador.

Consecuentemente, en caso de hacerse exigible la mención específica de las disposiciones que quedan sin efecto, sería deseable que la obligación fuera recogida en la Constitución o en una ley de rango superior a la ordinaria.

Al respecto, es ilustrativo destacar que el Código Tributario del Ecuador en su artículo 2 señala que las leyes tributarias "... sólo prodrán ser modificadas o derogadas por disposición expresa de otra ley destinada específicamente a tales fines". Se agrega "en consecuencia no serán aplicables por la Administración ni por los órganos jurisdiccionales las leyes y decretos que de cualquier manera contravengan este precepto".

La existencia de una norma como la transcrita permite inferir que también en Ecuador se ha enfrentado el mismo problema, con la consiguiente incertidumbre, que tanto perjuicio causa al contribuyente y al Estado pues erosiona la recaudación, da lugar a sanciones e intereses y motiva procesos impugnatorios, todo lo cual podría evitarse si existiera la obligación de derogación expresa.

Lamentablemente no hemos contado en esta oportunidad con tabajos de miembros del Instituto Ecuatoriano que nos hubieran podido ilustrar sobre los resultados prácticos de esta regla de su Código Tributario.

Es indispensable que la ley fije con toda nitidez quienes son los obligados, cual es la hipótesis de incidencia, la cuantía de la obligación o la manera de establecerla, así como todos los extremos que permitan a la Administración y los contribuyentes determinar sin lugar a dudas si existe o no hechos gravados así como el monto de la prestación, en caso de haberse generado. Las leyes sobre la materia deben ser susceptibles de interpretarse fácilmente como un medio para permitir que los ciudadanos conozcan las obligaciones que deben asumir.

Si bien es cierto que en muchos casos las disposiciones tributarias responden a las variaciones que ocuren en el ámbito económico el cual, de suyo, no es estático sino cambiante, dinámico, fluído, debe tratarse por todos los medios de procurar que las normas en este campo resulten tan estables como sea posible.

En el desarrollo de este tema y en función de los conceptos que se destacan, los trabajos pueden dividirse en tres grupos que, ciertamente, no son antagónicos sino complementarios:

2.2.1 Trabajos que consideran la certeza y estabilidad de las normas como condiciones esenciales para el logro de la seguridad jurídica

Argentina: (Dr. Héctor Villegas): ambas condiciones son mencidonadas como requisitos de gran importancia para la existencia de seguridad jurídica.

Argentina: (Dr. Vicente Oscar Díaz): La certeza y estabilidad se consideran como los dos planos de la seguridad jurídica: Seguridad objetiva "una regulación estable, estructural y funcional" y seguridad subjetiva "certeza del derecho en cada situación personal".

Brasil: (Dr. Hugo de Brito): La certeza del Derecho es indispensable para la existencia de seguridad jurídica porque esta primera es presupuesto indispensable para el juzgamiento de las consecuencias de los actos. Es claro el pronunciamiento a favor de "un sistema jurídico capaz de ofrecer un grado razonable de seguridad" y que se construya en base a la simplicidad, precisión, claridad y congruencia de las normas, las mismas que deben ser lo suficientemente flexibles para tener vocación de establidad.

Chile: Se hace referencia a la certeza y estabilidad de las normas, poniéndose especial énfasis en la primera. Ambos elementos, aparentemente, son planteados más como una consecuencia de la existencia de seguridad que como presupuestos para alcanzarla. Sin embargo, lo que importa es destacar la estrecha vinculación de esos extremos con la seguridad jurídica.

La necesidad de certeza se hace extensiva a la jurisprudencia y conlleva la posibilidad de socitar información sobre derechos. Adviértase la implicancia de este planteamiento respecto al tema de las consultas en materia tributaria.

Espanã: (Dr. José Juan Ferreiro Lapatza): Se señala la necesidad de normas jurídicas "... precisas, claras, sencillas, coherentes, y en la medida de lo posible estables".

España: (Dr. Eusebio González): Si bien la necesidad de certeza y estabilidad de la norma no es mencionada expresamente por el ponente, del texto del informe se infiere la importancia que le concede el autor como condiciones esenciales para el logro de la seguridad jurídica.

Italia: (Dr. Victor Uckmar): "La ley ... debe ser cierta". Sobre el particular se señala que la falta de certeza de la norma usualmente se debe al contínuo cambio de la legislación, a la existencia de un poder cada vez más arbitrario, a la urgencia de legislar que menoscaba la técnica normativa y a la falta de expertos en materia tributaria entre los legisladores.

Se propone la necesidad de la simplificación a nivel sustantivo y formal, la codificación para dotar de mayor estabilidad a la norma, para facilitar su interpretación y aplicación, así como la incorporación de principios generales de permanencia en el tiempo, la jerarquía de normas, la derogación expresa, la innovación (entiéndase modificación o creación) de normas con vigencia a futuro, eficacia de los cambios de criterio de la Administración igualmente a futuro, la utilización de la informática por parte de la Administración y garantía jurisdiccional.

Italia: (Dr. Pietro Adonnino): Se hace referencia a la necesidad de la introducción al sistema de "normas relativas a la transparencia tributaria" y de principios como el de claridad legislativa y simplificación. "la seguridad jurídica en la creación de las normas tributarias exige ...que cada una de las normas forme parte de un sistema preparado com miras de la claridad, a la comprensión y, por consiguiente, ... un número de leyes que sea funcional en relación al sistema mismo".

Adicionalmente, se sostiene la importancia de la estabilidad de los criterios esenciales de las normas tributarias, lo que podría lograrse a través de una ley general que además permitiría la eliminación de posibles disparidades en el tratamiento de los contribuyentes.

Finalmente, cabe destacar la especial mención a la necesidad de la derogación expresa de las normas, así como a la fundamentación de las diposiciones administrativas que puedan derivar en "... violación a las posiciones individuales de los contribuyentes ..."

Perú: La certeza y estabilidad de la norma son recogidas como condiciones que determinan la existencia de seguridad jurídica.

Portugal: La certeza depende a su vez del conocimiento de las formas fiscales (elemento que se vincula con el derecho de acceso a la información y, en última instancia, a la consulta tributaria) y de la previsibilidad de las normas fiscales (punto que se vincula con prohibición de la retroactividad de las leyes fiscales materiales).

La estabilidad de las leyes fiscales se presenta como elemento que se contrapone con la intervención estatal para adecuar los supuestos normativos a la evolución económica. Aparentemente cedería frente a la concesión de beneficios al implicar ello una situación más favorable al contribuyente.

Uruguay: (Dra. Nelly Valdés): Se asimila la certeza al concepto de seguridad jurídica y se destaca la necesidad de dotar a las normas de estabilidad, recomendando la codificación de las normas tributarias a través de leyes de rango superior al ordinario.

Uruguay: (Dr. José Pedro Montero Traibel): Se pone especial énfasis en la necesidad de "la certeza, la claridad, la precisión, la objetividad, la simplicidad, ... la congruencia, la positividad, la vocación de permanencia y la seguridad de ... derogación". Adicionalmente, se hace referencia a la importancia de designar claramente cuál es el órgano que puede crear el tributo.

2.2.2 Trabajos que, adicionalmente, invoncan como condición para la seguridad jurídica el empleo de una adecuada técnica en la elaboración de las normas y la simplificación del sistema tributario

Argentina: (Dr. Hector Villegas): Se advierte como gran problema la existencia de "... preceptos ... imprecisos, incoherentes, oscuros, excesivamente complejos y vagos ...".

Brasil: (Dr. Hugo de Brito Machado): Se propone el empleo de la técnica de definiciones para evitar la plurisignificación de palabras y la interpretación de definiciones legales en función al elemento sistemático.

España: (Dr. José Juan Ferreiro Lapatza): Se resalta la necesidad de contar con un sistema coherente interna y externamente ("de sus piezas entre sí y del conjunto con los fines que se intentan seguir"). Esta coherencia importa una decisión política, previa evaluación de los datos económicos, financieros y sociológicos.

Se señala tres características de la norma técnicamente bien formulada: adecuada construcción gramatical, términos no contradictorios, claridad.

Italia: (Dr. Victor Uckmar): Se señala la necesidad de empleo de una técnica normativa que, sin embargo, muchas veces es dejada de lado debido a la rapidez con que son elaboradas las normas y, esencialmente por la falta de legisladores calificados en materia tributaria.

Italia: (Dr. Pietro Adonnino): ".. para garantizar el principio de seguridad jurídica, es necesario que un sistema tributario se encuentre impreso de la máxima coherencia lógica ...".

Perú: Para que exista seguridad jurídica debe simplificarse el sistema tributario. En el Perú se ha hecho um notable esfuerzo en esa dirección. Mediante Decreto Ley 25988 se redujo a seis los tributos a nivel nacional: Impuesto a la Renta, Impuesto General a las Ventas, Impuesto Selectivo al Consumo, Impuesto al Patrimonio Empresarial y tasas por la prestación de serviços públicos.

Uruguay: (Dra. Nelly Valdéz): Se recomienda "... el uso de una técnica jurídica adecuada al servicio de la claridad, de la coherencia y de la sencillez, es decir la servicio en definitiva de la seguridad jurídica que todo sistema normativo debe aspirar a brindar".

2.2.3 Trabajos que adicionalmente invocan como condición para la seguridad jurídica el empleo del principio de jerarquía de las normas

Argentina: (Dr. Héctor Villegas): "No cabe duda que una buena dosis de seguridad jurídica se logrará si el derecho se basa en el principio de jerarquía formal de las leyes".

España: (Dr. Eusebio González): Se determina expresamente como condición esencial para la existencia de seguridad jurídica la plena vigencia/empleo del principio de jerarquía de las normas.

Italia: (Dr. Víctor Uckmar): "Antes de todo una ley general debería tener una eficacia reforzada en la jerarquía de las fuentes ...".

Italia: (Dr. Pietro Adonnino): "... se requiere, una vez más, prestar atención al problema de jerarquía de fuentes ...".

Uruguay: (Dra. Nelly Valdéz): "... principios de jerarquía y no contradicción".

2.3 *Repercusión de la aplicación de la norma en la seguridad jurídica. Importancia de la jurisprudencia y de la absolución de consultas por la Autoridad Administrativa*

No obstante la plena vigencia del principio de legalidad en materia tributaria, es frecuente que la norma no esté en aptitud de cubrir todos los detalles que se presentan en la realidad o que, en algún caso, resulte posible màs de una interpretación sobre su verdadero sentido y alcances. En este supuesto, el Juez suple los vacíos de tal manera que la decisión en una dirección determinada permite a quienes se encuentran en la misma hipótesis concluir que en su caso deberá resolverse en igual sentido.

De este modo una jurisprudencia uniforme, contínua y sólidamente fundamentada contribuye a la seguridad jurídica pues ortoga certeza sobre la aplicación de la norma y permite a los obligados conocer las consecuencias de un determinado comportamiento.

Ahora bien, la jurisprudencia sólo puede resultar obligatoria para las instancias inferiores, pues se sienta por los Tribunales de mayor rango, bien sea en la vía administrativa — en los países en que existe — o en el terreno judicial. De esta manera se evita que situaciones idénticas puedan ser tratadas en forma diferente, violando el principio de igualdad e introduciendo la incertidumbre. En algunos ordenamientos — como ocurre en el caso del Perú — la jurisprudência se considera fuente del Derecho Tributario (Norma III del Título Preliminar del Código Tributario).

Los más altos tribunales pueden, frente a un nuevo caso, variar el sentido de sus decisiones anteriores; es decir, pronunciarse en una dirección distinta a la contenida en los precedentes, pero en ese supuesto estarán obligados a fundamentar las razones del cambio para advertir a quienes se encuentran en la misma situación cual es la interpretación que a partir de allí debe otorgarse a la norma. Sin embargo, es indispensable precisar que quien actuó con arreglo al criterio anterior no cometió infracción alguna, de forma tal que la variación de la tendencia no debe significarle en ningún caso la aplicación de sanciones.

Entre quienes tratan el punto en los trabajos presentados, se distingue claramente dos grupos:

2.3.1 Legislación que concede carácter obligatorio a la jurisprudencia en materia tributaria

Perú: El artículo 154 del Codigo Tributario establece la observancia obligatoria de la jurisprudencia en materia tributaria. A pesar de ello, no siendo el Perú un país de derecho consuetudinario sino un país de derecho escrito, tiene cabida la jurisprudencia "secundum legem" y la "preter legem" más no la "contra legem", la jurisprudencia varía con el cambio de las normas y también sin que cambie la norma a consecuencia de un reexamen del problema sobre el cual recayó la jurisprudencia anterior.

En ese orden de ideas, sólo tienen valor "incontrovertible las resoluciones de reclamaciones expedidas por la Superintendencia Nacional de Administración Tributaria mientras dicha jurisprudencia se mantenga por el Tribunal Fiscal".

2.3.2 Países que no conceden carácter obligatorio a la jurisprudencia en materia tributaria

Chile: "... personalmente ... creo que entre el ideal de la certeza y estabilidad del Derecho y aquel otro ideal de que el Derecho procure siempre hacer efectiva justicia, es más importante este último y que, para conciliar ambos ideales, se necesita una jurisprudencia que no tenga observancia obligatoria para todos los casos, a objeto que el Juez pueda siempre, y llevado por el afán de una decisión justa, atender no sólo al derecho positivo vigente, sino que, además a las particularidades propias y exclusivas del asunto que deba sentenciarse".

Se menciona el artículo 3, inciso 2 del Código Civil, (precisándose que es aplicable al campo tributario): "... las sentencias judiciales no tienen fuerza obligatoria sino respecto de las causas en que actualmente se pronunciaren".

Uruguay: (Dra. Nelly Valdés): A pesar de la no obligatoriedad de la jurisprudencia tributaria, se muestra especial preocupación por el rol de los fallos en esta materia:

"La jurisprudencia juega un rol muy importante con respecto a la seguridad jurídica en la aplicación de la norma tributaria. Por ello es de interés que ... sea coherente y estable, lo que se logra atribuyendo a los órganos jurisdiccionales especializados de mayor jerarquía la potestad de resolver los conflictos que se plantean entre la Administración y los administrados".

En este país la jurisprudencia en materia tributaria se encuentra concentrada en dos tribunales superiores: El Tribunal de lo Contencioso Administrativo (nulidad de los actos administrativos, reglamentarios y subjetivos) y la Suprema Corte de Justicia (inconstitucionalidad de las leyes). Dichos tribunales emiten sentencias que sientan jurisprudencia: "Si bien ello no tiene la misma eficacia que el sistema de precedentes, los fallos van adquiriendo autoridad y estabilidad ya que sólo por fundamentos importantes o causas supervinientes, se cambia la jurisprudencia establecida. En virtud de ello se puede prever que los criterios fijados en fallos anteriores serán mantenidos".

Adicionalmente, se sugiere la publicidad de la jurisprudencia, "... para el debido conocimiento y análisis de dichas tendencias ... por los interesados".

Brasil (Dr. Hugo de Brito Machado) y de manera muy breve Argentina (Dr. Vicente Oscar Díaz) desarrollan otros temas relacionados a la jurisprudencia.

Brasil: Encuentra que la función de la jurisprudencia "se reduce prácticamente a cero" debido a la inestabilidad, a la rápida modificación de las leyes tributarias. Frente a esta situación se señala dos alternativas:

1. Reestablecimiento de la avocación con pronunciamiento de la Corte Superior.

2. Acciones directas declarativas de constitucionalidad a cargo del Supremo Tribunal Federal y de interpretación de la Ley Federal a cargo del Tribunal Superior de Justicia. "Las sentencias pronunciadas ... tendrían carácter obligatorio para los órganos cuyas decisiones puedan ser apeladas". Se precisa que, en Brasil, esta última alternativa fue incorporada en la Enmienda Constitucional recibiendo el nombre de "ajuste fiscal".

Por otro lado, se destaca los problemas que existen con los límites objetivos de la cosa juzgada en materia tributaria respecto a los tributos derivados de relaciones jurídicas contínuas. Este asunto "todavía no ha recibido de la Corte Superior un tratamiento capaz de compatibilizar la reducción de los límites objetivos de la cosa juzgada con la necesidad de certeza jurídica", sobre todo porque tiende a confundirse la relación jurídica de naturaleza continua con la futura.

Argentina: "El factor mayor de inseguridad jurídica en el campo tributario" porque crea nuevos tributos a través de la remodelación de ciertos hechos imponibles y porque con frecuencia se aleja de los preceptos constitucionales.

"Se requiere postular una reorientación del mirador de la Corte Suprema de Justicia dirigido tan sólo a cumplir lo que la Constitución tiene establecido y que se ponga coto al rol asignado a la autoridad gubernamental como autor principal y privilegiado en las contiendas de dicha naturaleza".

Consultas a la Autoridad Administrativa

Como se ha indicado precedentemente, es indispensable que el Estado procure por todos los medios que los obligados tomen conocimiento de las normas que contienen las exigencias fiscales, las mismas que deben ser claras, coherentes y estables. Sin embargo, si ello no se logra es deber del Estado responder a las consultas que formulen los contribuyentes sobre la forma en que deben interpretarse las normas tributarias para conocer si determinados actos constituyen hipótesis de incidencia, si ciertas actividades están o no gravadas, etc.

Este derecho a la consulta está recogido en algunas Constituciones (la de Uruguay) y en algunos Códigos Tributarios, como Portugal y Perú. Desde luego es indispensable que la ley precise con claridad los requisitos que deben cumplirse para poder formularla, a fin de evitar que una consulta mal planteada, sin exponer de manera transparente todos los hechos y circunstancias que forman el contexto del asunto sometido, conduzca a respuestas erróneas y constituyan un medio de evitar o diferir el cumplimiento de las obligaciones tributarias.

En los países donde la consulta tiene carácter vinculante se plantea la ardua cuestión del temperamento que debe adoptarse cuando una consulta es absuelta por los funcionarios en forma errónea. ¿Puede este hecho impedir que se exija el tributo en base a una respuesta de la Administración que resultó equivocada a la luz de una interpretación correcta hecha por una instancia superior? De un lado, puede sostenerse que en tal caso el contribuyente que planteó correctamente la consulta y que actúa con sujeción a la respuesta recibida no ha incurrido, por supuesto, en ninguna infracción y, por lo tanto, no pueden generarse sanciones en su contra. Sin embargo por aplicación del principio de legalidade no podría obviarse la exigencia del tributo mismo ya que la exoneración o exclusión del pago sólo puede hacerse por mandanto de la ley y que el eventual error del funcionario no puede conducir a que el Estado deje de recibir el importe previsto por el legislador.

Por otra parte, desde la perspectiva del contribuyente puede considerarse que la rectificación supone un cambio de criterio que sólo puede ser aplicable respecto de las situaciones del futuro sin que se le pueda exigir el pago de tributos por el lapso en que actuó con arreglo a la consulta absuelta. Si la Administración varía de criterio el cambio sólo debería afectar a los hechos que se producen con posterioridad.

En cuanto al silencio administrativo, es un aspecto que sólo es abordado en la ponencia de Uruguay, indicándose que si bien no se interpreta como afirmación o negación de la consulta planteada, tal silencio impide a la Administración aplicar recargos y multas por mora al contribuyente que formuló la consulta que no fue absuelta.

Acerca del tratamiento que se da a las consultas, puede distinguirse:

2.3.3 Países que contemplan la absolución de consultas a nivel constitucional y/o legal en materia tributaria con carácter vinculante

Brasil: (Dr. Hugo de Brito Machado): Si bien el procedimiento de consulta no llegó a incluirse en el Código Tributario, actualmente se encuentra regido por un Decreto 72.235 (1972).

La respuesta de la Administración es de cumplimiento obligatorio para ella. Sobre el particular, se hace referencia a la decisión del Supremo Tribunal Federal pronunciada en un recurso de revisión de 1934 y a la doctrina de los actos propios, así como al carácter "inalterable del acto administrativo... cuando da origen al derecho individual subjetivo".

La Administración "no puede modificar el criterio adoptado para responder la consulta del contribuyente y con ello afectar situaciones ocurridas cuando dicho criterio estaba vigente. El nuevo criterio se aplica a futuro. Si en la respuesta de la consulta existió error y no sólo un cambio de criterio jurídico es admisible que el nuevo criterio..., el criterio correcto tenga efectos para situaciones pasadas".

Como punto adicional, se hace alusión a los usos y costumbres de la Administración, manifestando que "poseen una importancia significativa... regulan el comportamiento de las autoridades administrativas... eliminan la arbitrariedad y garantizan un grado mayor de seguridad".

Adviértase cómo la costumbre por su carácter reiterativo, estable, puede proporcionar más confianza en el actuar del contribuyente que la propia norma que se modifica constantemente. A pesar de ello, lo cierto es que el contribuyente no tendría ningún tipo de defensa si la Administración decide variar su comportamiento de forma tal que lo perjudique.

Portugal: La consulta tributaria es un derecho del contribuyente, reconocido en el campo tributario y derivado de derechos consagrados por la Constitución y desarrollados por leyes administrativas.

En materia fiscal se encuentra en el Código de Procedimientos Tributarios.

La respuesta de la Administración es de observancia obligatoria para ella, salvo el caso de decisión judicial distinta. Si bien no cabe por parte del contribuyente reclamo ni recurso ante los Tribunales, no se descarta la posibilidad de solicitar el beneficio o interpretar de forma distinta la ley fiscal.

Uruguay: (Dra. Nelly Valdés): La importancia de las consultas ha sido reconocida a nivel constitucional en Uruguay y, en materia tributaria por el Código Tributario con carácter vinculante: Existe obligación de aplicar "con respecto al consultante el criterio técnico sutentado en la Resolución; la modificación del mismo deberá serle notificada y sólo surtirá efecto para los hechos posteriores a dicha notificación".

Para los casos en que el nuevo criterio beneficia al contribuyente, la doctrina uruguaya se pronuncia a favor de la retroactividad de dicho nuevo criterio a la fecha de la norma interpretada, ya que "en caso contrario ... un acto administrativo estaría cercenando un derecho del contribuyente... que la propia Administración reconoce... o manteniendo un gravamen que según el mismo criterio sería inexistente".

La respuesta de la consulta es recurrible mediante recursos administrativos e inclusive en lo contencioso administrativo.

Respecto a los efectos del silencio: "... el Código (Tributario) no se pronuncia sobre el efecto positivo o negativo del silencio en el caso específico de la consulta tributaria, limitándose a establecer una garantía para el administrado que significa al mismo tiempo una sanción para la Administración, ... sólo tendrá derecho a cobrar intereses indemnizatorios, no correspondiendo la aplicación de recargos y multas por mora".

Sólo existe obligación de contestar la consulta si el interesado pide expresamente una resolución por parte de la Administración con un determinado sentido.

Como regla general, se recomienda la sanción de la Administración a través del establecimiento del silencio positivo, "salvo en aquellos países en que la Administración presenta deficiencias en su organización o capacitación de sus funcionarios en los cuales es aconsejable la colución del silencio negativo".

Uruguay: (Dr. José Pedro Montero Traibel): Se sostiene que es derecho del contribuyente conocer "la exacta interpretación y aplicación que de las normas tributarias hacen los organismos recaudadores" y que la Administración tiene el deber de "contestar todo requerimiento de los particulares sobre cuál es el criterio de interpretación de una norma jurídica tributaria".

La consulta tiene carácter vinculante pero "no confiere ningún derecho subjetivo al particular, sino simplesmente el Estado se autolimita y por razones de buena administración, debe mantener el criterio técnico respecto a quien se le contestó de determinada manera".

2.3.4 Países que contemplan la absolución de consultas en materia tributaria a nivel legal sin mencionar el carácter vinculante

España: (Dr. Eusebio González): La consulta tributaria se encuentra regulada por la Ley General Tributaria. Pueden consultar al ente encargado de la recaudación del tributo "los sujetos pasivos y demás obligados tributarios" siempre que no se trate de "... cuestiones meramente teóricas o de aplicabilidad general".

La Administración debe absolver la consulta obligatoriamente pero no queda vinculada a su respuesta sino en los supuestos taxativamente previstos: Disposición legal expresa e inversiones extranjeras.

La respuesta es impugnable y la actuación del particular acomodada a ella, le exime de toda responsabilidad".

Italia: (Dr. Victor Uckmar): El cambio de criterio de la Administración sólo debe ser aplicado a futuro. Se menciona que el Consejo Nacional de Economía y del Trabajo en asamblea de 1991 aprobó los principios de la carta de los derechos del contribuyente. Entre los derechos se incluye la información sobre la interpretación de las leyes y sobre las consecuencias de sus propios comportamientos.

Perú: La consulta tributaria está contemplada en el Código Tributario. Puede ser formulada ante el órgano administrador del tributo por entidades representativas de actividades económicas, laborales y profesionales y por las entidades del Sector Público Nacional.

La respuesta únicamente origina una resolución en casos de especial importancia. Dicha resolución se publica en el Diario Oficial.

Por otra parte, el Código Tributario prohibe la aplicación de sanciones cuando "la Administración Tributaria haya tenido duplicidad de criterio en la aplicación de la norma y sólo respecto de los hechos producidos mientras el criterio anterior estuvo vigente".

3. *Seguridad jurídica y creación del tributo*

3.1 *La seguridad jurídica frente a la legislación delegada*

La legislación tributaria por su carácter especializado requiere de legisladores competentes con conocimiento específico de la materia, lo que no siempre ocurre en los Parlamentos. Es por ello que cada vez resulta más frecuente la delegación de atribuciones en el Poder Ejecutivo lo que, ciertamente, no resulta violatorio del principio de legalidad en la medida que la Constitución permita tal delegación y ella se efectúe en los términos y con los requisitos exigidos en la Carta.

En estos casos el principio de legalidad se conserva en una forma que podría calificarse como "mediata" desde que las atribuciones legislativas han sido delegadas por el titular de la potestad, de manera que el Poder Administrador no actúa con ese carácter sino que se encuentra legitimamente investido con atribuciones legislativas. En esta función, el Poder Ejecutivo debe ceñirse estrictamente al marco de la autorización otorgada, pues en caso contrario la norma que expida sería inconstitucional.

Brasil: (Dr. Hugo de Brito Machado): La legislación delegada está permitida por la Constitución. No obstante, con excepción de los tributos reservados a ley complementaria, se plantea la duda en relación a la validez como ley de la norma producto de delegación que crea o incrementa un tributo.

Por otro lado, se señala que los límites de dicha delegación deberían ser establecidos en la propia ley del Congreso. Dos mecanismos de control: Evaluación del proyecto en votación única y sin posibilidad de modificación y "facultad de suspender los actos normativos del Poder Ejecutivo que excedan de la facultad" concedida.

España: (Dr. Eusebio González): Los Decretos Legislativos están regulados por la Ley del Régimen Jurídico de la Administración del Estado, la Ley General Tributaria y por los artículos 82 y 85 de la Constitución.

La Ley General Tributaria determina que la delegación legislativa debe ser expresa y "además, ... establecer los criterios y directrices a los que ha de ajustarse el Poder Ejecutivo. Tras el ejercicio de la legislación delegada, el Gobierno debe "dar cuenta a las Cortes de las disposiciones dictadas".

En principio la facultad de legislar ha sido entregada por el pueblo al Parlamento, razón por la cual se entiende que la delegación de facultades no debería ser permanente, salvo que la Constitución lo permita en forma expresa.

Sería inconstitucional la norma en que el Poder Ejecutivo, aprovechándose de la delegación recibida, se autoconcede en forma permanente algunas de las funciones que en materia tributaria sólo corresponden al Congreso. En este supuesto el Poder Administrador se convertiría en generador de disposiones tributarias sustantivas lo que al violar el principio de legalidad atentaría, también, contra la seguridad jurídica.

En todos los trabajos presentados se indica que las respectivas constituciones contemplan la posibilidad de delegación legislativa del Congreso al Poder Ejecutivo.

3.1.1 Países que contemplan constitucionalmente la posibilidad de delegación legislativa expresa del Congreso al Ejecutivo

Por otro lado, "no pueden hacerse delegaciones al Ministro de Hacienda" sino al Gobierno.

La delegación legislativa opera típicamente en dos casos: Las leyes de base y textos refundidos.

El autor distingue entre legislación delegada y autorización legislativa. Encuentra que este último caso constituye un supuesto de deslegalización y que "no es admisible dentro del ámbito del artículo 31 de la Constitución Española" (se trata de autorizar por ley para regular mediante Decreto una serie de cuestiones en materia previamente reservada a la ley formal).

En todo caso, las normas dictadas al amparo de autorización legislativa "sólo tienen valor reglamentario y no legislativo".

Perú: La legislación delegada está contemplada en el artículo 211, inciso 10 de la Constitución y ha sido de utilización frecuente en materia tributaria.

La ley delegante debe contener los elementos esenciales del tributo e indicar la duración de dicha delegación, si bien el Decreto Legislativo posee rango de ley y se encuentra contemplado dentro del supuesto las normas de rango equivalente a la ley como fuente del Derecho Tributario (Norma III inciso c) del Código Tributario. Título Preliminar).

Muestra del frecuente uso de la legislación delegada en materia tributaria es el texto del Impuesto a la Renta (desde la cuarta década del siglo actual ha sido aprobado gracias a autorizaciones del Congreso al Poder Ejecutivo: Ley 7904, Decreto Supremo 287-68-HC, Decreto Legislativo 200), el del Impuesto General a las Ventas (Decreto Legislativo 190, Decreto Legislativo 656, Decreto Legislativo 666) y el propio Código Tributario (Decreto Supremo 263-H).

Portugal: La legislación delegada está consagrada en la Constitución.

La ley delegante debe señalar los elementos esenciales: objeto, sentido, alcance y duración de la facultad.

Las autorizaciones legislativas imprecisas y la legislación que origenen se consideran inconstitucionales. Sin embargo, pueden ser ratificados posteriormente por la Asamblea.

Uruguay: (Dra. Nelly Valdés): Se contempla la sanción tácita de los proyectos de ley del Poder Ejecutivo "con declaración de urgente consideración" (se tienen por sancionados cuando no han sido expresamente desechados dentro de um plazo por el Parlamento. Este régimen es aplicable en el campo de la legislación tributaria.

Se considera que este sistema no constituye un atentado contra la seguridad jurídica, "porque no estamos ... ante una legislación transitoria ... Por otra parte ... este procedimiento respeta adecuadamente las facultades parlamentarias y las leyes así sancionadas están sujetas al contralor de Constitucionalidad que ejerce ... Suprema Corte de Justicia ...".

Uruguay: (Dr. José Pedro Montero Traibel): La Constitución ha previsto la posibilidad de delegación de las facultades legislativas del Congreso en favor del Poder Ejecutivo.

3.2 La norma tributaria y su vocación de permanencia frente a la legislación de urgencia

Es sabido que los cuerpos colegiados amplios — como todos los Parlamentos del mundo — son, de suyo, burocráticos, lentos y demandan un tiempo considerable entre el trabajo de comisiones y los debates en el plenario, antes de aprobar leyes complejas como suelen ser las que versan sobre materia tributaria. Por lo tanto, al respetarse el principio de legalidad es inevitable cierta morosidad en la producción relativa a dicha materia.

Tales circunstancias y el carácter jurídico especializado de la tributación ha llevado a introducir la delegación de facultades legislativas al poder administrador en casi todas las constituciones. Sin embargo, frente a ciertos hechos calificables como emergencias, el Ejecutivo está en aptitud de tomar medidas inmediatas para proveer una respuesta rápida a situaciones que lo ameritan, sin necesidad de recibir autorización expresa del Congreso. En consecuencia, se trata de una situación anómala, necesariamente eventual, aislada y pasajera que permite a un solo poder del Estado asumir una porción significativa de las facultades que la Constitución ha dividido entre varios Poderes.

Desde luego, permitir que la legislación de urgencia pueda regular la materia tributaria es manifiestamente contrario al principio de legalidad y atenta contra la seguridad jurídica ya que en estos casos las normas que emanan del Poder Ejecutivo (que no ha recibido delegación de facultades) presentan carácter inopinado, no ha sido objeto de debate y, por lo tanto, generan incertidumbre. Es por ello que no resulta deseable que las normas tributarias sean susceptibles de dictarse a través de legislación de urgencia.

Ahora bien, en el Estado de Derecho, aún la excepcionalidad no puede estar desprovista de cierta regulación, en orden a evitar la arbitrariedad que podría derivarse del exceso de atribuciones que, en la hipotésis de emergencia, se acumulan en el Poder Ejecutivo.

Consecuentemente como sucede con la legislación de esta clase en todos los ámbitos, ella sólo puede admitirse en materia tributaria si es que, en primer lugar, en la realidad efectivamente han ocurrido los hechos que el constituyente ha considerado como factor desencadenante para que el Poder Ejecutivo pueda dictar medidas de esta naturaleza. Por otra parte, tal legislación sólo puede tener carácter transitorio y su expedición debe ponerse de inmediato en conocimiento del Poder Legislativo.

Con frecuencia las respectivas constituciones establecen que la legislación de urgencia rige sólo por un plazo reducido, vencido el cual caducan en forma automática, salvo ratificación parlamentaria.

Sobre este particular, de los trabajos presentados encontramos que existen dos grupos de países, los que admiten y los que no permiten el empleo de la legislación de urgencia en materia tributaria.

3.2.1 Países que admiten el empleo de la legislación de urgencia en materia tributaria

Brasil: (Dr. Hugo de Brito Machado): Se reconoce constitucionalmente la facultad de expedición de legislación de urgencia a cargo del Presidente de la República.

Las medidas que se adopten deben ser sometidas de inmediato a consideración del Congreso Nacional. Si bien entran en vigencia en la fecha de publicación la pierden si el Congreso Nacional "no las convierte en ley en un plazo de 30 días". Teóricamente cualquier asunto puede ser tratado por una medida provisional, en tanto se cumpla con las presunciones de relevancia y urgencia.

Dos interrogantes en torno a este tema:

¿Puede la medida provisional regular asuntos reservados a la ley complementaria? En Brasil no existe opinión uniforme al respecto.

¿Puede establecerse tributos sujetos a principios de anterioridad? Según el ponente no porque no existe la presunción de urgencia.

Portugal: La legislación de urgencia está permitida constitucionalmente en caso de Estado de Sitio o Estado de Emergencia.

La principal característica de este régimen es el límite temporal impuesto por la Constitución a la legislación: "Los impuestos extraordinarios, al ser ingresos extraordinarios, están limitados en el tiempo y no tienen vigencia para el futuro, expirando después del período previsto por ley; ... para que un impuesto continúe vigente después del referido plazo debe sancionarse nuevamente, sin perjuicio de la autorización anual jurídica de cobranza, cuando su período de vigencia sea superior a un año".

El Supremo Tribunal Administrativo considera que las exenciones genéricas de impuestos no son aplicables a los impuesto extraordinarios. Ello afecta la seguridad jurídica.

Uruguay: (Dra. Nelly Valdés) La adopción de "medidas prontas de seguridad" se encuentra contemplada constitucionalmente, bajo dos presupuestos: Ataque exterior o conmoción interior.

Por otro lado y admitiéndose su aplicación en el campo tributario se señala que "... no deberían constituir un atentado al principio de seguridad jurídica en tanto su carácter es meramente transitorio ...". Se precisa que deberían perder vigencia una vez superadas las circunstacias habilitantes para decretarlas y se advierte "la falta de contralor jurisdiccional sobre las normas dictadas bajo el régimen ..." como eventual fuente de conflictos o arbitrariedades.

Por otro lado se plantea como interrogante "... si por esta vía pueden adoptarse medidas que alteren en uno u outro sentido las obligaciones de los contribuyentes ..."

Uruguay: (Dr. José Pedro Montero Traibel): También hace referencia a la posibilidad de legislación de urgencia, señalando que "... puede violar la seguridad de los particulares ... si bien no en materia tributaria ...".

3.2.2 Países que no permiten el empleo de la legislación de urgencia en materia tributaria

Argentina: (Dr. Héctor Villegas): La hemos incluído en este rubro porque si bien "La Corte Suprema ha convalidado (la constitucionalidad de) estas medidas mediante una doctrina según la cual estos decretos son válidos si se producen en vinculación efectiva y palmaria con una situación de emergencia", se señala que "... son nocivos, porque el Poder Ejecutivo se arroga el ejercicio de competencias propias del Congreso, y ... sus normas nacen con validez potencialmente efímera. Adicionalmente, "... admitiendo para situaciones extremas la validez de los decretos de necesidad y urgencia, ello tienen como límite la posibilidad de crear tributos ...".

Perú: La situación del Perú es particularmente especial:

Actualmente, el Presidente tiene la facultad constitucional (inciso 20 artículo 211) de "administrar la hacienda pública; negociar los empréstitos; y dictar medidas extraordinarias en materia económica y financiera cuando así lo requiere el interés nacional y con cargo a dar cuenta al Congreso", siendo el caso que abundante legislación tributaria fue creada al amparo de dicha disposición. Ultimamente, el Gobierno al amparo de esta facultad aumentó en terminos reales "la carga tributaria sobre el contribuyente" al sustituir por el ejercicio 1992 la Unidad Impositiva Tributaria por la Unidad de Referencia Tribuaria.

No obstante, recientemente el Congreso Constituyente ha aprobado el Capítulo IV "Del Regimen Tributario y presupuestal", cuyo artículo 81 establece que "Los tributos se crean, modifican, derogan, exoneran exclusivamente por ley *o por decreto legislativo en caso de delegación de facultades, salvo aranceles y tasas que se regulan por decreto supremo* ...", especificando que "... *Los decretos de urgencia no pueden contener materia tributaria* ...", no surtiendo efecto a partir de su vigencia "... las normas tributarias dictadas con violación de lo establecido en este artículo".

3.3 La seguridad jurídica y las normas que otorgan exoneraciones o beneficios — Los convenios de estabilidad

Con arreglo al principio de legalidad el otorgamiento de beneficios tributarios sólo puede efectuarse a través de una ley y, por la misma razón, la revocación o modificación de tales beneficios requiere también de una ley.

No obstante, puede sostenerse que la revocación o variación del régimen no puede ocurrir antes del vencimiento del plazo contemplado en la norma que otorgó los beneficios si es que el contribuyente cumplió con todos los requisitos exigidos para acceder a los beneficios. La variación anticipada constituiría una suerte de defraudación para quien invirtió al amparo de la norma original en el entendido que el Estado respetaría el plazo concedido en la ley correspondiente.

De producirse tal modificación unilateral, el contribuyente estaría en aptitud de exigir el pago de los perjuicios que le hubiera causado la decisión del Estado, fundándose que todo el que causa un daño a otro está obligado a indemnizarlo.

Sin embargo, también podría sostenerse que los beneficios otorgados en la primera ley no enajenan la soberanía del Estado ya que la ley ordinaria no constituye una "ley contrato" y que, por lo tanto, el Estado puede introducir posteriormente las modificaciones que estime pertinentes aún cuando la nueva ley no podría aplicarse a los hechos ocurridos en el pasado.

Cabe recordar que sobre esta materia ya hubo pronunciamiento en las VII Jornadas Latinoamericanas de Derecho Tributario. En la Recomendación 4 del Tema II, se señala:

"Que los incentivos tributarios deben aplicarse con carácter temporal. Los beneficios previstos por los incentivos por tiempo determinado deben mantenerse, a pesar de la modificación o derogación de la ley por el lapso por el cual fueron establecidos sólo respecto de quienes han cumplido los requisitos de la norma legal que los estableció; de lo contrario el contribuyente debe ser indemnizado por los perjuicios que eventualmente sufriere".

El Código Tributario de Venezuela que ha recogido las experiencias sobre el particular ha intentado una solución intermedia. En efecto, en su artículo 69 señala: "Las exenciones y exoneraciones pueden ser derogadas o modificadas por ley posterior, aunque estuvieren fundadas en determinadas condiciones de hecho. Sin embargo, cuando tuvieren plazo cierto do duración los beneficios en curso se mantendrán por el resto de dicho término pero en ningún caso por más de cinco años a partir de la derogatoria o modificación"

Como se advierte, la fórmula pretende conciliar la seguridad jurídica que debe proporcionarse al contribuyente con las eventuales conveniencias para el Estado de modificar los términos de la ley original.

La situación es completamente distinta cuando los beneficios sujetos a plazo son materia de un convenio de estabilidad tributaria. En tal hipótesis no hay duda que nos encontramos frente a una "ley contrato", de manera que los beneficios otorgados a través de este mecanismo no pueden ser variados antes del vencimiento del plazo estipulado por las partes. Cuando el Estado suscribe esta classe de convenios se sitúa en el nivel de los administrados, de tal manera que ineludiblemente debe cumplirlos, conforme a las reglas de la buena fe y común intención de las partes, ya que los contratos son obligatorios en cuanto se haya expresado en ellos.

Tales consideranciones son igualmente aplicables respecto de los beneficios tributarios que consten en los contratos de adhesión.

Con este mecanismo el Estado se encuentra dentro de la esfera de la contratación privada y, por ello, los convenios no pueden modificarse en forma unilateral. Sin embargo, en la hipótesis que no se respetaran los términos del convenio, el contribuyente estaría en aptitud de solicitar al Poder Judicial la restitución del derecho conculcado pues se trataría claramente de una violación de contrato que quedaría sujeta a las regulaciones de cada ordenamiento en particular.

En base a los trabajos presentados, en esta materia puede efectuarse la clasificación siguiente:

3.3.1 Países que contemplan en su legislación tributaria, como regla general, la prohibición de revocar o modificar las exoneraciones o beneficios sujetos a plazo determinado (incluyendo los casos de la suscripción de convenios de estabilidad)

Brasil: (Dr. Hugo de Brito Machado): De acuerdo al Código Tributario Nacional "la exención (exoneración) concedida por um plazo determinado em función de determinadas condiciones no puede ser objeto de revocación y reducción". Inclusive, con anterioriedad al Codigo Tributario, "el Supremo Tribunal Federal sentó jurisprudencia al considerar irrevocables las exenciones concedidas en condiciones onerosas".

Se sostiene que "la revocación de una exención equivale a la creación de tributo". Sin embargo, se precisa que el Supremo Tribunal Federal se pronunció en favor de la efectividad inmediata de la ley revocatoria sin que ello, a su entender, implicase transgresión al principio constitucional.

Se considera que cualquier revocatoria de exoneraciones es inconstitucional, en tanto perjudica un "derecho adquirido del contribuyente".

Se bien en ocasiones se ha planteado la posibilidad de revocar la exoneración en atención al interés público a cambio de una indemnización, tal indemnización en realidad no existiría en tanto correspondería al valor de la propia exoneración.

En cuanto a los convenios de estabilidad: El Poder Ejecutivo puede celebrar con particulares convenios para la concesión de exenciones (exoneraciones). No obstante, al no poder otorgarlas directamente (sólo puede hacerse por ley) debe gestionar la ley respectia ante el Legislativo o, en todo caso, la ley anterior debe otorgar esta posibilidad al Ejecutivo.

En ese sentido, si no llega a promulgarse la ley y, al no existir derecho adquirido, el contribuyente únicamente puede recibir una reparación equivalente al "valor de las obligaciones afrontadas ... para satisfacer las condiciones establecidas en el convenio".

Finalmente, "... si se contempla alguna exención en uma convención o tratado internacional, ésta prevalece sobre la ley interna".

Perú: Concretamente se señala que los convenios de estabilidad suscritos al amparo del artículo 1357 de Código Civil (Contratos-Ley) no pueden ser modificados ni derogados por acto administrativo, sujetándose a las disposiciones de Derecho Común.

Cabe resaltar que el artículo 64 del Proyecto Constitucional aprobado en la Comisión de Constitución establece que "el Estado no puede resolver ni modificar unilateralmente los contrato-ley". Con ello se pretende, en especial, infundir mayor seguridad a los inversionistas nacionales e internacionales con quienes el Estado ha determinado la posibilidad de suscribir tales convenios (que incluyen la estabilidad tributaria respecto al Impuesto a la Renta) según lo dispuesto en recientes Decretos Legislativos 662 y 757, así como en el Decreto Supremo 162-92-EF.

Sin embargo si los beneficios o exoneraciones no constan de un contrato con el Estado, una ley posterior puede revocarlos o modificarlos.

3.3.2 Países que en su legislación tributaria contemplan la posibilidad de revocar o modificar las exoneraciones o beneficios sujetos a plazo determinado

Uruguay: (Dra. Nelly Valdés): La autora se pronuncia en contra de esta posibilidad como regla general. El Código Tributario establece:

''La exoneración puede ser derogada en cualquier momento o modificada por ley posterior, aún cuando fuera concedida con plazo cierto de duración o en función de determinadas condiciones de hecho, sin perjuicio de la responsabilidad en que el Estado pueda incurrir en estos casos''

Uruguay: (Dr. José Pedro Montero Traibel): ''La derogación de las exoneraciones temporales o condicionales antes de tiempo o mientras dura la condición, viola la seguridad jurídica y por lo tanto implica la existencia de responsabilidad del Estado por acto legislativo''.

Portugal: Aún cuando en este caso también el ponente se pronuncia en contra de la modificación o revocación de las exoneraciones o beneficios sujetos a plazo, según el texto del EBF las normas que modifican beneficios fiscales convencionales, condicionados o temporales no son aplicables en los casos en que perjudiquen a los contribuyentes, salvo que la ley disponga lo contrario.

4. Seguridad jurídica y aplicación del tributo

4.1 Necesidad de la aplicación a futuro de la norma tributaria — La retroactividad benigna

Con arreglo al principio de legalidad, la creación de tributos debe efectuarse a través de normas con rango de ley o mediante alguno de los otros medios que la Constitución autoriza. Sin embargo, no sólo es importante el rango de la disposición sino que ésta sólo puede regir para el futuro. Permitir leyes con efecto retroactivo sería introducir la incertidumbre y conducirnos al reino de la arbitrariedad, pues actos que no estaban gravados cuando se realizaron resultarían imponibles por mandato de una ley posterior. Consecuentemente, aún cuando se respetara el principio de legalidad, parte significativa de su importancia quedaría desvirtuada si se permitiera que una ley tuviera fuerza y efectos respecto de hechos acaecidos antes de que ella entrara en vigencia.

En todos los trabajos sin excepción sc destaca que la ley tributaria no debe tener efectos retroactivos, salvo el caso de las leyes más benignas, lo que permite afirmar que aún en los países donde el derecho positivo no recoge el principio de irretroactividad de las leyes, éste se considera fundamental para conseguir seguridad jurídica.

Sobre el particular existe el muy completo y valioso estudio que efectuara el profesor Ramón Valdés Costa en las X Jornadas Luso Hispano Americanas de Estudios Tributarios, en cuyas conclusiones destaca la coincidencia absoluta en favor del principio de irretroactividad de las normas tributarias, con la unánime excepción relativa a la retroactividad benigna, todo lo cual es reiterado ahora en los trabajos recibidos. Dichos trabajos pueden dividirse en dos grupos:

4.1.1 Trabajos que se pronuncian a favor de la irretroactividad de la norma pero, como excepción, admiten la retroactividad benigna

Brasil: (Dr. Hugo de Brito Machado): ''Nada produce efectos retroactivos por cuanto el tiempo es irreversible ... lo que se quiere decir es que puede utilizar-se en la calificación jurídica de hechos ocurridos antes de iniciarse su vigencia".

La retroactividad benigna está contemplada por el artículo 106 del Código Tributario Nacional. La ley tributaria se aplica al acto o hecho pasado:

1. "Cuando sea expresamente interpretativa quedando excluída la aplicación de multas por la infracción de las disposiciones interpretadas". "Si había duda ... no es justo que se castigue al que tuvo uno u otro comportamiento ... a la luz del texto ambiguo". Esta exención no es absoluta, no se refiere a los casos de inobservancia total de la ley.

2. La ley tributaria es "aplicable a los actos no juzgados definitivamente, quedando excluídos los efectos de leyes anteriores a su vigencia: a) Cuando ya no los defina como infracciones; b) cuando ya no los considere contrarios a una obligación de acción u omisión, siempre que no hayan sido fraudulentos ni hayan supuesto un incumplimiento en el pago de tributos; c) cuando les prescriba una sanción menos severa que la prevista en la ley vigente al momento en que (se llevaron a cabo)".

Perú: El principio de irretroactividad de las leyes está consagrado en el artículo 187 de la Constitución.

Una excepción a la irretroactividad de la norma tributaria ha sido el caso de las multas (sanción administrativa a las infracciones tributarias), aún no existiendo texto expreso que autorice tal excepción.

Por otro lado, se precisa que "la Constitución actual admite expresamente la retroactividad benigna en lo que respecta a las normas tributarias".

El Fisco ha aplicado la retroactividad benigna a multas o infracciones administrativas, pero no para el caso de tributos.

El Proyecto de Constitución no recoge la retroactividad benigna en materia de tributos. Sin embargo continuaría siendo aplicable la retroactividad benigna para los delitos tributarios, en tanto ella se mantiene para el caso de la ley penal y el nuevo Código Penal contempla el caso del delito tributario.

Uruguay: (Dra. Nelly Valdés): La irretroactividad de las leyes no se encuentra sancionada a nivel constitucional únicamente mediante el Código Civil y el Código Tributario.

Existe pronunciamiento a favor de la retroactividad en el derecho tributario material para los casos de la ley benigna. La jurisprudencia uruguaya ha sido contradictoria (Suprema Corte de Justicia).

4.1.2 Países donde la irretroactividad no está consagrada en el derecho positivo

Argentina: (Dr. Héctor Villegas): "... la regla general en materia tributaria debe ser la irretroactividad, ... las leyes retroactivas en sentido propio son inconstitucionales en el derecho argentino ...". "La retroactividad es un obstáculo a la confiabilidad. El contribuyente debe tener la convicción de que la regulación vigente en el momento que tomó su decisión, no se verá modificada por una ley que legisle sobre el pasado...".

Argentina: (Dr. Vicente Oscar Díaz): Se hace alusión a la imposibilidad de aceptar siquiera "... la retroactividad relativa o mínima".

Portugal: No existe disposición constitucional expresa a favor de la irretroactividad de la norma, pero se sostiene que este principio se encuentra implícito en tanto se deriva del principio de protección a la confianza presente en toda constitución material. El Tribunal Constitucional se ha manifestado en este sentido.

Se señala que constitucionalmente debe entenderse prohibida la aplicación retroactiva de incentivos y estímulos, bajo la consideración que ello implicaría la concesión de un privilegio fiscal sin fundamento en el interés público y derogaría los principios de igualdad, generalidad y capacidad contributiva.

4.2 Tributos de periodicidad anual

Se ha tratado en forma independiente el caso de los tributos de periodicidad anual, porque si bien es cierto que respecto de ellos debe operar también el principio de irretroactividad de las leyes, la circunstancia de gravar hechos que se integran en el curso de un período más o menos amplio, hace deseable que las leyes que se refieran a ellos merezcan un tratamiento especial sobre su vigencia en el tiempo.

En efecto, la experiencia demuestra que no obstante aplicarse a futuro las leyes referidas a esta clase de tributos, frecuentemente no se cumplía el propósito de evitar cambios sorpresivos, porque a pesar de haber transcurrido casi todo el correspondiente período, el legislador podía modificar las normas vigentes a fin de que la nueva disposición afectara dicho período. Esta actitud encontraba fundamento en que el hecho imponible se produce sólo al vencimiento del ciclo previsto en la ley.

Así, respecto de los tributos cuyo ejercicio culmina el 31 de Diciembre de cada año (por ejemplo el Impuesto a la Renta) las leyes modificatorias podían publicarse en el mes de Diciembre y afectar el íntegro de los resultados obtenidos al cierre del ejercicio, a pesar que al iniciarse el período gravable era otra la ley que se encontraba vigente.

Es claro que en tal caso no existiría retroactividad de la norma, pero también es indudable que se contribuiría de mejor manera a alcanzar la seguridad jurídica si el ordenamiento legal contemplara que las disposiciones referidas a tributos que se aplican periódicamente sólo deben regir desde el primer día del ejercicio siguiente. Una regulación de esta clase permite al contribuyente tener la certeza de que las leyes existentes al inicio del período ya no podrán modificarse durante el resto del mismo, pues cualquier cambio sólo surtirá efectos para el siguiente.

De los pocos trabajos que abordan este extremo se observa que sólo la Constitución del Perú precisa que las leyes que se refierien a tributos de periodicidad anual rigen desde el primer día del siguiente año calendario.

En efecto:

4.2.1 Países que no contemplan el principio de anualidad

Brasil: (Dr. Hugo de Brito Machado): La Constitución no contempla el principio de anualidad.

Uruguay: (Dra. Nelly Valdés): Según lo dispuesto por el Código Tributario las leyes que se dictan durante el período son íntegramente aplicables a la determinación o liquidación del tributo porquel el hecho generador del mismo ocurre a la finalización de ese período. Por lo tanto, la legislación que debe tenerse en cuenta es la vigente en esa oportunidad.

4.2.2 Países que contemplan el principio de anualidad

Perú: Según el artículo 195 de la Constitución, la ley debe ser promulgada anticipadamente, durante el año anterior a aquel en que va a comenzar su vigencia. La Norma X del Título Preliminar del Código Tributario dispensa el mismo tratamiento a los elementos del tributo.

Conclusiones

1. La seguridad jurídica es sinónimo de certeza. En el Estado de Derecho

se realiza cuando se observan los principios jurídicos que impiden la arbitrariedad.

2. Un Poder Judicial autónomo y competente es indispensable para inspirar confianza a los administrados. Debe eliminarse la regla "solve et repete".

3. La irretroactividad de las leyes y el respeto a los principios de legalidad y de jerarquía de las normas, son requisitos para evitar la incertidumbre en los contribuyentes. La seguridad jurídica no es vulnerada cuando se admite la retroactividad benigna.

4. Es necesario que el ordenamiento tributario esté integrado por normas claras, precisas y, en lo posible, estables. Debería establecerse la obligación de derogatoria expresa de las leyes tributarias.

5. La jurisprudencia debe ser de observancia obligatoria. Los cambios de criterio sólo pueden regir para el futuro.

6. Las consultas absueltas por la Administración a los contribuyentes, obligan a aquélla. Los cambios de criterio sólo pueden regir para el futuro.

7. En caso de delegación de facultades legislativas, la ley debe establecer con precisón los parámetros a los que debe ceñirse el Poder Ejecutivo en el ejercicio de tales facultades.

8. Sería deseable que la legislación de urgencia no versara sobre materia tributaria. Si ello es permitido por el ordenamiento jurídico, las normas de esta clase sólo deberían tener carácter transitorio, salvo ratificación del Poder Legislativo.

9. Las exoneraciones y beneficios tributarios concedidos por plazo determinado no pueden revocarse o reducirse antes del vencimiento de tal plazo, respecto de los contribuyentes que cumplieron con todos los supuestos exigidos por la ley que los otorgó. En caso contrario el contribuyente debe ser indemnizado por los perjuicios que sufriera.

DIREITO TRIBUTÁRIO ATUAL

RESPONSABILIDADE: TREVISAN AUDITORES E CONSULTORES

OPERAÇÃO FINANCEIRA DE RENDA FIXA — CARACTERIZAÇÃO

A consulente indaga-nos acerca da possibilidade de a operação de cessão da dívida realizada ser caracterizada como operação financeira de renda fixa.

Preliminarmente, é necessário enfatizar dois pontos de nossa legislação aplicáveis às operações de renda fixa, que são:

Abrangência do conceito de aplicação financeira de renda fixa

Conforme se depreende do artigo 51 da Lei n. 7.450/85 e legislação complementar qualquer aplicação de recurso que *assegure* ao investidor, após decorrido um prazo, um rendimento determinado (prefixado) ou determinável (fixado), deverá receber o tratamento tributário dispensado às aplicações financeiras de renda fixa.

Tanto a natureza do lastro da operação quanto a prévia definição de um prazo são *prescindíveis* para fins de caracterização ou não de uma operação como uma aplicação de renda fixa.

Dispensa da tipificação da operação pelo legislador

Como conseqüência da própria abrangência do conceito de aplicação financeira de renda fixa, conclui-se que em nosso ordenamento jurídico não se faz necessário que o legislador tipifique uma determinada operação como sendo de renda fixa para que receba o devido tratamento tributário. Basta, simplesmente, que ela preencha as referidas características para submeter-se aos ditames legais aplicáveis às operações de renda fixa.

Análise da operação de cessão de dívida

A consulente pretende ceder, por meio de instrumento particular, seu passivo junto ao BNDES para uma determinada instituição financeira, que, por sua vez, seria responsável pela liquidação das parcelas restantes da obrigação. Como resultado dessa operação, a consulente (cedente) auferiria uma receita proveniente do diferencial entre a taxa de desconto utilizada pela instituição financeira (cessionária) para calcular o valor presente da dívida assumida e a taxa negociada na dívida original com o BNDES.

É questionado se a operação objeto de análise, pelas suas características, poderia ser equiparada a uma aplicação financeira de renda fixa e, conseqüentemente, ter seu rendimento real sujeito ao imposto de renda na fonte, conforme determina a Lei n. 8.541/92.

Para que tal operação não se caracterize como aplicação financeira de renda fixa, é necessário que o devedor original (cedente) *desobrigue-se integralmente do débito junto ao cedido* (BNDES). É necessário, portanto, que o cedente transfira sua posição jurídica na relação contratual para a outra pessoa (banco — cessionário), de modo que esta o substitua na obrigação original.

Em qualquer situação na qual não se observe a condicionante acima, a operação será assemelhada, nos seus efeitos, a uma aplicação financeira de renda fixa, visto que, juridicamente, a consulente continuaria vinculada à obrigação junto ao BNDES, saldando seu passivo com recursos que, antes do vencimento, seriam repassados a uma instituição financeira para administrá-los e remunerá-los até as datas de vencimento da obrigação original.

Análise da cessão de débito pela ótica do direito brasileiro

O direito brasileiro não cogita, expressamente, da *cessão de débito*, mas, em face do princípio da liberdade das convenções, nada se opõe a que as partes recorram a esse tipo de negócio, pactuando a modificação do sujeito passivo de uma relação jurídica obrigacional. Para que isso ocorra, é *indispensável* haver o assentimento do credor, dos fiadores e dos terceiros proprietários de bens dados em garantia. Esta é a grande diferença entre a cessão de crédito e a cessão de débito: enquanto naquela a anuência do devedor é irrelevante, nesta a concordância do credor é *indispensável*.

Conforme enfatiza a doutrina, *"a pessoa do devedor é de alta relevância para o credor, posto que o valor do crédito depende sempre da solvência daquele. De modo que pode não convir ao credor de pessoa solvente vê-la substituída por outra que conta com menos possibilidade de resgatar o débito"* (Sylvio Rodrigues, *Direito Civil — Parte Geral das Obrigações*).

Do exposto acima podemos analisar algumas hipóteses:

Cessão de dívida sem anuência do credor

A cessão de dívida sem anuência do credor (cedido), mediante contrato de cessão entre o cedente e o cessionário, não encontra respaldo em nosso ordenamento jurídico, salvo em uma única situação, que analisaremos posteriormente. Assim sendo, o instrumento jurídico utilizado para transferir a obrigação *não produz efeito jurídico junto ao credor* (cedido). Conseqüentemente, o devedor original (cedente) continua a fazer parte da relação jurídica original, e o valor auferido com a "transferência juridicamente imperfeita" da obrigação para a instituição financeira será tratado como um rendimento de aplicação financeira de renda fixa.

Cessão de dívida com anuência do credor

Ocorrendo a anuência expressa do credor, a transferência da posição devedora na relação contratual estará respaldada juridicamente, não se caracterizando, conseqüentemente, como uma aplicação de renda fixa. Ademais, a cedente deverá, quando do ato da cessão, liquidar sua obrigação contabilizada no passivo e reconhecer, imediatamente, o eventual ganho oriundo do diferencial de taxas pactuados com o credor original e com a instituição financeira cessionária.

Exceção — Cessão de dívida sem anuência do credor

As únicas hipóteses de cessão de dívida sem que se faça necessária a anuência do credor apresentam-se nos casos de débitos assegurados por garantia real de comprovada eficácia, ou quando o valor da garantia é muito superior ao débito.

Em tais circunstâncias, entendemos juridicamente admissível o mero acordo entre devedor e cessionário, sendo o credor (cedido) meramente notificado da cessão. Isto porque, nesta hipótese, inexiste o fator que motivaria a anuência do cedido, qual seja, o risco de não receber o crédito. Neste caso o interesse do credor (cedido) não sofre ameaça, por força da excelência da garantia.

Parece-nos ser esta uma hipótese que, apesar de não referendada expressamente em nosso ordenamento jurídico, seria perfeitamente sustentável em caso de um entendimento diverso por parte da Receita Federal.

Conclusão

A operação objeto de análise, *cessão de dívida*, poderia preencher os requisitos da hipótese de exceção prevista acima, bastando que o débito objeto da transferência tivesse respaldo de garantia real de comprovada eficácia ou quando o valor da garantia fosse superior ao próprio débito.

Claro está que a validade da operação tem como pressuposto a inexistência de cláusula expressa, no contrato a ser cedido, que proíba a cessão de direitos e obrigações nele pactuados sem a anuência do credor.

Por fim, salientamos que, na hipótese de cessão de dívida juridicamente subsidiada em nosso ordenamento jurídico, torna-se imprescindível a observância dos procedimentos contábeis descritos anteriormente, quais sejam:

a "baixa" do passivo;

o reconhecimento imediato e integral da eventual receita oriunda com o diferencial de taxas.

TRATAMENTO TRIBUTÁRIO DAS OPERAÇÕES DE "FACTORING"

A consulente indaga-nos acerca dos efeitos tributários decorrentes da seguinte operação:

I — A consulente detém participação societária em uma empresa de "factoring".

II — Os recursos de diversas empresas controladas pela consulente, decorrentes da sobra de caixa, são a ela transferidos por intermédio de contrato de mútuo.

III — A consulente, por sua vez, empresta recursos à "factoring" a título de mútuo.

IV — A "factoring" usa tais recursos em operação da própria atividade (compra de duplicatas).

V — A "factoring" não apresenta lucro real e a consulente tem base negativa de contribuição social e prejuízos fiscais a compensar.

Nossos comentários

Conceito, não incidência do PIS e descaracterização de aplicação de renda fixa

De acordo com o artigo 1.256 do Código Civil brasileiro, "*mútuo é o empréstimo de coisas fungíveis. O mutuário é obrigado a restituir ao mutuante o que dele recebeu em coisas do mesmo gênero, qualidade e quantidade*".

Discorrendo sobre as demais determinações do citado diploma legal, verificamos tratar-se de um contrato pelo qual as partes poderão pactuar a cobrança de juros ao empréstimo mutuado, "abaixo ou acima da taxa legal, com ou sem capitalização" (artigo 1.262 — parte), e não havendo convenção expressa em contrário, seu prazo será de pelo menos 30 dias (parte — artigo 1.264).

Assim, considerando a existência de um contrato formalizando o negócio, é obrigatório o reconhecimento contábil da correção monetária em ambas as partes envolvidas, resultando em uma receita tributável para a mutuante (passível de diferimento pelo lucro inflacionário) e uma despesa dedutível para a mutuada.

A respeito da cobrança de juros nos contratos de mútuo entre pessoas ligadas, as autoridades fiscais manifestaram-se pela não sujeição desses rendimentos à tributação do imposto de renda na fonte, por intermédio do Parecer Normativo n. 30/87, bem como pela não tributação pelo IOF, mesmo que realizados em curto prazo (Ato Declaratório CST n. 13, de 12.10.90).

Tal entendimento foi contemplado pela Lei n. 8.541/92, não caracterizando como aplicação financeira de renda fixa sujeita à tributação exclusiva de fonte pelo imposto de renda os "*ganhos nas operações de mútuo entre pessoas jurí-*

dicas controladoras, controladas ou coligadas'' (§ 8º., art. 36).

''Factoring''

Conceito

Julgamos conveniente analisar na doutrina as definições e conceitos das operações de ''factoring'':

''*Trata-se fundamentalmente, da venda do faturamento de uma empresa; o seu objeto é tríplice — garantia, gestão de créditos e financiamento — e o fulcro da operação é uma cessão de crédito, a título oneroso, não podendo o ''factor house'' exercitar o seu direito de regresso contra a empresa cedente, a qual somente se responsabiliza pela boa constituição dos créditos cedidos*'' (Fábio Konder Comparato).

''O ''factoring'', como técnica financeira, representa um financiamento da empresa faturizada, adquirindo o faturizador os créditos dessa pagando-lhes e assumindo o risco com a cobrança e o não-pagamento das contas, sem ter o direito de regresso contra o faturizado'' (Fran Martins).

Conforme podemos verificar, pelo menos duas características são da essência do contrato de ''factoring'': *o risco do negócio e a impossibilidade do exercício do direito de regresso* contra o faturizador.

Imposto sobre a renda — IR

Apuração das receitas nas empresas de ''factoring''

Do conceito mencionado, podemos inferir três características básicas dos contratos de ''factoring'', quais sejam: risco com a cobrança dos títulos, risco com o não-pagamento das contas e impossibilidade do direito de regresso contra o faturizado.

O ''caput'' do artigo 157 do RIR/80 (Regulamento do Imposto de Renda), reproduzindo a norma do artigo 7º do Decreto-lei n. 1.598/77, dispõe: ''*A pessoa jurídica sujeita à tributação com base no lucro real deve manter escrituração com observância das leis comerciais e fiscais*''.

Assim, a apuração do lucro real (base de cálculo do imposto de renda) parte da determinação do lucro líquido do exercício, apurado em conformidade com as disposições da lei comercial, no que diz respeito à escrituração mercantil.

A Lei n. 6.404/76 (Lei das Sociedades por Ações), ao definir, em seu artigo 183, inciso I, os critérios de avaliação dos ativos no balanço, assim determina: ''*Os direitos e títulos de crédito e quaisquer valores mobiliários não classificados como investimentos, pelo custo de aquisição ou pelo valor do mercado, se este for menor; serão excluídos os já prescritos e feitas as provisões adequadas para ajustá-los ao valor provável de realização, e será admitido o aumento do custo de aquisição, até o limite do valor de mercado, para registro de correção monetária, variação cambial ou juros acrescidos*''.

Os títulos de créditos adquiridos pela empresa de ''factoring'' representam valores sem caráter de permanência, logo, não classificáveis como investimentos e, conseqüentemente, classificáveis no ativo circulante ou no realizável a longo prazo, dependendo do aspecto temporal, exclusivamente.

Desse modo, devem ser classificados pelo custo de aquisição ajustado por provisão para perdas, sempre que o valor de mercado revelar-se inferior ao de aquisição. Por outro lado, a lei admite mas não obriga o reconhecimento, até o valor de mercado, do registro de correção monetária, variação cambial ou juros acrescidos nas aplicações em valores mobiliários. Não havendo indexação ou juros contratuais, não há que cogitar de suas apurações.

Do prisma estritamente jurídico, aplica-se aos títulos de crédito em tela o critério de custo de aquisição ou de mercado, dos dois o menor, emanado do inciso I do artigo 183 da Lei n. 6.404/76. Assim, nesse caso, é obrigatório o *reconhecimento do ganho*, se houver, *apenas por ocasião do recebimento*, porém admitindo-se, e como opção ao proprietário dos títulos, o reconhecimento de eventuais perdas para ajustá-los ao valor de mercado, quando inferior ao de aquisição.

Provisão para devedores duvidosos

Conforme dispõe a norma do artigo 221 do RIR/80 (Regulamento do Imposto de Renda), poderão ser registradas, como custo ou despesa operacional, as importâncias necessárias à formação de provisão para créditos de liquidação duvidosa. O § 3º do referido dispositivo legal dispõe que "*enquanto não forem fixadas as percentagens previstas, o saldo adequado será de 3%* sobre o montante dos créditos, excluídos os provenientes de vendas com reserva de domínio, de alienação fiduciária em garantia, ou de operações com garantia real*".

Nesse sentido, entendemos ser perfeitamente possível o fato de a empresa de "factoring" vir a constituir a referida provisão, visto que nessas operações a "factor house" torna-se proprietária dos títulos.

Aplicação de renda fixa

A norma que estabelece a tributação das aplicações financeiras de renda fixa é clara quanto a sua abrangência. Segundo o texto legal, qualquer operação que tenha por objeto, títulos ou direitos provenientes de aplicações de recursos que assegurem ao investidor um rendimento pré ou pós-fixado, em virtude de um determinado prazo decorrido é considerada aplicação financeira de renda fixa e, em conseqüência, sujeita ao imposto de renda na fonte.

O enquadramento de uma operação no conceito de aplicação financeira de renda fixa independe do lastro ou do objeto da operação.

Geralmente, qualquer rendimento de capital decorrente de ato ou negócio que pela sua finalidade tenha o mesmo efeito de uma aplicação financeira de renda fixa é enquadrável como tal. Exemplos:

— a compra de uma ação no mercado à vista por $10 e a concomitante venda a termo da mesma ação, para liquidação em 30 dias, por $12, é uma aplicação de renda fixa (foram aplicados $10 para resgate de $12, em 30 dias, com rendimento fixado em $2);

— a venda à vista de ouro por uma instituição financeira a um cliente por $20, com concomitante compra desse ouro por parte dessa instituição financeira por $25, para pagamento em 5 dias, é uma aplicação de renda fixa (foram aplicados $20 para resgate de $25, em 5 dias, com rendimento fixado em $5).

Entendemos que a receita oriunda de "factoring" não se enquadra no conceito de aplicação de renda fixa, tendo em vista a natureza de sua atividade operacional, cujo objeto fim é a compra de duplicatas a vencer com *deságio*.

Ressalte-se que as autoridades fiscais poderão vir a enquadrar tal operação no conceito de aplicação de renda fixa, sujeitando-a às normas legais de tributação, podendo a empresa questionar a legalidade de tal ato administrativo.

* Este percentual, admitido como dedutível na apuração do lucro real, foi reduzido à metade, passando para 1,5% (Lei n. 8.541/92).

Imposto sobre serviços — ISS

É nosso entendimento que as operações de "factoring" não estão sujeitas à incidência do Imposto sobre serviços de qualquer natureza (ISS), embora haja correntes de pensamento que aceitem a ocorrência de prestação de serviços no caso.

O fato é que a operação de "factoring" não caracteriza serviço sujeito à imposição do tributo municipal. Amparamo-nos nas palavras do jurista Luiz Fernando Hofling (in *Revista de Direito Mercantil* n. 59, 1985, p. 74), para quem não há incidência do ISS nas operações de "factoring", visto que nelas não são vislumbráveis as condições e requisitos suficientes a tal incidência, uma vez que não existe serviço, mas compra e venda de títulos.

Nesse tributo, o conteúdo da incidência tributária fica vinculado à prestação de serviços e, no contrato típico de "factoring", esse serviço não se apresenta, dado que, por seu intermédio, a "factor house" adquire os direitos creditórios do cedente, passando a tratá-los como coisa própria, e ninguém, evidentemente, presta serviços a si próprio.

Entretanto, é praxe a cobrança de uma taxa nas operações de "factoring" comumente à razão de um percentual do valor da operação, das empresas faturizadas pela prestação de serviços de cadastro, análise e avaliação de riscos, assessoria financeira, contábil e mercadológica ou mesmo intermediação de faturação.

É indubitável que haverá incidência do Imposto sobre Serviços se referidas taxas forem cobradas exclusivamente sobre elas.

Imposto sobre Operações Financeiras — IOF

Através da Resolução BACEN n. 1.301/87, o Banco Central do Brasil determinou a incidência do IOF quando qualquer instituição financeira adquirir de outra empresa não financeira os direitos de crédito desta.

A questão não é pacífica na doutrina, e alguns autores defendem a teoria de que as empresas de "factoring" poderiam ser enquadradas entre as categorias de instituições financeiras, já que a incidência do imposto está condicionada à sua natureza jurídica.

Entretanto, o direito positivo brasileiro não as caracterizou como instituições financeiras; em decorrência, não incide o IOF nas operações praticadas pelas empresas de "factoring". Corrobora essa posição a norma da Circular n. 1.359/89 do BACEN, que revogou a Circular n. 703/82 do mesmo órgão, as quais consideravam que as operações de "factoring" apresentavam características e particularidades próprias daquelas privativas de instituições financeiras autorizadas pelo Banco Central.

Programa de Integração Social — PIS

Considerando ser sua base de cálculo a receita operacional bruta auferida em cada mês, que conforme dispõe o § 2º, artigo 1º do Decreto-lei n. 2.445/88, compõe-se do somatório das receitas que dão origem ao lucro operacional, na forma da legislação do imposto de renda.

O artigo 175 do RIR/80 (Regulamento do Imposto de Renda), por sua vez, determina que será classificado como lucro operacional o resultado das atividades, principais ou acessórias, que constitua objeto da pessoa jurídica.

Não vislumbramos, assim, a possibilidade de exclusão, por parte das empresas de "factoring", de quaisquer outros itens além daqueles listados pela legislação mencionada, que se restringe às reversões de provisões e às recuperações de créditos que não representem ingressos de novas receitas e o resultado positivo de avaliação de investimentos pelo valor de patrimônio líquido.

Confis

A Lei Complementar n. 70, de 30 de dezembro de 1991, determinou como base de cálculo desta contribuição o *"faturamento mensal, assim considerado a receita bruta de vendas de mercadorias, de mercadorias e serviços e de serviços de qualquer natureza"*.

Porém o objeto das empresas de "factoring" não se restringe exclusivamente à prestação de serviços; está relacionado com a garantia, gestão de créditos e financiamento (sobre o assunto, reportamo-nos ao comentário a respeito da tributação da operação pelo Imposto sobre Serviços). Por outro lado, também não realiza a venda de mercadorias, que constitui uma outra hipótese de incidência do CONFIS. Nesse sentido, entendemos que a exigibilidade da contribuição sobre a receita bruta de tais empresas poderia ser contestada na esfera judicial, uma vez que a base de cálculo do tributo, no caso dessas empresas, não está devidamente definida na legislação específica, tampouco suas operações se enquadram no conceito de faturamento.

Conclusão

Em decorrência do exposto, podemos concluir que a implementação dessa operação resultará nos seguintes efeitos fiscais:

Empresas ligadas/"holding":

— incremento do saldo credor da correção monetária de balanço, passível de diferimento da tributação pelo lucro inflacionário;

— a correção monetária oriunda de negócios de mútuo não é base de cálculo do PIS e não pode ser enquadrada como aplicação de renda fixa;

— a aplicação de recursos em negócios de mútuo afasta a tributação exclusiva de fonte prevista para aplicações financeiras de renda fixa ou variável.

"Factoring":

— ocorrerá a postergação do imposto de renda cuja tributação dá-se no recebimento do título;

— a incidência de ISS ou CONFIS sobre a receita auferida pode ser questionada judicialmente.

A utilização dessa operação pelas empresas do grupo deverá ser analisada, individualmente, considerando as peculiaridades contábeis e fiscais de cada empresa. Isto porque a operação poderá não ser vantajosa para as empresas que apresentem lucratividade operacional e porque, apesar da tributação exclusiva da fonte pelo IR sobre as aplicações financeiras, a carga fiscal da empresa poderá vir a ser reduzida se compararmos a atual legislação com a vigente até dezembro de 1992.

Ainda, no caso do Imposto Provisório sobre Movimentação Financeira, que impõe uma taxação de 0,25% sobre todos os cheques emitidos, a implementação desta alternativa poderá resultar inviável.

DIREITO TRIBUTÁRIO ATUAL

A NÃO INCIDÊNCIA DO ICMS NA EXPORTAÇÃO DE PRODUTOS INDUSTRIALIZADOS

Em atenção à consulta de V. Sas. sobre a incidência de ICMS na exportação de ferroligas, silício e inoculantes, concluímos pela não caracterização dos produtos como semi-elaborados e conseqüentemente pela não incidência do ICMS nas operações que os destinarem ao exterior. Abaixo fornecemos os elementos de fato e de direito que fundamentaram esta conclusão.

A Constituição Federal de 1988, em seu artigo 155, § 2º., inciso X, alínea "a", dispõe:

"Art. 155. Compete aos Estados e Distrito Federal instituir:

"I. Impostos sobre:

"(...)

"b) operações relativas a circulação de mercadorias e sobre a prestação de serviços de transporte interestadual e intermunicipal e de comunicação, ainda que as operações e as prestações se iniciem no exterior;

"*§ 2º. O imposto previsto no inciso I, b*, atenderá ao seguinte:

"(...)

"X. Não incidirá:

"a) sobre operações que destinem ao exterior produtos industrializados, excluídos os semi-elaborados definidos em Lei Complementar."

Em cumprimento ao disposto na Constituição Federal, o legislador infraconstitucional através da Lei Complementar n. 65/91 conceituou os semi-elaborados, para fins de incidência do ICMS, nos seguintes termos:

"Art. 1º. É compreendido no campo de incidência do Imposto sobre Operações Relativas à Circulação de Mercadorias e sobre a Prestação de Serviços de Transporte Interestadual e Intermunicipal, e de Comunicação — ICMS o produto industrializado semi-elaborado destinado ao exterior:

"a) que resulte de matéria-prima de origem animal, vegetal mineral sujeita ao imposto quando exportada "in natura";

"b) cuja matéria-prima de origem animal, vegetal ou mineral não tenha sofrido qualquer processo que implique modificação da natureza química originária;

"c) cujo custo da matéria-prima de origem animal, vegetal ou mineral represente mais de sessenta por cento do custo do correspondente produto, apurado segundo o nível tecnológico disponível no país."

Portanto, a Constituição Federal conferiu imunidade aos produtos industrializados quando exportados.

No dizer de Amílcar de Araújo Falcão, imunidade é "*uma forma qualificada ou especial de não-incidência, por supressão, na Constituição, da competên-*

cia impositiva ou do poder de tributar, quando se configuram certos pressupostos, situações ou circunstâncias previstos pelo estatuto supremo" (in "Imunidade e isenção — instituição de assistência social", *RDA* 66/367).

Aliomar Baleeiro, neste mesmo sentido, definiu as imunidades em "*vedações absolutas ao poder de tributar certas pessoas (subjetivas) ou certos bens (objetivas) e, às vezes, uns e outros*" (in *Direito Tributário Brasileiro*, 9ª ed., p. 87).

A imunidade pressupõe, assim, a inexistência da competência legislativa para inovar sobre a matéria. Ou seja, enquanto perdurar a Constituição não poderá legislador infraconstitucional colocar no campo de incidência do ICMS produtos industrializados quando destinados ao exterior.

No entanto, estão fora do campo da imunidade os semi-elaborados definidos em Lei Complementar.

Pontes de Miranda (in *Tratado de Direito Privado*, Borsói, RJ, 1970, Vol. I, Prefácio, p. IX) ensina que "*as regras jurídicas marcam, dizem o que se há de se considerar jurídico e, por exclusão, o que se não há de considerar injurídico. Donde ser útil precisar-se em termos de topologia: o que entra e o que não entra no mundo jurídico*".

Assim, interpretando-se a disposição constitucional a lei complementar só poderia qualificar como semi-elaborados produtos não industrializados. Somente isso lhe competia, pois a Constituição fixou uma regra de exclusão de competência tributária, como já dito, a imunidade do ICMS para a exportação dos produtos industrializados.

Nesta linha, Geraldo Ataliba, antes da edição desta citada Lei Complementar, enfatizou: "*Em face dos critérios sistemático, literal, legal, jurisprudencial, não pode legislação infraconstitucional qualificar produtos inquestionavelmente industrializados como sendo semi-elaborados para, com isso, elidir comando constitucional imunizante" (in* RDT *48/89, p. 34).*

A Constituição de 1988 não forneceu um conceito explícito de produtos industrializados, necessários neste momento para melhor delinear a competência da Lei Complementar.

O Código Tributário Nacional, entretanto, define no parágrafo único do artigo 46 que produto industrializado é aquele "*que tenha sido submetido a qualquer operação que lhe modifique a natureza ou a finalidade, ou o aperfeiçoe para o consumo*".

Por sua vez, a norma regulamentar do Imposto sobre Produtos Industrializados — IPI, define produto industrializado como sendo aquele resultante de qualquer operação que modifique a natureza, o funcionamento, o acabamento, a apresentação ou a finalidade do produto, ou que o aperfeiçoe para consumo.

Este é o conceito aceito de modo geral pela maior parte da doutrina e que, a nosso ver, o constituinte tomou como referencial para elaborar o texto de 1988. Ainda porque parece-nos claro que a Constituição, tendo reproduzido em linhas gerais o sistema anterior, nos pontos onde não o modificou, quis mantê-lo.

Resta-nos concluir que semi-elaborado não é um produto industrializado e vice-versa; é coisa pela metade, é semi. Industrializado e semi-elaborado são conceitos excludentes.

Na citada obra, Geraldo Ataliba, deixa-nos claro esta afirmação ao expor: "*semi-elaborado não pode ser produto industrializado, ... é termo aberto, ainda sem conteúdo preciso, destituído, de conotação positiva clara... nem por isso estaria qualquer intérprete autorizado a confundi-lo com produto industrializado, termo técnico claro e definido, já tradicional no nosso Direito positivo*".

Em idêntica linha, Hamilton Dias de Souza e Marco Aurélio Greco, em consulta publicada na *RDT* 47/89, p. 82, enfatizaram: "*Assim, não é o fato de o produto ter passado por um rudimentar processo de industrialização que ele poderá ser considerado semi-elaborado, pois o relevante é verificar se ainda há necessidade de alguma ulterior etapa de industrialização. Se a industrialização rudimentar ou singela já for suficiente para tornar o produto integralmente elaborado, a lei complementar não poderá defini-lo para o fim de excluí-lo da imunidade, pois neste caso estaria sendo violada a disposição constitucional.*"

Neste sentido, foram apresentados dois laudos, sendo um do Instituto de Pesquisas Tecnológicas do Estado de São Paulo — IPT e o outro da Fundação Centro Tecnológico de Minas Gerais, ambos concluindo que os produtos objeto da presente consulta sofrem alterações significativas que lhe alteram a natureza, formando um novo produto que não mais pode ser definido como semi-elaborado, afastando-os assim da incidência do ICMS quando da sua exportação, vejamos:

"*Pode-se concluir, sem sombra de dúvidas, que nos processos de calcinação, lixiviação, fusão redutora e redefinição são produzidas profundas transformações químicas que alteram as estruturas cristalinas das espécies minerais presentes e também das estruturas moleculares das espécies orgânicas, que deixam de existir nas suas formas originais. Mais ainda, para que ocorra transformação da "natureza química originária" basta que uma única espécie, envolvida no processo em questão se altere e, no caso presente de ferroligas, todas as espécies envolvidas no processo sofrem alterações. Seja qual for, a interpretação do termo "natureza química originária", ocorre alteração (ões) da matéria prima que alimenta o processo de ferroliga, pelo simples conceito de que toda a reação química gera novos produtos. Então, todos os ferroligas, cujos processos estão descritos nesse laudo técnico, estão fora da definição de semi-elaborados, na mencionada lei*" (Fundação Centro Tecnológico de Minas Gerais, Belo Horizonte, 15 de outubro de 1991).

"*Pelo que foi apresentado no item 3 do presente laudo técnico, somos de parecer que as matérias-primas principais necessárias para a produção das ferroligas, silício metálico e inoculantes (listados no item 1) sofrem importantes processos e irreversíveis transformações e modificações químicas durante o processo de produção*" (Instituto de Pesquisas Tecnológicas do Estado de São Paulo — IPT, São Paulo, 13 de janeiro de 1992).

Como vimos, os laudos apresentados afastam os produtos em análise do conceito de produtos semi-elaborados de que trata a Lei Complementar 65/91. Ainda, consoante o conceito estabelecido na Lei Complementar, para que o produto seja considerado semi-elaborado, faz-se necessário que o custo da matéria-prima empregada represente mais de 60% do seu custo total, e conforme parecer emitido pela empresa de auditoria independente, o material indireto que compõe o custo desses produtos identificados como ferro, silício, ligas e inoculantes representa cerca de 36% do custo total. Portanto, também pelo não cumprimento desta condição descrita, na alínea "c" do artigo 1º da Lei Complementar 65/91, como necessária à caracterização do produto como semi-elaborado, os produtos em análise não estão, na exportação, sujeitos à incidência do ICMS.

NOTICIÁRIO

LIVROS

*AS CONTRIBUIÇÕES SOCIAIS NO SISTEMA TRIBUTÁRIO**

WAGNER BALERA

José Eduardo Soares de Mello, Professor de Direito Comercial e Tributário na Fundação Getúlio Vargas, Advogado e Juiz do Tribunal de Impostos e Taxas, acaba de dar à estampa livro cujo tema é atualíssimo: *As Contribuições Sociais no Sistema Tributário*.

Sustenta, com sobriedade e segurança, pontos de vista que reacendem a polêmica da natureza jurídica sobre as exações devidas ao sistema de seguridade social brasileiro.

Partidário da estrutura normativa engendrada por Hans Kelsen, que identifica certa hierarquia entre as normas do Direito Positivo — há princípios no sistema que, sendo preeminentes, devem ser observados pelas demais regras — o autor cuida da aplicabilidade de tais princípios aos tributos que examina. Destaca, no particular, os princípios tributários que devem ser observados na criação de contribuições sociais: o da capacidade contributiva; o da vedação de confisco, o da isonomia, o da legalidade, e o da anterioridade. Explica temas correlatos como o do mecanismo da não-cumulatividade e as diretrizes das imunidades.

Ao discorrer sobre a natureza jurídica específica de cada uma das contribuições definidas pela Constituição de 1988, o autor critica as classificações propostas pela doutrina.

Como se sabe, há diversas classificações para os tributos, que partem, explica José Eduardo, de pressupostos distintos e, como é obvio, só podem chegar a posições antagônicas. Sublinha que há dado novo a ser considerado: o da *parafiscalidade obrigatória*, a impor peculiar regime jurídico ao tributo em questão.

* Malheiros Editores, São Paulo, 1993.

Examina a sujeição ativa e passiva, a base de cálculo e a materialidade de cada uma das contribuições que financiam a seguridade social — incidentes sobre a folha de salários; sobre o faturamento e sobre o lucro — acabando por concluir que se trata de espécies de impostos, quando cobradas dos empregadores, e de taxas, quando recaem sobre o salário dos trabalhadores.

Sustenta a inconstitucionalidade, assim do Finsocial como do recém-criado tributo sobre o faturamento, a contribuição para o financiamento da seguridade social — COFINS — e considera que somente mediante lei complementar poderão ser instituídas outras fontes de custeio para o sistema de proteção social (para estas, aliás, prevalece a sistemática da não cumulatividade já prevista para o IPI, o ICMS e o ISS).

Conclui que o tributo devido pelos trabalhadores que atuam em regime de economia familiar, de que cuida o § 8º do art. 195 da Constituição, deverá ser criado por lei complementar.

Ao finalizar o trabalho, concebido inicialmente como tese de doutoramento, aliás aprovada por comissão examinadora na defesa pública realizada junto ao Programa de Pós-Graduação em Direito da Pontifícia Universidade Católica de São Paulo, o autor acaba por enriquecê-lo com nada menos que cinqüenta conclusões objetivas, cada uma, ainda quando altamente polêmica, traduzindo notável aporte científico ao estudo de tema tão mal cuidado pela literatura especializada.

NOTICIÁRIO

IDEPE - INSTITUTO INTERNACIONAL DE DIREITO PÚBLICO E EMPRESARIAL

VII CONGRESSO BRASILEIRO DE DIREITO TRIBUTÁRIO (SETEMBRO DE 1993 — SÃO PAULO)

Trabalhos aprovados

Trabalho n. 1 — "COMPENSAÇÃO DO FINSOCIAL PAGO INDEVIDAMENTE COM O COFINS"

Autores: Dr. Aroldo Gomes de Mattos
Dr. Sérgio Sahione Fadel

Resumo

O Finsocial criado pelo Decreto-lei n. 1940/82, teve sua alíquota que era de 0,5%, sucessivamente majorada para 1,0% (Lei 7.787/89), para 1,2% (Lei 7.894/89) e para 2% (Lei 8.147/90) até ser extinto pela Lei Complementar n. 70/91 em março de 1992.

O Supremo Tribunal Federal declarou inconstitucionais os aumentos de alíquotas, abrangendo o período de setembro de 89 até março 92.

A decisão do STF que produz efeitos "erga omnes" por força do disposto no artigo 52, X da Constituição Federal, tem como conseqüência o surgimento do direito dos contribuintes de verem ressarcidos o que foi recolhido a maior.

A forma legal adequada e eficaz de os contribuintes fazerem valer esse direito é a compensação com as contribuições vincendas do COFINS.

O art. 170 do Código Tributário Nacional prevê que a lei pode, nas condições que estipular, permitir que a autoridade administrativa possa autorizar a compensação de créditos tributários do sujeito passivo contra a Fazenda Pública.

O artigo 66 da Lei n. 8.383/91 permitiu que os contribuintes poderão compensar os pagamentos indevidos ou a maior dos tributos e contribuições federais, estabelecendo os seguintes aspectos:

- a compensação só poderá ser efetuada entre *tributos* e *contribuições* da mesma espécie;

- a compensação será efetuada pelo valor do *imposto* ou *contribuição* corrigido monetariamente com base na UFIR.

O Finsocial e COFINS são tributos da mesma espécie tributária pois apresentam identidade sob o aspecto pessoal e material.

Sob o aspecto pessoal foram tributos instiuídos pela União e cobrados pelo Departamento da Receita Federal; têm, portanto, identidade quanto ao ente impositivo e o órgão arrecadador.

Sob o aspecto material são impostos residuais ou afetados a finalidade específica e possuem, além do mais: o mesmo fato gerador; a mesma base de cálculo; a mesma alíquota; o mesmo órgão arrecadador, a mesma finalidade; os mesmos sujeitos passivos e ativo.

A Instrução Normativa n. 67/92 é ilegal porque pretendeu restringir o alcance da Lei n. 8.383/91, ao estabelecer que a compensação só poderia se dar entre tributos que tivessem o mesmo código de receita e a correção só ser feita em UFIR, o que vale dizer, somente após 1.1.92.

Os valores a serem compensados estão sujeitos a juros de mora, porque se a Fazenda Pública cobra juros de mora dos contribuintes inadimplentes, também deve pagar nos casos de indébito tributário.

Conclusões aprovadas:

— os contribuintes têm indiscutível direito ao ressarcimento, com correção monetária, dos pagamentos efetuados em decorrência dos aumentos de alíquotas do Finsocial, considerados inconstitucionais pelo STF (*aprovada por unanimidade*).

— Tal ressarcimento poderá ser feito mediante compensação com prestações vincendas do COFINS ou com outro tributo ou contribuição da mesma espécie (*aprovada por maioria*).

Trabalho n. 2 — "DEDUTIBILIDADE DA PROVISÃO DO IMPOSTO DE RENDA NA BASE DE CÁLCULO DA CONTRIBUIÇÃO SOCIAL SOBRE O LUCRO E COMPENSAÇÃO DE PREJUÍZOS ACUMULADOS ATÉ 31 DE DEZEMBRO DE 1991 (LEI N. 7.689/88)"

Autor: João Dácio Rolim

Resumo

A Lei n. 7.689/88 que instituiu a Contribuição Social sobre o Lucro dispõe que a sua base de cálculo seria o valor do resultado do exercício, antes da provisão para o imposto de renda.

Posteriormente as Instruções Normativas ns. 198/89 e 92/92 determinaram que o resultado negativo (prejuízo) apurados até o exercício de 1.991, não poderiam ser compensados na determinação da base de cálculo da Contribuição Social sobre o lucro.

O autor conclui que essas restrições são inconstitucionais e ilegais pois devem ser cotejadas com os princípios constitucionais como o do conceito de lucro e vedação do tributo com efeito de confisco; conceito de lucro no direito privado, princípio da interdependência dos exercícios sociais, natureza jurídica do prejuízo fiscal, princípio da continuidade da empresa, e da analogia que deve existir entre a contribuição social, o lucro, o imposto de renda e imposto sobre o lucro líquido.

Conclusões:

A) Relativamente à compensação de prejuízos para a apuração da base de cálculo da contribuição social sobre o lucro (art. 195, I, da CF de 1988 e Lei n. 7.689/88), há pelo menos os seguintes argumentos que impedem qualquer restrição àquele direito:

1. Inexistência de expressa restrição a compensação de prejuízos na Lei 7.689/88 (ilegalidade das Instruções Normativas 198/89 e 90/92), embora a expressão "resultado do exercício" pudesse dar margem à incidência da referida restrição;

2. Analogia com a legislação do ILL (Lei 7.713/88), em que a compensação de prejuízos é permitida, sem qualquer restrição;

3. Conceito constitucional de lucro, prevalecendo o conceito de Direito Comercial, que não pode ser alterado pela lei tributária (art. 110 do CTN), aplicável o conceito da lei societária, onde a compensação de prejuízos é obrigatória (art. 189 da Lei 6.404/76);

4. Natureza jurídica do prejuízo como perda patrimonial e não como favor fiscal;

5. Princípios da continuidade da empresa, da hereditariedade do fenômeno patrimonial, da solidariedade ou interpenetração dos exercícios, que se sobrepõem à independência dos exercícios;

6. Competência tributária da União para instituir tributo sobre lucro e não sobre capital ou patrimônio (a não-dedução de prejuízos descapitaliza a empresa, atingindo o valor da contribuição social o capital da pessoa jurídica);

7. Vedação da utilização do tributo com efeito confiscatório, principalmente quando o valor do prejuízo acumulado absorveria todo o lucro do exercício seguinte;

8. O princípio da não-paridade de tratamento entre lucro e prejuízo ínsito a legislação complementar e ordinária, exige a dedução de prejuízo certo e já realizado, sem qualquer restrição;

9. Análise do Direito Comparado, em que não há restrição a compensação de prejuízos, mesmo não havendo proteção rígida aos direitos do contribuinte, tal como a distinção entre capital e lucro em nível constitucional.

B) Com relação à dedução da provisão para o imposto sobre a renda na determinacão da base de cálculo da contribuição social sobre o lucro, há os seguintes fundamentos de natureza constitucional e da legislação complementar para afastar a ilegítima e inconstitucional restrição do artigo 2º da Lei n. 7.689/88 ("A base de cálculo da contribuição é o valor do resultado do exercício, *antes da provisão para o imposto de renda*"):

1. Conceito constitucional de Lucro, prevalecendo o conceito de direito comercial, que não pode ser alterado pela lei tributária (art. 110 do CTN), devendo prevalecer o conceito da lei societária, onde a dedução do Imposto de Renda é obrigatória (art. 189 da Lei n. 6.404/76);

2. Competência tributária da União para instituir tributo sobre lucro e não sobre capital ou patrimônio (a não dedução da Provisão de IR descapitaliza a empresa, atingindo o valor da contribuição social, o capital da pessoa jurídica);

3. Natureza Jurídica da Provisão do IR como despesa redutora do Lucro da empresa;

4. Vedação da utilização do tributo com efeito confiscatório, principalmente quando o valor das sucessivas indedutibilidades acabarem por absorver o patrimônio da empresa;

5. O princípio da não paridade de tratamento entre lucro e prejuízo, ínsito à legislação complementar, possibilita a dedução de redução patrimonial provável e exige-a quando ela se torna certa e já realizada;

6. Violação do princípio da isonomia, o qual exige tratamento jurídico semelhante para situações similares, pois a Lei n. 7.713/88 (art. 35), que regula o Imposto de Renda sobre o Lucro Líquido (ILL), estabelece a dedução da Provisão para o Imposto de Renda para determinação da sua base de cálculo, sendo sempre inconstitucional a lei que estabelece uma discriminação injustificada sem critério jurídico e não a lei que reconhece a justiça de uma situação jurídico-positiva, segundo entendimento da doutrina, secundada pela jurisprudência do Supremo Tribunal Federal.

Conclusão aprovada

As restrições à dedutibilidade da provisão do imposto de renda, na base de cálculo da contribuição social sobre o lucro e a compensação de prejuízos acumulados até 31 de dezembro de 1991 (Lei n. 7.689/88), são inconstitucionais e ilegais, pois devem ser cotejadas com os princípios constitucionais como o do conceito de lucro e vedação do tributo com efeito de confisco, conceito de lucro no direito privado, princípio da interdependência dos exercícios sociais, natureza jurídica do prejuízo fiscal e da provisão para o IR como perdas patrimoniais, princípio da continuidade da empresa, da isonomia e da analogia que deve existir entre a Contribuição Social sobre o lucro, o Imposto de Renda e Imposto sobre o Lucro Líquido (*aprovada por maioria*).

Trabalho n. 3 — "A INVALIDADE DA SUPRESSÃO DO PRINCÍPIO DA ANTERIORIDADE, AINDA QUE ATRAVÉS DE EMENDA CONSTITUCIONAL".
Autor: Egon Bockmann Moreira

Resumo

O autor busca demonstrar a inviabilidade jurídica da supressão do princípio da anterioridade no Direito Tributário, ainda que o veículo normativo que pretenda abolir exteriorize-se como emenda constitucional.

Tecendo considerações sobre as Constituições rígidas e flexíveis, afirma enquadrar-se a Constituição Brasileira no primeiro tipo, o que significa que ela possui cláusulas pétreas implícitas e explícitas.

Reporta-se ao art. 60, § 4º, inciso IV, da Carta Magna, o qual expressa a proibição de deliberação da proposta da emenda tendente a abolir os direitos e garantias individuais. Constituindo-se o princípio da anterioridade num direito individual, de vez que imbricado com os princípios do Estado de Direito, da segurança jurídica e da livre iniciativa, entre outros, não poderia ser objeto de emenda constitucional.

Conclusões aprovadas
(por unanimidade)

— Em virtude de a Constituição brasileira de 1988 ser rígida, algumas de suas cláusulas são intransponíveis. Entre elas figura o princípio da anterioridade.

— Este princípio não pode ser abolido ou diminuído por atividade estatal oriunda de qualquer dos poderes constituídos, de vez que isso implicaria violação dos princípios do Estado Democrático de Direito, da Segurança Jurídica e da livre empresa, dentre outros.

— Na hipótese de o Poder Legislativo deliberar no sentido de suprimir a anterioridade, o resultado disso jamais se incorporará ao ordenamento jurídico (constitucional ou infra), ainda que em decorrência de emenda constitucional.

— Ao Poder Judiciário, no exercício de sua função constitucional, caberá fulminar emenda com tal teor.

Trabalho n. 4 — "O SENTIDO DA NÃO-CUMULATIVIDADE"
Autor: Renato Lopes Becho

Resumo

O Autor aborda as acepções do termo não-cumulatividade tendo em vista os dispositivos constitucionais que se referem a essa expressão.

Inicialmente, reporta-se a artigo de sua autoria publicado em jornal da Universidade Federal de Viçosa, em que se manifestara acerca da impossibilidade de instituição do IPMF com base no artigo 154, I da Constituição Federal, em face do princípio da não-cumulatividade, cuja observância é exigida por aquele dispositivo constitucional e que não poderia ser aplicado em tributo cuja base de cálculo é a circulação de dinheiro.

Posteriormente apresenta seu conceito de não-cumulatividade, apoiado na doutrina de Aliomar Baleeiro, relacionando esse princípio à idéia de compensação do valor devido em cada operação, a título de imposto, com os valores cobrados nas operações anteriores, de forma que o tributo incida apenas sobre o incremento, o valor agregado a cada operação.

Salienta, todavia, que esse entendimento não é unânime, uma vez que há autores que dão ao termo não-cumulatividade sentido mais amplo, que também alcançaria a proibição da incidência de mais de um imposto sobre um único fato operador.

Reportando-se ao XVI Simpósio Nacional de Direito Tributário, apresenta três posições da doutrina nacional acerca do sentido da não-cumulatividade.

A primeira, referindo-se à tributação sobre o valor agregado, no sentido de se descontarem os valores pagos nas operações anteriores. A segunda, relacionando o termo não-cumulatividade com a não incidência do imposto sobre fatos já tributáveis, ou seja, vedando a cumulação com outros impostos. A terceira, por fim, admitindo os dois sentidos apontados acima, isto é, (*i*) como técnica de tributação sobre o valor agregado a (*ii*) como vedação à incidência do imposto sobre fatos geradores já tributáveis.

Em seguida, procedendo aos métodos clássicos de interpretação, o Autor procura chegar à sua conclusão.

Pelo método gramatical, entende que o termo não-cumulatividade deve ser utilizado em um único sentido. Assim, tal como o é para o IPI e o ICMS, a não-cumulatividade prevista no artigo 154, I, da Constituição Federal refere-se à compensação do que for devido em cada operação com o montante cobrado nas operações anteriores.

Pelo método lógico-sistemático o Autor chega à mesma conclusão, aduzindo que a não-cumulatividade é princípio constitucional, e, como tal, norteador das demais normas do ordenamento jurídico. Assim, não haveria sentido em interpretá-la de forma dissonante daquela apontada pela Constituição Federal para o IPI e o ICMS.

O método teleológico e o histórico-evolutivo, por fim, são analisados pelo Autor de forma conjunta, permitindo-lhe afirmar que os impostos cobrados em cascata representam anacronismo e atraso, uma vez que a não-cumulatividade, princípio consagrado pela Constituição Federal de 1988, é técnica de tributação mais avançada, que caracteriza uma evolução do sistema normativo, por incidir apenas sobre o acréscimo econômico de cada operação.

Conclusão aprovada por unanimidade

Conclui, assim, o autor, que a não-cumulatividade deve ser entendida apenas como proibição da cobrança do imposto em cascata, não se identificando com a vedação de cobrança de imposto sobre fato gerador ou base de cálculo já tributados.

Trabalho n. 6 — "OBSERVAÇÃO SOBRE AS INOVAÇÕES TRIBUTÁRIAS TRAZIDAS PELO § 7º INTRODUZIDO AO ART. 150 DA CONSTITUIÇÃO FEDERAL, PELA EMENDA CONSTITUCIONAL N. 3, DE 17.3.93".

Autora: Karen Alvarenga de Oliveira

Resumo

A autora insurge-se, em seu trabalho, contra o § 7º ao artigo 150 da Constituição da República, a esta acrescido pela Emenda Constitucional n. 3/93, que tem o seguinte teor:

"art. 150, § 7º — a lei poderá atribuir a sujeito passivo de obrigação tributária a condição de responsável pelo pagamento de imposto ou contribuição, cujo fato gerador deva ocorrer posteriormente, assegurada a imediata e preferencial restituição da quantia paga, caso não se realize o fato gerador presumido".

Observa a autora que, havendo a possibilidade de a União presumir a ocorrência do fato gerador de qualquer tributo, obrigações tributárias nasceriam sem que a pessoa realizasse, de forma cabal, o previsto em a norma jurídica. O legislador descreveria na lei qualquer fato ou situação, daria a eles a conseqüência de pagar tributo, determinando um responsável e, sem esperar que o fato viesse a ocorrer, cobraria o imposto ou a contribuição. Assim, poderia o legislador editar a lei e, concomitantemente, o administrador efetuar o lançamento. Os cidadãos receberiam, juntamente com o Diário Oficial, a publicação da lei e a notificação para pagar o tributo.

"Passando em revista institutos importantes do Direito Tributário, tais como as limitações constitucionais ao poder de tributar sujeição passiva (contribuinte e responsável tributário), classificação dos tributos, presunção e repetição do indébito, a tesista conclui que, por violar inúmeros princípios constitucionais, o parágrafo em questão deve ser banido do ordenamento jurídico brasileiro.

Conclusões aprovadas

— Alguém somente manifesta capacidade de contribuir para os gastos públicos quando realizar o fato gerador do tributo. O parágrafo 7º do artigo 150 da C.F., fere, pois, o princípio da capacidade contributiva, ao presumir como gerador um fato que ainda não ocorreu (*aprovada por unanimidade*).

— Ofende o princípio da irretroatividade imprópria da lei por atuar num presente ainda não concluído (*aprovada por maioria*).

— Não se aplica, na hipótese, o princípio da "praticabilidade", pois o Estado não pode, a pretexto de simplificar a interpretação, aplicação e fiscalização da lei, presumir a ocorrência de fatos geradores, impondo conseqüências limitadoras dos direitos e garantias individuais consagrados na Constituição. Estes últimos não estão sujeitos sequer a emenda constitucional, já que se trata de cláusulas pétreas e, portanto, imutáveis (art. 6º, da CF) (*aprovada por maioria*).

— A repetição do indébito deve ser tida como exceção. O princípio do "*solve et repete*" é incompatível com o Estado Democrático de Direito (*aprovada por unanimidade*).

Trabalho n. 7 — "DEPÓSITO COMPULSÓRIO DA LEI N. 4.595/64. NATUREZA JURÍDICA — CIRCULAR N. 2.175/92 DO BANCO CENTRAL DO BRASIL — ASPECTOS LEGAIS E CONSTITUCIONAIS — EMPRÉSTIMO COMPULSÓRIO."

Autor: João Dácio Rolim

Resumo

A Lei n. 4.595/64, art. 4º, (*i*) conferiu competência ao Conselho Monetário Nacional para instituir recolhimento compulsório calculado sobre até 60% do total dos depósitos e/ou outros títulos contáveis das instituições financeiras, seja na forma de subscrição de certos títulos públicos, seja através de recolhimento em espécie; (*ii*) atribuiu ao Banco Central do Brasil capacidade ativa para recebimento de tais recolhimentos.

A Lei n. 7.730/89, modificou esses preceitos de forma a atribuir ao Banco Central do Brasil não só a capacidade ativa, como também competência para a instituição de tais recolhimentos. Modificou-se, ainda o percentual de cálculo do recolhimento, fixando-se montantes equivalentes a até 100%, dos depósitos à vista e de até 60% dos demais títulos contábeis das instituições financeiras.

Sucede que na vigência da Constituição Federal de 1988 passou a caber à lei complementar a definição das atribuições do Banco Central do Brasil (art. 92), tendo ocorrido, sob esse aspecto, recepção da Lei n. 4.595/64 que, apesar de não ter cumprido o processo legislativo previsto para edição da lei complementar, foi recebida como tal pela nova ordem constitucional. Conseqüentemente, a Lei n. 7.730/89, editada sob a forma de Lei ordinária, não poderia modificar disposições da Lei n. 4.595/64 (lei complementar), incidindo, pois, em inconstitucionalidade formal.

Sequer socorreria argumentar que o Conselho Monetário Nacional, até então competente para instituir o recolhimento compulsório, já havia, antes da nova lei, expressamente delegado essa competência ao Banco Central do Brasil. Isto porque a este somente foi autorizada a alteração das alíquotas para cálculo de tal recolhimento.

O recolhimento compulsório em causa é mecanismo de controle da quantidade da moeda em circulação, o que está em perfeita sintonia com a ordem constitucional (Constituição Federal, arts. 164 e 192), e sua instituição ou cobrança está de acordo com as atribuições constitucionais do Banco Central do Brasil, dado que a este foi conferida competência para emitir moeda e controlar a expansão da base monetária.

Entretanto, em que pese a tais atribuições do Banco Central do Brasil, não poderia o mesmo instituir empréstimo compulsório sobre a concessão de fiança bancária (Circular n. 2.175/92). Isto porque a prática desse ato não representa nem um direito, nem uma obrigação patrimonial dos bancos, tampouco ato que signifique, por si só, circulação de moeda. Conseqüentemente, a instituição do recolhimento compulsório, tendo por base atos de concessão de fiança, toma inadequada base de cálculo, mascarando, "in casu", verdadeiro empréstimo compulsório, e inconstitucional por não ter sido instituído por lei complementar e não atender aos requisitos da Constituição Federal, art. 48.

Por outro lado, a circular n. 2.175/92, ao pretender instituição de empréstimo compulsório sobre determinadas fianças bancárias (as prestadas em garantia judicial de tributos federais), incide em outra inconstitucionalidade. Isto porque viola os princípios constitucionais da isonomia; do livre acesso ao Poder Judiciário, além de não observar o devido processo legal.

Feitas essas constatações, há que também se concluir ter a autoridade monetária cometido ato com *desvio de finalidade*, porque, mesmo admitido o exercício de competência válida, a autoridade monetária pretendeu, com a circular assim emitida, inviabilizar acesso ao Poder Judiciário, finalidade esta, como demonstrado, não desejada pela lei.

Conclusões aprovadas por maioria

— A Lei n. 7.730/89 é inconstitucional, porque (*i*) sendo lei ordinária não poderia contemplar matéria destinada ao legislador complementar.

— A Circular n. 2.175/92 é inconstitucional, porque (*i*) restringe o acesso ao Poder Judiciário; (*ii*) fere o princípio da isonomia, já que somente atinge fianças bancárias destinadas a garantir discussões judiciais sobre tributos federais; (*iii*) desvia-se da finalidade do depósito compulsório, ao adotar base de cálculo inadequada (fiança), constituindo empréstimo compulsório não autorizado constitucionalmente.

NOTICIÁRIO

ILADT

Realizaram-se, de 5 a 11 de setembro de 1993, em Lima (Peru), as XVI Jornadas Latino-americanas de Direito Tributário. Sob a coordenação dos profs. Humberto Medrano e Angel Schindel, e presidência do professor Luis Hernandes Berenguel. O plenário aprovou conclusões nos seguintes termos:

XVI JORNADAS LATINOAMERICANAS DE DERECHO TRIBUTARIO LIMA — PERÚ DEL 05 AL 10 DE SETIEMBRE DE 1993

RESOLUCIÓN

Tema I: "El principio de seguridad jurídica en la creación y aplicación del tributo"

Considerando:

Que la seguridad jurídica constituye un principio a cuyo respeto aspira toda sociedad democrática.

Que corresponde a estas Jornadas señalar cuales son las condiciones más importantes que deben concurrir para tal fin.

Que de la Ponencia General, los informes nacionales y comunicaciones técnicas presentados, así como de las exposiciones realizadas en la Asamblea y del debate habido en la Comisión, se advierten amplias coincidencias.

Las XVI jornadas latinoamericanas de derecho tributario recomiendan:

1. La certeza y la vigencia plena y efectiva de los principos constitucionales son condiciones indispensables para la seguridad jurídica.

2. La seguridad jurídica es requisito esencial para la plena realización de la persona y para el desarrollo de la actividad económica.

3. Un Poder Judicial independiente e imparcial, al que se someta el Estado en una situación de igualdad con las otras partes, es condición indispensable de la seguridad jurídica.

4. La supresión de la regla "solve et repete" y de cualquier otro obstáculo al

acceso incondicionado e inmediato de todas las personas a la tutela jurisdiccional, así como la posibilidad de suspensión del acto impugnado, son necesarios para la igualdad de las partes.

5. Los principios de legalidad, jerarquía e irretroactividad resultan indispensables para evitar la incertidumbre en los contribuyentes, sin perjuicio de la retroactividad de las normas sancionadoras más favorables.

6. Es necesario que el ordenamiento tributario esté integrado por normas claras, precisas y estables. Por lo tanto, debe evitarse la minuciosidad, frecuencia y proliferación de disposiciones, las cláusulas derogatórias confusas, los reenvíos excesivos y las regulaciones oscuras, que son defectos frecuentes que conducen a la imperfección de la legislación tributaria. A tal fin, se subraya la necesidad de que los órganos legislativos utilicen para la redacción de las normas tributarias comisiones específicas constituídas por expertos.

7. Debe reconocerse el derecho del contribuyente a consultar sobre el contenido y alcance de las normas a aplicar a cada caso concreto. La administración debe responder en un plazo breve y perentorio, vinculándose a su respuesta.

8. La seguridad jurídica requiere el mantenimiento estricto del principio de legalidad. En caso de que la Constitución autorice la delegación de facultades legislativas, la ley debe respetar las condiciones establecidas por la Constitución y fijar con precisión los parámetros a los que debe ceñirse el Poder Ejecutivo en el ejercicio de tales facultades.

9. La legislación de emergencia emanada del Poder Ejecutivo no debe versar sobre materia tributaria. No obstante, si ello es permitido de modo excepcional por las disposiciones constitucionales, las normas de esta clase deben tener carácter transitorio, quedando sometidas a la ratificación del Poder Legislativo.

10. Las exenciones y beneficios tributarios concedidos por plazo determinado o bajo condición, no deben revocarse o reducirse antes del vencimiento de tal plazo o del cumplimiento de la condición, respecto de los contribuyentes que cumplieron con todos los requisitos exigidos por la ley que los otorgó. En caso contrario, el contribuyente debe ser indemnizado por los perjuicios que haya sufrido.

NOTICIÁRIO

VERSIÓN FINAL APROBADA SIN MODIFICACIONES XVI JORNADAS LATINOAMERICANAS DE DERECHO TRIBUTARIO LIMA — PERÚ DEL 05 AL 10 DE SETIEMBRE DE 1993

RESOLUCIÓN

Tema: "la imposicion sobre el patrimonio de las empresas y de las personas fisicas"

Vistos:

1. El informe del relator general profesor Angel Schindel;

2. Los informes nacionales recibidos para su tratamiento en estas Jornadas a saber:

— Argentina. Por los profesores José Daniel Litvak y Jorge Gebhardt;

— Brasil. Por el profesor Edvaldo Brito;

— España. Por el profesor Francisco Escribano;

— Italia. Por la profesora Piera Filippi;

— Perú. Por el profesor Enrique Vidal Henderson;

— Uruguay. Por el profesor Juan Carlos Peirano Facio;

3. Las comunicaciones técnicas preparadas por los profesores Vicente Oscar Díaz (Argentina), Domenicantonio Fausto (Italia), Mario Leccisotti (Italia) y César Albiñana García-Quintana (España);

4. Las opiniones vertidas durante los debates; y

CONSIDERANDO:

1. Que la diversificación de los instrumentos fiscales dentro del sistema tributario con el objeto de alcanzar las diferentes manifestaciones de capacidad contributiva coadyuva a una más equitativa distribución de la carga tributaria; dicho fin solo se logra en tanto los gravámenes se diseñen respetando los principios básicos de la imposición, se adecuen al medio económico social de aplicación y puedan ser eficazmente administrados;

2. Que el patrimonio juntamente com la renta y el consumo constituyen las manifestaciones de capacidad contributiva susceptibles de ser alcanzadas por tributos admitidas por la doctrina;

3. Que por patrimonio debe entenderse el conjunto de bienes y derechos menos las deudas atribuibles a toda persona física;

4. Que, en tal sentido, sólo debería gravarse mediante tributos periódicos la suma algebraica del conjunto de bienes y derechos de contenido económico apre-

ciables pecuniariamente, con exclusión a estos efectos de aquellos derechos inherentes a la persona, tales como el honor, la fama y las aptitudes personales;

5. Que debe evitarse la aplicación de impuestos sobre el patrimonio neto de las empresas, aún a título de complemento del impuesto que recae sobre la renta de las mismas o del que impone el patrimonio neto de las personas físicas, por los efectos distorsionantes que provocan en materia de inversiones y porque suelen ser trasladables, transformándose en una suerte de imposición híbrida sobre los consumos, con la consiguiente desnaturalización del objetivo perseguido con su creación y vulnerar patrones de equidad horizontal;

6. Que los tributos que alcanzan manifestaciones aisladas o parciales del patrimonio son criticables puesto que no miden con la precisión debida la respectiva manifestación de capacidad contributiva, discriminando en contra de los poseedores de tales manifestaciones patrimoniales y en contra de quienes las han adquirido con financiamiento de terceros. No obstante, los tributos sobre la propiedad inmueble y sobre ciertos bienes muebles registrables suelen ser admisibles por estar basados más en el principio del beneficio que en el de la capacidad contributiva;

7. Que en función de lo expuesto, los tributos sobre bienes o activos que se estructuran sin computar pasivos son formas espurias que no respetan el principio de capacidad contributiva;

8. Que los impuestos sobre los activos de las empresas constituyen, en realidad, formas presuntivas inadecuadas de imposición sobre la renta por lo que carecen de justificación al no recaer sobre manifestación aceptable de capacidad contributiva;

9. Que, por su estructura técnica, los impuestos sobre los activos empresarios discriminan en contra de la inversión y particularmente en contra de actividades de uso intensivo de capital y de nuevas empresas;

10. Que por ende, siendo la única forma recomendable de imposición equitativa sobre el patrimonio la que recae sobre las personas físicas, la decisión sobre su implantación deberá ponderar las dificultades de administración, especialmente los problemas de valuación y ocultamiento y el escaso rendimiento recaudatorio, propio de esta forma de imposición;

11. Que el derecho a la intimidad personal y familiar inherente al ser humano no debe ser violado mediante actuaciones administrativas indagatorias tendientes a individualizar bienes del hogar y otros de carácter estrictamente personal. Por ello, es aconsejable la adopción de mecanismos presuntivos para establecer tanto la existencia como el valor de tales bienes;

12. Que este gravamen debe estructurarse para que pueda ser satisfecho con la renta ordinaria, pues de lo contrario se constituiría en "leva de capital";

13. Que la progresividad emergente de su aplicación concurrente con el impuesto a las ganancias no debe constituir un freno a la inversión y al desarrollo;

Las XVI jornadas latinoamericanas de derecho tributario recomiendan:

1. El impuesto ordinario y anual sobre el patrimonio neto de las personas físicas es la forma más adecuada de gravar la capacidad contributiva exteriorizada por la tenencia de riqueza.

A tal efecto el impuesto debe estructurarse sobre base global incluyendo todos los bienes y derechos susceptibles de valoración económica, con excepción de aquellos inherentes a la persona. Deben ser deducibles las obligaciones pecuniarias a cargo del contribuyente y contemplar, en su caso, mecanismos tendientes a evitar la doble imposición interna o internacional.

La inadmisibilidad total o parcial del pasivo atenta contra las razones de equidad que justifican la implantación de este tipo de imposición y viola los principios de igualdad y de capacidad contributiva.

2. Los criterios de valuación de los bienes deben ser precisos, simples, coherentes con los de otras formas de imposición y estar dirigidos a determinar, en todos los casos, el valor real o de mercado de los bienes integrantes del patrimonio. Respecto de algunos elementos patrimoniales, por ejemplo muebles del hogar, joyas, colecciones, obras de arte y otros similares, es aconsejable recurrir a presunciones para establecer su existencia y valor, salvo opción a favor del contribuyente para su individualización y valuación según las reglas generales.

3. Las exoneraciones deben limitarse en todo lo posible, siendo recomendable el reconocimiento de um mínimo no imponible adecuado y la aplicación de alicuotas moderadas de carácter proporcional o levemente progresivas.

4. Se ponderen — al momento de decidir el establecimiento o mantenimiento de este tipo de tributo — juntamente con sus bondades teóricas, las dificultades derivadas de su compleja administración y su escasa potencialidad recaudatoria.

5. No deben establecerse impuestos sobre el patrimonio neto ni sobre los activos de las empresas. El patrimonio afectado a actividades empresariales debe ser incorporado, en su caso, en la base de cálculo del gravamen sobre las personas físicas titulares de ellas.

NOTICIÁRIO

ALFREDO AUGUSTO BECKER

No dia 20 de junho de 1992, morreu Alfredo Augusto Becker, em Porto Alegre, cidade onde nasceu. Foi advogado, escritor, poeta e, num mundo em que as pessoas buscam conquistar o bom êxito e a admiração social, procurou amigos e compreensão, encontrando alguns e também a lua, como assinalou em seu último livro.

Aos 34 anos de idade, deu à edição a *Teoria Geral do Direito Tributário*, que começara a escrever quando percebeu, segundo ele, ''sua ignorância'' na especialidade a que se dedicava, e que não poderia ser suprida por qualquer outra obra sobre aquele assunto. É que os autores, de modo geral, estudavam mais o tributário e menos o Direito. Dirigiu seus esforços, então, no sentido de compor uma Teoria Geral do Direito voltada aos domínios do tributo. Este livro, escrito com aquilo que costumava chamar de *paixão argentina*, sacudiu a comunidade dos juristas a tal ponto, que chegou a provocar profundo e demorado silêncio. Durante alguns anos, o autor esperou, com ansiedade, uma crítica que não veio: todos ficaram emudecidos. A obra havia abalado as estruturas do universo tributário brasileiro e, surdamente, tomava um rumo que nem ele previu. Mas a omissão do meio jurídico se justificava: o impacto fora muito forte e trincara seus alicerces. Não havia como responder, sem que isso implicasse a possibilidade imediata de expressivo reconhecimento.

De fato, o advogado gaúcho empregara uma linguagem tão vigorosa quão inusitada em escritos jurídicos: *manicômio jurídico-tributário, efeitos da demência, diagnóstico da demência e terapêutica, sistema dos fundamentos óbvios*.

Transcorrido algum tempo, Alfredo Augusto perdeu a paciência e rompeu energicamente com a Ciência do Direito Tributário, passando a tratar a matéria apenas em termos profissionais.

Como que por ironia, foi o momento em que começaram a surgir os prodigiosos frutos de tudo quanto plantara: José Souto Maior Borges, em Pernambuco, faz publicar *Isenções Tributárias*, clássico e consistente libelo contra a doutrina da isenção como dispensa do pagamento do imposto devido. O pensamento de Becker é algo constante e iterativo nesta obra de Souto, como, de resto, será em seus trabalhos futuros. Também Geraldo Ataliba, com seu *Hipótese de Incidência Tributária*, exibe a decisiva influência daquele autor, recolhendo nele a distinção entre a descrição abstrata do fato (hipótese de incidência) e o próprio evento, ocorrido em determinadas condições espaço-temporais (fato imponível). O meu *Teoria da Norma Tributária*, publicado em 1974, traz a marca indelével das lições de Becker, e o *Prescrição e Decadência no Direito Tributário*, de 1977, reafirma e consolida seu inevitável influxo.

Mas a expansão das idéias de Alfredo Augusto Becker não parou aí. No início da década de 70, a PUC/SP iniciava seus famosos cursos de especialização em Direito Tributário e a difusão dos ensinamentos contidos na Teoria Geral do Direito Tributário foi impressionante. É desse tempo a formação da linha dogmática que ficou conhecida como *escola mal comportada do Direito Tributário*, de conotação indisfarçavelmente beckiana.

Não menos significativa foi, também, a repercussão do capítulo "Sistema dos Fundamentos Óbvios". A análise empírica de proposições como *o fato gerador é um fato jurídico de conteúdo econômico* ou *é um fato econômico de relevância jurídica* deixava descoberta sua fragilidade semântica, desintegrando-se ao ensejo da mais singela verificação. Estava iniciado o caminho para a revisão crítica das construções jurídico-tributárias. Becker conseguira, em boa parte, reeducar a atitude mental jurídica, provocando uma verdadeira revolução nesse setor do Direito. E tal impacto não se deu somente entre estudiosos brasileiros. Suas concepções foram apreciadas para lá de nossas fronteiras. Eros Roberto Grau encontra-se com Dino Jarach, em viagem de navio para a Europa, e eis que o notável representante da Escola de Pavia, o mais célebre discípulo de Bevenuto Griziotti, lia, atentamente, cheio de curiosidade, a produção do advogado brasileiro. Aliás, tive a oportunidade de ouvi-lo a respeito, em visita a seu escritório de Buenos Aires, quando o jurista italiano me afirmava ser, ressalvadas as divergências, o livro mais inteligente que havia lido sobre a matéria, nos últimos tempos.

A obra de Alfredo Augusto Becker, todavia, só será adequadamente compreendida se fizermos pousar nossa atenção no seu particularíssimo modo de ser: Alfredo Augusto firmou um compromisso solene com a própria existência; mais do que isso, celebrou e cumpriu esse compromisso, até o último dia de sua vida, com extraordinária coerência. Ao contemplar os espaços infinitos, para refletir livremente sobre a vida e sobre a morte, questionou tudo, numa busca atormentada dos caminhos que imaginava ser os mais legítimos para o ser humano. Nesse sentido, foi filósofo e entendeu bem, como seu autor predileto — Albert Camus — , que a missão do filósofo não é fazer a história, mas sofrê-la. E, se a dignidade humana está indissociavelmente ligada à reflexão do homem sobre seu papel no mundo, pode-se dizer que Becker a exerceu intensamente, fazendo-o em níveis muito acima dos normais.

Aqueles que o conheceram mais de perto, e entre eles estão Tereza e José Souto Maior Borges, sabem com que firmeza tomava decisões pessoais importantes, sem delas jamais arredar pé. Foi convidado a tudo no campo do Direito Tributário. Nada aceitou, para manter-se em absoluta harmonia com os valores que cuidadosamente elegera. Isso explica o incontido entusiasmo com que se entregava à realização desses valores; e explica também o sentimento e a emoção que se desprendem de seus trabalhos. Quando indaguei sobre o que sentira ao escrever determinado capítulo do *Teoria Geral*, respondeu-me prontamente: Paulo, escrevi esse texto com tanta emoção que, em alguns momentos, chegava a envergar a pena da caneta.

São considerações como essa que nos permitem ingressar um pouco na compreensão do trabalho deste autor tão expressivo e, à primeira vista, tão desconcertante. Sua inteligência sutil, sua vocação universal, sua erudição transbordante, seu conhecimento da música clássica, sua sensibilidade à flor da pele, a atenção especial que dispensava aos que lhe falavam; tudo se congrega num ser humano grandioso, que cresce, assustadoramente, à medida que dele nos aproximamos, e perante o qual sua obra jurídica, ainda que sumamente séria, profunda e original, começa a esmaecer-se, perdendo espaço para o homem íntegro, sincero, verdadeiro. Alguém que enfrentou a existência de frente, mantendo suas convicções com inusitada energia. Se *todo ser é feliz*, como proclamou Ortega y Gasset, *quando cumpre seu destino, quando segue a pendente de sua inclinação, quando se realiza, quando está sendo o que realmente é*, então Alfredo Augusto Becker viveu e foi feliz.

Paulo de Barros Carvalho

NOTICIÁRIO

XVII JORNADAS LATINO-AMERICANAS DE DIREITO TRIBUTÁRIO

CARTAGENA — COLÔMBIA
OUTUBRO — 1995
(ILADT — INSTITUTO LATINO-AMERICANO DE DIREITO TRIBUTÁRIO)

O *Instituto Latino-americano de Direito Tributário* realizará, em Cartagena, Colômbia, de 1º a 6 de outubro de 1995, suas tradicionais Jornadas, reunindo professores, estudiosos e especialistas para discutir o tema *Sujeição passiva e responsabilidade tributária*.

Integram o ILADT, pelo Brasil, a ABDF — *Associação Brasileira de Direito Financeiro*, presidida pelo Dr. Gilberto Ulhôa Canto, e o IBET — *Instituto Brasileiro de Estudos Tributários*, presidido pelo Prof. Paulo de Barros Carvalho.

Deverão estar presentes os Profs. Víctor Uckmar, Ferreiro Lapatza, Juan Ramallo, Perez Royo, Héctor Villegas, Geraldo Ataliba, Humberto Medrano e outros tradicionais sustentadores do ILADT. As Jornadas são ocasião de estudos em conjunto, discussão de temas científicos e debate de problemas comuns, com trocas de idéias úteis e estimulantes.

Informações: ABDF, fone (021) 210.3265, Rio, e IBET, fone (011) 263.1114, São Paulo.

JURISPRUDÊNCIA

SUPREMO TRIBUNAL FEDERAL

INTERPRETAÇÃO — CARGA CONSTRUTIVA — EXTENSÃO. Se é certo que toda interpretação traz em si carga construtiva, não menos correta exsurge a vinculação à ordem jurídico-constitucional. O fenômeno ocorre a partir das normas em vigor, variando de acordo com a formação profissional e humanística do intérprete. No exercício gratificante da arte de interpretar, descabe "inserir na regra de direito o próprio juízo — por mais sensato que seja — sobre a finalidade que "conviria" fosse por ela perseguida" (Celso Antônio Bandeira de Mello, em parecer inédito). Sendo o Direito uma ciência, o meio justifica o fim, mas não este àquele.

CONSTITUIÇÃO — ALCANCE POLÍTICO — SENTIDO DOS VOCÁBULOS — INTERPRETAÇÃO. O conteúdo político de uma Constituição não é conducente ao desprezo do sentido vernacular das palavras, muito menos ao do técnico, considerados institutos consagrados pelo Direito. Toda ciência pressupõe a adoção de escorreita linguagem, possuindo os institutos, as expressões e os vocábulos que a revelam conceito estabelecido com a passagem do tempo, quer por força de estudos acadêmicos quer, no caso do Direito, pela atuação dos Pretórios.

SEGURIDADE SOCIAL — DISCIPLINA — ESPÉCIES — CONSTITUIÇÕES FEDERAIS — DISTINÇÃO. Sob a égide das Constituições Federais de 1934, 1946 e 1967, bem como da Emenda Constitucional n. 1/69, teve-se a previsão geral do tríplice custeio, ficando aberto campo propício a que, por norma ordinária, ocorresse a regência das contribuições. A Carta da República de 1988 inovou. Em preceitos exaustivos — incisos I, II e III do artigo 195 — impôs contribuições, dispondo que a lei poderia criar novas fontes destinadas a garantir a manutenção ou expansão da seguridade social, obedecida a regra do artigo 154, inciso I, nela inserta (§ 4º do artigo 195 em comento).

CONTRIBUIÇÃO SOCIAL — TOMADOR DE SERVIÇOS — PAGAMENTOS A ADMINISTRADORES E AUTÔNOMOS — REGÊNCIA. A relação jurídica mantida com administradores e autônomos não resulta de contrato de trabalho e, portanto, de ajuste

formalizado à luz da Consolidação das Leis do Trabalho. Daí a impossibilidade de se dizer que o tomador dos serviços qualifica-se como empregador e que a satisfação do que devido ocorra via folha de salários. Afastado o enquadramento no inciso I do artigo 195 da Constituição Federal, exsurge a desvalia constitucional da norma ordinária disciplinadora da matéria. A referência contida no § 4º do artigo 195 da Constituição Federal ao inciso I do artigo 154 nela insculpido, impõe a observância do veículo próprio — a lei complementar. Inconstitucionalidade do Inciso I do artigo 3º da Lei n. 7.787/89, no que abrangido o que pago a administradores e autônomos. Declaração de inconstitucionalidade limitada pela controvérsia dos autos, no que não envolvidos pagamentos a avulsos.

Recurso Extraordinário n.166.772-9 — Rio Grande Sul
Relator: Ministro Marco Aurélio
Recorrentes: Abastecedora Tonolli Ltda. e outros
Recorrido: Instituto Nacional do Seguro Social-INSS
J: 2.5.94.

ACÓRDÃO

Vistos, relatados e discutidos estes autos, acordam os Ministros do Supremo Tribunal Federal, em sessão plenária, na conformidade da ata do julgamento e das notas taquigráficas, por maioria de votos, em conhecer do recurso e lhe dar provimento, para declarar a inconstitucionalidade da expressão "autônomos e administradores", contida no inciso I do artigo 3º da Lei n. 7.787, de 30 de junho de 1989, reformar o acórdão proferido pela Corte de origem e conceder a segurança, a fim de desobrigar os Recorrentes do recolhimento da contribuição incidente sobre a remuneração paga aos administradores e trabalhadores autônomos, vencidos os Ministros Francisco Rezek, Ilmar Galvão e Carlos Velloso, que não conheciam do recurso e declaravam a constitucionalidade da mencionada expressão.

Brasília, 12 de maio de 1994 — Octávio Gallotti, Presidente — Marco Aurélio, Relator.

RELATÓRIO

O Senhor Ministro Marco Aurélio: A controvérsia dirimida pela Corte de origem diz respeito à contribuição social sobre o que percebido por administradores e autônomos. Apreciando a norma inserta no artigo 3º da Lei n. 7.787/89 à luz do artigo 195, *caput* e inciso I e § 4º, da Carta Federal, refutou o Colegiado a inconstitucionalidade articulada pela ora Recorrente. Ao fazê-lo, remeteu à decisão do Plenário quando o julgamento da argüição de inconstitucionalidade na apelação cível n. 910409223-6/PR, procedendo à juntada do acórdão respectivo. Eis como ficou sintetizada a óptica sobre a demanda, considerado o teor do referido aresto:

"Constitucionalidade do artigo 3º, inciso I, da Lei n. 7.787/89. Folha de salários. Artigo 195, inciso I, da Constituição Federal.

1. Não é possível conceder à palavra salário, referida no artigo 195, inciso I, da CF, entendimento técnico, pois se trata de dispositivo constitucional que, por sua característica política, escapa aos conceitos pertencentes ao tecnicismo jurídico;

2. Folha de salário significa folha de pagamento, pelo empregador ou pela empresa, de qualquer remuneração por serviços que lhe sejam prestados, inclusive a título de pro-labore;

3. Como a fonte instituidora da contribuição em referência está prevista no inciso I, artigo 195 da Constituição Federal,

não há que se falar em lei complementar para a sua instituição;

4. Não há bitributação, pois os sujeitos passivos da contribuição são diversos;

5. Desacolhida a argüição de inconstitucionalidade do artigo 3º, inciso I, da Lei n. 7.787/89, no que se refere à expressão folha de salário." (folhas 78 a 107).

Eis os preceitos envolvidos na espécie:

"Art. 3º — A contribuição das empresas em geral e das entidades ou órgãos a ela equiparados, destinada à Previdência Social, incidente sobre a folha de salários, será:

"I — de 20% sobre o total das remunerações pagas ou creditadas, a qualquer título, no decorrer do mês, aos segurados empregados, avulsos, autônomos e administradores;

"II — de 2% sobre o total das remunerações pagas ou creditadas, no decorrer do mês, aos segurados empregados e avulsos, para o financiamento da complementação das prestações por acidente do trabalho.

No recurso extraordinário de folhas 109 a 115, interposto com alegada base na alínea "a" do inciso III do artigo 102 do Diploma Maior em vigor, aponta-se que, antes da vigência da Lei n. 7.787/89, havia a obrigatoriedade das empresas de contribuir, em face ao que pago a administradores e autônomos, conforme o disposto nas alíneas "a" e "b" do inciso II do artigo 33 do Decreto n. 83.081/79, combinado com o artigo 1º do Decreto n. 90.817/85. A obrigação era da ordem de dez por cento, ou seja, a metade do que previsto na Lei n. 7.787/89, cogitando-se da incidência sobre o que excedesse o respectivo salário de contribuição, isto relativamente aos autônomos, e sobre a soma do referido salário quanto aos administradores. Ressalta-se que a regra do inciso I do artigo 195 da Carta apenas agasalha a contribuição concernente à folha de salários, não alcançando as remunerações pagas a autônomos e administradores, diante da inexistência do vínculo empregatício. O que assentado pela Primeira Turma do Quarto Tribunal Regional Federal conflita, segundo as razões apresentadas, com o preceito dos artigos 154, inciso I, e 195, inciso I e § 4º, da Lei Máxima. A contribuição somente se legitimaria caso fixada em lei complementar, já que vedado ao legislador ordinário ampliar aquelas exaustivamente mencionadas no inciso I do artigo 195 em comento. Admite-se a revelação, pela Carta, de que a seguridade social deve ser financiada por toda a sociedade. Todavia, frisa-se a necessidade de observância dos meios próprios, nela definidos, para a criação de contribuições não estabelecidas, expressamente. Argumenta-se, mais, que o artigo 110 do Código Tributário Nacional obstaculiza a alteração, por lei tributária, de institutos, conceitos e formas consagrados pelo direito privado. Destarte, impossível é desprezar-se, como fez o Órgão prolator do acórdão atacado, o sentido técnico da expressão "folha de salários". Alude-se a artigos publicados sobre a matéria, bem como a precedentes.

O Instituto trouxe aos autos as razões de contrariedade de folhas 161 a 167, sustentando que a referência à contribuição devida, tendo em vista a folha de salários, engloba os pagamentos feitos a administradores e autônomos. Na peça, transcreve-se voto proferido pelo Juiz Teori Albino Zavascki na apelação no mandado de segurança n. 92.04.04162-5/RS, e do Juiz Osvaldo Álvares, na apelação em mandado de segurança n. 91.04.18733-4/RS.

A decisão de admissibilidade do extraordinário está à folha 109.

A Procuradoria-Geral da República emitiu o parecer de folhas 174 a 183, no sentido da inviabilidade do extraordinário. O ilustre Subprocurador-Geral da República, Dr. Arthur de Castilho Neto assim deixou sintetizada a conclusão sobre a espécie:

"De tudo que se expôs conclui-se que:

a) a partir da Lei n. 3.807/60, a legislação ordinária incorporou o trabalhador autônomo, prevendo uma contribuição para ele, que veio sucessivamente a ser suportada em parte pela empresa;

b) quando sobreveio a Lei n. 7.787/89, atribuindo ela à empresa 20% sobre o salário de contribuição do autônomo, já havia participação da empresa nesta contribuição, daí porque não pode prosperar o argumento segundo o qual houve instituição de nova receita, a demandar a edição de lei complementar;

c) trata-se, no caso, apenas de aumento de alíquota a exigir apenas lei ordinária para a sua previsão;

d) o conceito da expressão folha de salários constante do inciso I do artigo 195 da Constituição Federal comporta abrangência das parcelas pagas pelas empresas aos trabalhadores autônomos".

Recebi os autos para exame em 7 de abril de 1994, liberando-os para inclusão em pauta, afetado o recurso ao Pleno tendo em conta a repercussão mediata do provimento judicial a ser formalizado, em 25 de abril de 1994.

É o relatório.

VOTO

O Senhor Ministro Marco Aurélio (Relator): Na interposição deste extraordinário foram atendidos os pressupostos gerais de recorribilidade que lhe são inerentes. Os documentos de folhas 10 e 15 evidenciam a regularidade da representação processual, estando à folha 170-verso a guia comprobatória do preparo. Quanto à tempestividade, a decisão que se pretende alvejada via este recurso foi publicada no Diário de 28 de outubro de 1992 — quarta-feira (folha 108) — ocorrendo a manifestação do inconformismo em 5 imediato — quinta-feita (folha 109) — e, portanto, dentro do prazo de quinze dias assinado em lei.

Resta o exame do atendimento ao pressuposto específico de que cuida a alínea "a" do inciso III do artigo 102 da Carta. Conforme enfatizado em memoriais apresentados por Ulhoa Canto, Rezende e Guerra, José Morshbacher e por Miguez de Mello Advocacia, o que se questiona é se avulsos, autônomos e administradores percebem salário e se quem os paga o faz como empregador, tornando-se assim sujeito passivo da contribuição, isto para saber-se do desrespeito, ou não, ao disposto no artigo 195, § 4º., da Constituição Federal.

Valho-me do retrospecto histórico-constitucional noticiado pelo Subprocurador-Geral da República, Dr. Arthur de Castilho Neto.

A Constituição de 1934 registrou, pela vez primeira, regras atinentes ao trabalho e à seguridade social. A alínea "h" do § 1º. do artigo 121 dispôs sobre a assistência médica e sanitária ao trabalhador e à gestante, assegurado a esta descanso, antes e depois do parto, sem prejuízo do salário e do emprego, e instituição de previdência, mediante contribuição igual da União, do empregador e do empregado, a favor da velhice, da invalidez, da maternidade e no casos de acidente do trabalho ou de morte. Previsto foi, assim, o financiamento da seguridade, presentes três fontes: as reveladas pela União, pelo empregador e pelo empregado.

A Carta de 1946 repetiu, como que, tal preceito, ao consignar que a legislação da previdência social obedeceria à tríplice fonte de custeio supra referida — inciso XXXVI do artigo 157. A previsão motivou preceito de lei ordinária — inciso V do artigo 69 da Lei n. 3.807/60, admitindo o trabalhador autônomo como segurado da previdência social:

"Artigo 69 — O custeio da previdência social será atendido pelas contribuições:

"...

"V — dos autônomos, dos segurados facultativos e dos que se encontram na situação do artigo 9º., na base de 16% do respectivo salário de contribuição, observadas, quanto a este, as normas do item I deste artigo".

Já o Decreto-lei n. 66, de 29 de novembro de 1965, disciplinou a contribuição do segurado e da empresa, fixando o percentual de oito por cento para cada qual, a incidir sobre o salário de contribuição.

A carta de 1967 nada inovou sobre o tema. Repetiu a cláusula das anteriores no tocante à origem das contribuições — União, empregador e empregado (inciso XVI do artigo 158). O Decreto-lei n. 959/69, editado na vigência respectiva, manteve a alíquota de oito por cento a cargo das empresas.

A Emenda n. 1/69 consignou, o que se continha na Carta em vigor, ficando preservada a tradição de atribuir-se ao legislador ordinário campo maior à disciplina do tema (inciso XVI do artigo 165). Sob os auspícios do preceito constitucional em vigor, foi editada a Lei n. 5.890, de 8 de junho de 1973, prevendo a contribuição do segurado autônomo no importe de dezesseis por cento sobre o salário-base, ou seja, sobre o salário-contribuição, correndo a cargo da empresa reembolsá-lo em oito por cento e recolher idêntica percentagem sobre o excedente ao salário-base. Deu-se a edição do Decreto-lei n. 1.910/81, elevando a contribuição do segurado autônomo para dezenove ponto dois por cento, o reembolso pela empresa a dez por cento e o recolhimento sobre o excedente também a dez por cento.

A esta altura, cabe indagar: a Constituição de 1988 repetiu a liberdade atribuída ao legislador, no campo ordinário, pelas Cartas pretéritas?

A resposta já foi dada por esta Corte no julgamento de recursos extraordinários que versaram sobre a matéria. O artigo 195 da Lei Básica de 1988 introduziu no cenário jurídico-constitucional nova forma de disciplina do tema. Ao contrário do que ocorreu com as Constituições anteriores, a partir da de 1934, não se teve apenas a revelação do tríplice custeio. Mediante os incisos I, II e III, previu-se, em rol inegavelmente *numerus clausus*, exaustivo, e não simplesmente exemplificativo, que a seguridade social seria financiada pelas constribuições dos empregadores, incidentes sobre a folha de salários, o faturamento e o lucro; dos trabalhadores e sobre a receita de concursos de prognósticos. Pois bem, esses parâmetros, em termos de possibilidade da regência por lei ordinária, mostraram-se absolutos. Fora das hipóteses explicitamente contempladas, obstaculizou-se a possibilidade de — repito — via lei ordinária, serem estabelecidas novas contribuições. É que, no mesmo artigo, a demonstrar, a mais não poder, que os casos relativos a contribuições mostram-se exaustivos, inseriu-se parágrafo viabilizando a instituição, mediante lei, de outra fontes destinadas a garantir a manutenção ou expansão da seguridade social, obedecido o teor do artigo 154, inciso I, da Carta. Confira-se com o que se contém no § 4º. do artigo 195 em análise. Pois bem, a remissão, sem restrições, ao artigo 154, inciso I, confere predicado ao vocábulo "lei" inserto em tal parágrafo. É que nele se contém não só a proibição de vir-se a ter tributo com infringência do princípio da não-cumulatividade, com identidade de fato gerador ou base de cálculo próprios dos discriminados na Carta, como também vinculação reveladora do meio hábil para chegar-se à criação respectiva. Em última análise, temos que a faculdade, conferida à União, de instituir-se novos tributos ficou jungida à edição de lei complementar. Creio que, diante dos precedentes desta Corte, dúvidas não pesam sobre o fato de, constitucionalmente, ter-se via única para a criação de novos tributos, ou seja, a revelada por lei complementar. Eis o que já assentado nos precedentes:

"Perante a Constituição de 1988, não tenho dúvida em manifestar-me afirmativamente. De feito, a par das três modalidades de tributos (os impostos, as taxas e as contribuições de melhoria) a que se refere o artigo 145 para declarar que são competentes para instituí-los a União, os Estados, o Distrito Federal e os Municípios, os artigos 148 e 149 aludem a duas outras modalidades tributárias, para cuja instituição só a União é competente: o empréstimo compulsório e as contribuições sociais, inclusive as de intervenção no domínio econômico e de interesse das categorias profissionais ou econômicas. No tocante às contribuições sociais — que dessas duas modalidades tributárias é a que interessa para este julgamento —, não só as referidas no artigo 149 — que se subordina ao capítulo concernente ao sistema tributário nacional — têm natureza tributária, como resulta igualmente, da observância que devem ao disposto nos artigos 146, III, e 150, I e III, mas também as relativas à seguridade social previstas no artigo 195, que pertence ao título "Da Ordem Social". Por terem esta natureza tributária é que o artigo 149, que determina que as contribuições sociais observem o inciso III do artigo 150 (cuja letra *b* consagra o princípio da anterioridade), exclui dessa observância as contribuições para a seguridade social previstas no artigo 195, em conformidade com o disposto no § 6º deste dispositivo, que, aliás, em seu § 4º, ao admitir a instituição de outras fontes destinadas a garantir a manutenção ou expansão da seguridade social, determina se obedeça ao disposto no art. 154, I, norma tributária, o que reforça o entendimento favorável à natureza tributária dessas contribuições sociais.

"Do reconhecimento dessa natureza tributária resulta em terceira questão: para que se institua a contribuição social prevista no inciso I do artigo 195, é mister que a lei complementar, a que alude o artigo 146, estabeleça as normas gerais a ela relativas, consoante o disposto em seu inciso III? E, na falta dessas normas gerais, só poderá ser tal contribuição instituída por lei complementar?

"Impõe-se resposta negativa a essas duas indagações sucessivas.

"Tendo em vista as inovações introduzidas pela Constituição de 1988 no sistema tributário nacional, estabeleceu ela, nos parágrafos 3º e 4º do artigo 34 do Ato das Disposições Transitórias, que "promulgada a Constituição, a União, os Estados, o Distrito Federal e os Municípios poderão editar as leis necessárias à aplicação do sistema tributário nacional nela previsto" e que "as lei editadas nos termos do parágrafo anterior produzirão efeitos a partir da entrada em vigor dos sistema tributário nacional previsto na Constituição". Ora, segundo *caput* desse artigo 34, o sistema tributário nacional entrou em vigor a partir do primeiro dia do quinto mês seguinte ao da promulgação da Constituição (ou seja, a primeiro de março de 1989), exceto — de acordo com o disposto no § 1º desse mesmo artigo — os artigos 148, 149, 150, 154, I, 156, III, e 159, I, *c*, que entraram em vigor na data mesma da promulgação da Constituição. Essas normas de direito intertemporal, portanto, permitiram que, quando não fossem imprescindíveis as normas gerais a ser estabelecidas pela lei complementar, consoante o disposto no artigo 146, III, que a União, os Estados, o Distrito Federal e os Municípios editassem leis instituindo, de imediato ou com vigência a partir de 1º de março de 1989, conforme a hipótese se enquadrasse na regra geral do *caput* ou nas exceções do § 1º., ambos do artigo 34 do ADCT, as novas figuras das diferentes modalidades de tributos, inclusive, pois, as contribuições sociais. Note-se, ademais, que, com relação aos fatos geradores, bases de cálculo e contribuintes, o próprio artigo 146, III, só exige estejam previstos aos impostos discriminados na Constituição, o que não abrange as contribuições sociais, inclusive as destinadas ao financiamento da seguridade social, por não configurarem imposto.

"Assim sendo, por não haver necessidade, para a instituição da contribuição social destinada ao financiamento da seguridade social com base no inciso I do artigo 195 — já devidamente definida em suas linhas estruturais na própria Constituição — da lei complementar tributária de normas gerais, não será necessária, por via de conseqüencia, que essa instituição se faça por lei complementar que supriria aquela, se indispensável. Exceto na hipótese prevista no § 4º (a instituição de outras fontes destinadas a garantia a manutenção ou expansão da seguridade social), hipótese que não ocorre no caso, o artigo 195 não exige lei complementar para as instituições dessas contribuições sociais, inclusive a prevista no seu § 1º, como resulta dos termos do § 6º desse mesmo dispositivo constitucional." (recurso extraordinário n. 146.733-9-SP, relatado pelo Ministro Moreira Alves, cujo acórdão foi publicado no *Diário da Justiça* de 6 de novembro de 1992).

"De sua vez, a alegação da exigência de lei complementar para a instituição de qualquer contribuição para a seguridade social, ainda quando sua hipótese de incidência esteja prevista no art. 195, I, CF, já a repeliu o Tribunal ao afirmar a constitucionalidade da criação por lei ordinária da contribuição social sobre o lucro" (recurso extraordinário n. 138.284, relatado pelo Ministro Carlos Velloso, com acórdão publicado no *Diário da Justiça* de 28 de agosto de 1992).

No segundo dos precedentes plenários referidos, sobre o ponto, o Ministro Carlos Velloso consignou na ementa:

"A contribuição da Lei 7.689, de 15.12.88, é uma contribuição social instituída com base no art. 195, I, da Constituição. As contribuições do art. 195, I, II, III, da Constituição, não exigem, para a sua instituição, lei complementar. Apenas a contribuição do § 4º do mesmo art. 195 é que exige, para a sua instituição, lei complementar, dado que essa instituição deverá observar a técnica da competência residual da União (CF art. 195, § 4º; CF art. 154, I). Posto estarem sujeitas à lei complementar do art. 146, III, da Constituição, porque não são impostos, não há necessidade de que a lei complementar defina o seu fato gerador, base de cálculo e contribuintes (CF art. 146, III, *a*) (recurso extraordinário n. 150.755-1-PE, tendo sido redator para o acórdão o Ministro Sepúlveda Pertence, cujo acórdão foi publicado no *Diário da Justiça* de 20 de agosto de 1993).

Então, cabe perquirir sobre o alcance do inciso I do artigo 195, no que cogita das contribuições sociais devidas pelos empregadores incidentes sobre a "folha de salários". Questiona-se — a esta altura com resposta positiva contida no acórdão impugnado mediante este extraordinário e endosso da Procuradoria Geral da República — se a alusão a contribuição devida pelos empregadores, tendo em vista a folha de salários, engloba o que pago a administradores e autônomos. De início, lanço a crença na premissa de que o conteúdo político de uma Constituição não pode levar quer ao desprezo do sentido vernacular das palavras utilizadas pelo legislador constituinte, quer ao técnico, considerados institutos consagrados pelo Direito. Toda ciência pressupõe a adoção de escorreita linguagem, possuindo os institutos, as expressões e os vocábulos que a revelam conceito estabelecido com a passagem do tempo, por força dos estudos acadêmicos e pela atuação dos pretórios. Já se disse que "as questões de nome são de grande importância, porque, elegendo um nome ao invés de outro, torna-se rigorosa e não suscetível de mal-entendimento uma determinada linguagem. A purificação de linguagem é uma parte essencial da pesquisa científica, sem a qual nenhuma pesquisa poderá dizer-se científica" (*Studi Sulla Teoria Generali del Diritto*, Torino, G. Giappichelli, edição 1955, página 37). Realmente, a flexibilidade de conceitos, o câmbio do sentido destes, conforme os interesses em jogo, implicam insegurança incompatível com o objetivo da própria Carta que, realmente, é um corpo político, mas o é ante os parâmetros que encerra e estes não são imunes ao real sentido dos vocábulos, especialmente os de contornos jurídicos. Logo, não merece agasalho o ato de dizer-se da colocação, em plano secundário de conceitos consagrados, buscando-se homenagear, sem limites técnicos, o sentido político das normas constitucionais. O artigo 195, não há a menor dúvida, atribui a toda a sociedade o financiamento, de forma direta e indireta, da seguridade social, fazendo-o, no entanto, em termos que têm como escopo maior a segurança na vida gregária. Ora, além das contribuições nele enumeradas, outras somente podem vir à baiha via lei complementar, consoante previsto no § 4º do citado artigo e já sedimentado por força dos precedentes desta Corte anteriormente referidos.

Acontece que a Corte de origem teve como compreendido na cláusula concernente à obrigatoriedade de os empregadores contribuírem com base na folha de salários, o que pago a administradores e autônomos. Analise-se, portanto, o real alcance do texto do inciso I do artigo 195, no que, repita-se, alude a "empregadores e a folha de salários". Sempre soube dedicada a expressão "empregadores" para qualificar aqueles que mantêm, com prestadores de serviços, relação jurídica regida pela Consolidação das Leis do Trabalho e este enfoque restou assentado por esta Corte quando, defrontando-se com ação direta de inconstitucionalidade movida pelo Procurador-Geral da República contra preceitos da Lei n. 8.112, de 11 de dezembro de 1991, Lei do "Regime Único", afastou a pertinência do artigo 114 da Constituição Federal, que define a competência da Justiça do Trabalho para julgar controvérsias a envolver empregadores e trabalhadores. Na oportunidade, declarou-se competir não à Justiça do Trabalho, mas à Justiça Federal, julgar as lides que envolvam a União e os servidores públicos que a ela prestam serviços sob a égide daquele Regime. Teve-se presente que, não sendo o liame regido pela Consolidação das Leis do Trabalho, impossível é cuidar-se da figura do empregador. Refiro-me ao que decidido — na ocasião, contra o meu voto, pelas razões que expus —, na ação direta de inconstitucionalidade n. 492, relatada pelo Ministro Carlos Velloso, cujo acórdão foi publicado no *Diário da Justiça* de 12 de março de 1993. Destarte, já no que o inciso I do artigo 195 revela contribuição devida pelos empregadores, procede a pretensão recursal. A teor do artigo 2º da Consolidação das Leis do Trabalho, considera-se empregador a empresa individual ou coletiva que, assumindo os riscos da atividade econômica, admite, assalaria e dirige a prestação pessoal de serviços. O vínculo empregatício pressupõe, em si, a dependência do prestador dos serviços. Se de um lado a econômica e a técnica não são indispensáveis à configuração do fenômeno, de outro há de se fazer presente a jurídica, a revelar submissão do prestador dos serviços ao tomador, sem a qual não se pode dizer da existência de contrato de trabalho regido pela Consolidação das Leis do Trabalho e, portanto, das figuras de empregado e de empregador. Administradores e autônomos não estão sujeitos a essa subordinação, tal como definida pela ordem jurídica em vigor e corroborada, de forma uníssona, por doutrina e jurisprudência. Os primeiros, no que não mantenham contrato de trabalho e portanto, não sejam administradores-empregados, confundem-se com o próprio empregador, e os segundos, os antônomos, atuam de modo independente, ou seja, de acordo com o próprio vocábulo que os distingue, com autonomia. Em relação a eles, não cabe evocar a existência de relação jurídica a envolver a figura do empregador.

A isto, soma-se que não estão abrangidos na definição de empregado os próprios administradores da pessoa jurídica que toma os serviços e aqueles que lhe prestam estes últimos com autonomia, porquanto, segundo o artigo 3º da Consolidação das Leis do Trabalho, empregado é toda pessoa natural que preste serviço de natureza não eventual a empregador, sob a dependência deste e mediante salário.

É certo que determinadas profissões liberais vem cedendo integrantes ao campo trabalhista. É o que ocorre, por exemplo, com os advogados. Durante um bom espaço de tempo era raro encontrar um profissional da advocacia empregado. Hoje a atividade está um pouco proletarizada, talvez por força do grande número de Faculdades de Direito. Muitos são os bacharéis em direito e, frente à competitividade, nem sempre é dado preservar as características nobilizantes do *munnus* de defender e propugnar pela observância do devido processo legal. Daí caminhar-se para a generalização é passo demasiadamente largo, a implicar o embaralhamento de conceitos jurídicos, olvidando-se que a Lei n. 4.215/63 — o Estatuto dos Advogados — define a contraprestação devida como honorários — artigos 96 — quer atue o advogado individualmente, quer em sociedade de advogados — artigo 77. Como então, dizer-se que aquele que remunera autônomo, como é geralmente o advogado, deste é empregador e o faz mediante salário, como se no campo de direitos e obrigações ombreasse com os empregados tal como definidos no diploma de regência que é a Consolidação das Leis do Trabalho? Poderia fazer desfilar neste julgamento tantos outros profissionais liberais e, portanto, autônomos, como são os representantes comerciais que a própria Lei n. 4.886/65, no campo pedagógico, indica como autônomos, cogitando da figura do tomador dos serviços como representado, e não empregador, e da prestação que este devida a encerrar o gênero remuneração e não a espécie salário. Falaria sobre o médico, o dentista que também os cidadãos comuns remuneram, sem que assumam a posição de empregadores ou confeccionem folha de salários. Creio que estou dispensado nessa enfadonha missão.

Da mesma forma, tem-se os avulsos. Em relação a estes, porque não são empregados de quem toma os respectivos serviços, houve necessidade de, a partir da cláusula constitucional referente a competência da Justiça do Trabalho para julgar, na forma da lei, outras controvérsias decorrentes da relação de trabalho, ser editada a Lei n. 7.494, de 16 de junho de 1986, dando ao artigo 643 da Consolidação das Leis do Trabalho a seguinte redação:

> "Os dissídios oriundos das relações entre empregados e empregadores, bem como de trabalhadores avulsos e seus tomadores de serviços em atividades reguladas na legislação social, serão dirimidos pela Justiça do Trabalho de acordo com o presente título e na forma estabelecida pelo processo judiciário do trabalho".

É que se trata de mão de obra que sequer é contratada livremente por aquele que dela necessita. Coloca-a à disposição o Sindicato da categoria profissional, fazendo-o mediante rodízio e, portanto, sistema estranho ao contrato de trabalho no qual sobressai, em face da necessidade de viabilizar-se a subordinação, a pessoalidade. O Sindicato apresenta o rol dos avulsos que prestarão os serviços, recebendo do tomador destes o quantitativo devido, para posterior rateio. Impossível é, no caso, cogitar-se da existência de um contrato de trabalho tal como definido legalmente e consagrado por doutrina e jurisprudência e, por via de conseqüência, das figuras do empregador e do empregado, bem como da satisfação de salários, considerado não o sentido vulgar do vocábulo, mas o técnico, o legal, como previsto no artigo 110 do Código Nacional Tributário.

Esta é a razão de ser de, ao lado dos dissídios entre empregados e empregadores, o artigo 643 referido prever, também, a competência da Justiça do Trabalho para o julgameno daqueles que envolvam os avulsos e os respectivos tomadores de serviços, utilizada a conjução aditiva "bem como". Estivessem os avulsos dentre os empregados e os tomadores dos serviços entre os empregadores o preceito não os mencionaria na forma do artigo 643 da Consolidação das Leis do Trabalho.

Relativamente aos administradores, ao contrário do que ocorria com os autônomos — Decreto-lei n. 66/55; Decreto-lei n. 959/69; Lei n. 5.890 e Decreto-lei n. 1.910/81 —, as empresas, simplesmente empresas, considerada a relação jurídica mantida — e não empregadores, jamais foram contribuintes, cabendo-lhes apenas certa responsabilidade pelo recolhimento por eles devidos, considerado o chamado salário de contribuição. Com a lei que se pretende alvejada, por inconstitucional, criou-se uma nova fonte de custeio da seguridade social, diversa da imposta pelo inciso I do artigo 195 da Constituição Federal, porque estranha à figura do empregador e à noção incontroversa do instituto, que é o salário. Sem a lei complementar imposta por força da remissão contida no § 4º do artigo 195 em comento ao artigo 154, inciso I, ambos da Constituição, veio à baiha a obrigatoriedade de a empresa contribuir, considerada como base de incidência o que pago a qualquer título, desde que tomada a parcela como configuradora de remuneração, repito, gênero do qual salário é espécie.

Tenha-se presente agora a base de incidência da contribuição devida pelos empregadores, no que interessa ao desfecho da controvérsia. O inciso I do artigo 195 cuida não de remuneração, não de folha de pagamentos, mas de folha de salários. Creio que ninguém ousa caminhar no sentido da aplicação do que se contém, sob o ângulo do salário, a consubstanciar garantia, no artigo 7º da Constituição Federal, a administradores e autônomos. Ninguém compreende, por exemplo, que se diga da irredutibilidade do que percebido por estes. Isto decorre do simples fato de não se ter o envolvimento, na espécie, de salário tal como definido pela melhor doutrina e distinguido pela própria Carta em vigor. Para Amauri Mascaro Nascimento, salário é o pagamento efetuado pelo empregador (sujeito ativo) ao empregado (sujeito passivo), para que possa aproveitar o trabalho dessa pessoa, sem que necessariamente o faça: à obrigação de pagar salário corresponde o direito de contar com o trabalhador em ocasiões normais. Russomano, sopesando o caráter sinalagmático e comutativo que reveste o contrato de trabalho, entende o vocábulo como a significar a contraprestação devida pelo empregador, em face do serviço desenvolvido pelo empregado. Catharino não discrepa de tais posições. Salienta que "o salário, em sentido restrito, é aquele devido ao empregado por estar realmente trabalhando ou por estar à disposição do empregador, situação equiparada por lei à prestação efetiva de serviços. O salário em lato sentido é aquele devido ao empregado quando estiver inapto para trabalhar, estiver impedido de fazê-lo, ou, ainda, quando a lei ao mesmo tempo lhe faculta não trabalhar, assegurando-lhe a percepção parcial correspondente ao período de inatividade". Na mesma direção temos Evaristo de Morais Filho e inúmeros *juslaboralistas* que se debruçaram sobre a matéria.

Descabe dar a uma mesma expressão — salário — utilizada pela Carta relativamente a matérias diversas, sentidos diferentes, conforme os interesses em questão. Salário, tal como mencionado no inciso I do artigo 195, não pode se configurar como algo que discrepe do conceito que se lhe atribui quando se cogita, por exemplo, da irredutibilidade salarial — inciso VI do artigo 7º da Carta. Considere-se que, na verdade, a lei ordinária mesclou institutos diversos ao prever a contribuição. Após alusão, no *caput* do artigo 3º, à expressão utilizada na própria Carta Federal — folha de salário — ao versar sobre o que pago aos administradores avulsos e autônomos, refere a remuneração, talvez mesmo pelo fato de o preceito a que se atribui a pecha de inconstitucional englobar, também, os segurados empregados. Desconheceu-se que salário e remuneração não são expressões sinônimas. Uma coisa é a remuneração, gênero do qual salário, vencimentos, soldo, subsídios, pro-labore e honorários são espécies. Seria fácil dar-se à previsão constitucional em discussão o alcance sustentado pelo instituto, no que se fugiria até mesmo da necessidade de balizar-se, de maneira precisa e clara, as bases de incidência das contribuições sociais. Suficiente seria, ao invés de utilizar-se a expressão "folha de salários", a expressão "empregador", aludir-se ao tomador dos serviços e à remuneração por este satisfeita. Com acerto, enquadraram à matéria constitucionalistas e tributaristas, dentre os quais destaco Ives Gandra, Geraldo Ataliba, Ruy Barbosa Nogueira e a também professora Misabel Abreu Machado Dersi. Esta última emitiu parecer sobre a contribuição social incidente sobre a remuneração e pro-labore pagos a autônomos e administradores. De forma proficiente, apontou a diferença entre o vocábulo "empresa" e o vocábulo "empregador", afirmando que o uso das expressões "empregador" e "folha de salários", contidas na Carta de 1988, exclui as relações de trabalho não subordinado como as que envolvam autônomos em geral e administradores. Aduziu, ainda, que as Constituições brasileiras sempre usaram os termos empregador e salário no sentido próprio e técnico em que encontrados no Direito do Trabalho, o que aliás, está consagrado jurisprudencialmente. Já disse, linhas atrás, que está em tela uma ciência. Assim enquadrado o Direito, o meio justifica o fim, mas não este àquele. Compreendo as grandes dificuldades de caixa que decorrem do sistema de seguridade social pátrio. Contudo, estas não podem ser potencializadas, a ponto de colocar-se em plano secundário a segurança, que é o objetivo maior de uma Lei Básica, especialmente no embate cidadão-Estado, quando as forças em jogo exsurgem em descompasso. Atente-se para a advertência de Carlos Maximiliano, isto ao dosar-se a carga construtiva, cuja existência, em toda interpretação, não pode ser negada:

> "Cumpre evitar não só o demasiado apego à letra dos dispositivos, com também o excesso contrário, o de *forçar a exegese* e deste modo encaixar na regra escrita, graças à fantasia do hermeneuta, as teses pelas quais se apaixonou, de sorte que vislumbra no texto idéias apenas existentes no próprio cérebro, ou no sentir individual, desvairado por ojerizas e pendores, entusiasmos e preconceitos". *Hermenêutica e Aplicação do Direito*, Ed. Globo, Porto Alegre, 2ª ed., 1933, página 118".

E realmente assim o é. Conforme frisado por Celso Antônio Bandeira de Mello, não cabe, no exercício da arte de interpretar, "inserir na regra de direito o próprio juízo — por mais sensato que seja — sobre a finalidade que "conviria" fosse por ela perseguida" (parecer inédito).

As remunerações pagas a administradores e autônomos não estão compreendidas no inciso I do artigo 195 da Constituição Federal. Se antes da Carta de 1988 era possível a disciplina mediante lei ordinária, isto ocorria frente a norma geral que apenas consagrava a tríplice fonte de custeio. A partir de 1988, com a previsão explícita e fechada sobre a incidência das contribuições devidas pelos empregadores, considerados o faturamento, o lucro e a folha de salários, a introdução de uma nova contribuição somente poderia vir à baiha pelo mecanismo imposto em face da remissão do § 4º do artigo 195 ao artigo 154, inciso I. Ao legislador estava vedado dispor, via diploma ordinário, sobre a matéria. Por isso mesmo, não foram recepcionados, diante da manifesta incompatibilidade, os preceitos que antecederam a Lei n. 7.787/ 89. Pouco importa que esta tenha implicado, tão somente, a majoração de percentuais até então observados, pois o defeito precede o exame da extensão da norma. Trata-se de uma lei ordinária e não complementar. Não vinga assim o que sustentado pelo Instituto, em memorial subscrito pelo Dr. Ivan Ferreira de Souza, no sentido de o preceito do inciso I do artigo 195 agasalhar não só o salário propriamente dito, como também a remuneração pertinente aos autônomos, contribuintes individuais, sócios-gerentes, e cotistas que recebem pro-labore, administradores, etc. O preceito não tem contornos tão largos.

Por estas razões, conheço do recurso extraordinário, no que assetado na alínea "a" do inciso III do artigo 102 da Carta e o provejo, para, declarando a inconstitucionalidade do inciso I do artigo 3º., quanto aos vocábulos autônomos e administradores, reformar o acórdão proferido pela Corte de origem, concedendo a segurança, a fim de desobrigar a Recorrente do recolhimento da contribuição incidente sobre a remuneração paga aos respectivos administradores e trabalhadores autônomos. Limito o provimento ao que pleiteado no item "a" da inicial, ou seja, relativamente à competência dezembro de 1989 e aos meses subseqüentes.

É o meu voto.

JURISPRUDÊNCIA

EMENTA: RECURSO EXTRAORDINÁRIO. Constitucional. Tributário. Contribuição de melhoria. Art. 18, II, CF/67, com a redação dada pela EC n. 23/83.

Não obstante alterada a redação do inciso II do art. 18 pela Emenda Constitucional n. 23/83, a valorização imobiliária decorrente de obra pública — requisito ínsito à contribuição de melhoria — persiste como fato gerador dessa espécie tributária.

RE conhecido e provido.

Recurso Extraordinário n. 116.147-7 — São Paulo
Recorrente: Maria Aparecida Rodrigues
Recorrida: Prefeitura Municipal da Estância Turística de Embú
J: 29.10.91 — *DOU*: 8.5.92

ACORDÃO

Vistos, relatados e discutidos estes autos, acordam os Ministros da Segunda Turma do Supremo Tribunal Federal, na conformidade da ata de julgamento e das notas taquigráficas, à unanimidade de votos, em conhecer do recurso e dar-lhe provimento.

Brasília, 29 de outubro de 1991 — Célio Borja — (Presidente e Relator).

RELATÓRIO

O Sr. Ministro Célio Borja: O recurso extraordinário é aqui interposto contra acórdão do Primeiro Tribunal de Alçada Civil do Estado de São Paulo que deu provimento ao recurso da Fazenda Municipal, para julgar procedente ação ordinária de anulação de lançamento de Taxa de Pavimentação.

A v. decisão recorrida entendeu que, a partir da Emenda Constitucional n. 23/83, ficou afastado o requisito da valorização do imóvel, para a cobrança da contribuição de melhoria, dividindo-se o custo da obra pelos beneficiários, que seriam os proprietários dos imóveis lindeiros.

Nesse passo, concluiu que, realizada a obra, proporcionado o benefício e publicado o edital, com os requisitos do art. 82 do CTN e art. 5º do DL n. 195/67, "não há dúvida nenhuma de que a expressão "taxa de pavimentação", mal empregada pela lei municipal, representava verdadeira contribuição de melhoria, com todas as exigências legais atendidas."

Em seu recurso, fundado nas alíneas "a", "c" e "d", inciso III, do art. 119 da CF/67, argúi a Recorrente ofensa aos arts. 18, I e II, e 153, § 29, daquela Carta, bem como dissídio com a jurisprudência desta Corte.

Alega que, utilizando-se a testada do imóvel, como base de cálculo, e, não, a valorização do imóvel, está-se desnaturando o tributo (contribuição de melhoria).

O Recorrido sustenta o descabimento do recurso.

A douta Procuradoria-Geral da República opina pelo não conhecimento, com base no art. 4º, I, do CTN.

É o relatório.

VOTO

O Sr. Ministro Célio Borja (Relator): A presente questão não pode ser resolvida sem que antes se dê a correta interpretação à EC n. 23/83, no sentido de se definir a base de cálculo da contribuição de melhoria, especialmente no tocante à necessidade ou não da ocorrência de *valorização* do imóvel.

O v. acórdão recorrido entendeu que:

> "A r. sentença que julgou procedente a ação, anulando os lançamentos fiscais referentes a taxa de pavimentação e guias e sarjetas, não pode prevalecer, tendo em vista a peculiaridade que cerca o caso, sem aplicação da jurisprudência mencionada no decisório recorrido.
>
> A cobrança em questão encontra amparo na Lei Municipal n. 889, de 29 de agosto de 1983 e no edital para cobrança da taxa de pavimentação publicado em 9 de junho de 1986. Nessa oportunidade estava em vigor a Emenda Passos Porto (n. 23/83) que, dando nova redação ao art. 18, II, da CF, autorizou a cobrança, bastando que a entidade política prove a construção da obra pública, fixando o limite até o valor dispendido.
>
> Ao contribuinte resta o ônus da prova que a obra pública não lhe trouxe qualquer benefício." (fls. 135)

Entretanto, esse entendimento não me parece compatível com o sistema tributário tal como disciplinado pelo ordenamento jurídico pátrio e, especificamente, em face da natureza e das particularidades da contribuição de melhoria, desde sua introdução pela Constituição Federal de 1934. Esta inspirou-se na legislação norte-americana onde, segundo Bilac Pinto, o tributo foi criado, embora deite suas raízes em outros sistemas jurídicos, tais como o inglês, o francês e o italiano.

Bilac Pinto informa que, no consenso dos teóricos do sistema, há cinco limitações bem estabelecidas para o lançamento da contribuição de melhoria, denominada pelos americanos, *special assessment, betterment tax*, pelos ingleses, *contribution sur les "Plus-values"*, pelos franceses e, *contributi di miglioria* pelos italianos:

1) Só pode ser lançado pela execução de um melhoramento público;

2) Esse melhoramento deve afetar, de maneira particular, uma área limitada e determinável;

3) Não pode exceder o benefício devido ao melhoramento; esse benefício se traduz no aumento de valor do terreno;

4) Deve dar-se ao proprietário tributado oportunidade de manifestar-se sobre a imposição, antes que seja definitivamente estabelecida;

5) Não pode ela exceder o custo do melhoramento, mesmo que o benefício seja maior; não se pode arrecadar mais do que o custo, sob pretexto do benefício (in *Contribuição de Melhoria*, Forense, 1938, pp. 22 e 23).

Como ensina o saudoso Ministro e ilustre publicista citado, o princípio do *unearned increment* (incremento imerecido), e do *excess condemnation* (desapropriação marginal), são os germes da atual contribuição de melhoria.

O primeiro compreende todo aumento de valor da propriedade, não motivado pelo trabalho ou pelo capital de seu titular.

Mediante a *desapropriação marginal* financiam-se obras públicas, por meio de desapropriação de área superior à necessária ao serviço público, abrangendo toda a zona a ser valorizada pela obra, para o fim de posterior revenda com lucro.

A valorização é inerente a ambos os conceitos.

Assim, também, não se pode conceber a contribuição de melhoria sem a ocorrência da valorização, sob pena de degenerar o tributo.

A propósito, diz Seligman:

"...*La contribution spéciale doit toujours impliquer un avantage pour les immeubles:* la taxe est payée pour un service qui peut profiter à des éléments autres, par exemple à la richesse mobilière ou à d'autres attributs de l'individu sans rapport avec la proprieté." (desetaquei) (Edwin Seligman, in *Éssais sur l'impôt*, 2º vol. 1914, pág. 156)

Não discrepa Richard T. Ely quando afirma:

"Special assessments *on property benefited* by local improvements are common in American cities...

..."Althought taxes are not payment for services rendered, it seems perfectly proper that those who receive a marked and special advantage should pay more than others for the improvements." (destaquei) (in *Taxation in American States And Cities*, Thomas Y. Crowell L. Company Publishers, 1888, pág. 212)

Em monografia dedicada ao estudo da contribuição de melhoria, a propósito da EC n. 23/83, diz Luiz José de Mesquita que "a substituição de "imóveis valorizados" por "imóveis beneficiados", embora revele falta de técnica legislativa e possa conduzir a subjetivismo no identificar os "imóveis beneficiados por obras públicas", não destrona, contudo, a "valorização" como critério final e objetivo de aferição do benefício trazido ao imóvel pela obra pública objeto da contribuição de melhoria. Assim, pois, o fato gerador propriamente dito do tributo continua a ser, fundamentalmente, a "valorização", expressão concreta do "benefício" trazida ao imóvel pela obra pública objeto da contribuição de melhoria. Aliás, mesmo no regime constitucional anterior à atual Emenda n. 23/83, Aliomar Baleeiro, no final dos seus comentários ao art. 81 do CTN, afirmou textualmente: "O fato gerador é a *valorização ou benefício* oriundo da obra". (ob. cit. pág. 335)

E acrescenta o citado autor:

"Conforme ficará claro no decorrer da exposição que faremos a seguir, também com o texto da EC n. 23/83, está implícito, tal como no texto da Constituição de 1967, o "limite individual" por força do próprio texto constitucional, cuja expressão "imóveis beneficiados" necessariamente levará o bom intérprete, na esteira de Baleeiro, a ver no texto o que nele estava e está contido, como vamos demonstrar.

"De fato, que são "imóveis beneficiados" senão aqueles valorizados por obras públicas que os beneficiaram? Donde, implícito, ínsito o limite individual para cada um deles como acréscimo de valor que da obra pública resulta para cada imóvel beneficiado, desde que se considere o que é essencial nesta indagação, qual seja, o limite individual é uma questão que envolve um dos princípios dominantes no Direito Tributário, que é o princípio de justiça fiscal, no caso, a "justiça distributiva", essencialmente ínsita e necessária como alíquota da contribuição de melhoria...

"... Sem dúvida que é possível interpretar, complementar e regulamentar o texto da Emenda Constitucional n. 23/83, enxergando nele não apenas o que está expresso no tocante ao "limite total" como o que está implícito quanto ao "limite individual" desde que se veja esta limitação embutida na expressão "imóveis beneficiados". Como? Recorrendo à exegese do texto constitucional de 67.

"Realmente, a Constituição de 67 no art. 19, inciso III, se referia à arrecadação da "contribuição de melhoria dos proprietários de imóveis valorizados pelas obras públicas que os beneficiaram", dizendo o § 3º, textualmente: "a lei fixará os critérios, os limites e a forma de cobrança da contribuição de melhoria a ser exigida sobre cada imóvel, sendo que o total da sua arrecadação não poderá exceder o custo da obra pública."

"Portanto, na Constituição de 67, não ficou expresso o "limite individual", sendo feita, apenas, referência ao "total da sua arrecadação". E, daí, que conclusão a tirar para a "lei fixar os limites da contribuição de melhoria", como falava o texto constitucional, no início do § 3º, supra transcrito, vale dizer, não apenas o "limite total", bem expresso no texto constitucional, como também, o exigível limite individual, não expresso nos textos acima transcritos do inciso III e § 3º?

"A exegese ou arte de interpretar as leis conduziu o intérprete, muito racionalmente, a buscar e encontrar o limite individual na expressão "móveis valorizados pelas obras públicas que os beneficiaram" constante do inciso III, do referido art. 19, conforme fez Aliomar Baleeiro, no final de seus comentários ao art. 81 do CTN, nestes termos:

"LIMITES NA CF DE 1967 — O art. 81 do CTN, como o Direito anterior (o art. 19, da EC n. 18/65, acrescentamos nós), estabelece para limite individual da contribuição de melhoria o acréscimo de valor, que, da obra, resultou para cada imóvel beneficiado. Mas o art. 19, § 3º da CF de 1967, inovando, referia-se apenas ao limite total, que seria o do custo da obra, cabendo à lei fixar o teto individual. Isso, a nosso ver, não autorizava a inteligência de que o legislador ordinário poderia exceder o valor do benefício acrescido.

"O inciso III, do art. 19 referia-se a "imóveis valorizados pelas obras públicas que os beneficiaram". O fato gerador é a valorização ou benefício oriundo da obra. Não se pode admitir que isso autorizasse confisco do imóvel, pois a tanto equivale a contribuição maior do que o valor acrescido. E iria ao arrepio das idéias em virtude das quais a contribuição de melhoria foi acolhida em nosso Direito. Mas a CF, na redação primitiva de 1967, foi corrigida pela Emenda n. 1, de 1969, que, no art. 18, II, estabelece "como limite individual" da contribuição de melhoria "o acréscimo de valor que da obra resultar para cada imóvel beneficiado."" (*Direito Tributário Brasileiro*, 9ª Ed., 1977, Forense, pág. 335)

"Assim, se o legislador de então, não podia exceder o valor do benefício acrescido, cabia à lei, por ele feita, fixar o teto individual. Valemo-nos da autoridade de Baleeiro, para dizer que também assim, e pela mesma "ratio", se deve interpretar a EC n. 23/83, como ele indicava para o texto da CF de 67, igualmente omisso quanto ao "limite individual".

"A propósito, queremos alertar os que lidam com esse tributo para a insistência com que Baleeiro no texto acima transcrito, se bate contra o excesso de valor do benefício acrescido ao imóvel com a obra pública de melhoria, chegando a tachar de "confisco (...) a contribuição maior do que o valor acrescido".

"Que o Fisco, representado pelo Poder Público lançador de contribuições de melhoria, aprenda, com o saudoso mestre, esta preciosa e importantíssima lição.

"Voltando ao tema, assim como na CF de 1967, omissa quanto ao "limite individual", a ele se chegou através da expressão "imóveis valorizados pelas obras públicas que os beneficiaram", assim também, na redação da Emenda n. 2/83 igualmente se pode chegar ao mesmo "limite individual" por meio da expressão "imóveis beneficiados por obras públicas", eis que o raciocínio ou razão é "a pari", porque, pelo princípio de igualdade e isonomia (CF, art. 153, § 1º) o limite individual também está implicitamente contido na valorização trazida a cada imóvel valorizado."

Corrobora tal entendimento, Manoel Gonçalves Ferreira Filho, segundo o qual:

"A redação vigente até a emenda n. 23 previa como limite individual para o contribuinte "o acréscimo de valor que da obra resultar para cada imóvel beneficiado". A Emenda n. 23 suprimiu a referência a esse limite individual, que a Emenda n. 18, de 1965, previra no sistema constitucional anterior, mas que o texto promulgado em 1967 omitira, sendo, todavia, restaurado pela Emenda n. 1, de 1969.

A omissão da referência ao limite individual parece sugerir que o contribuinte poderia ser chamado a pagar, em razão da obra que lhe beneficia o imóvel, mais do que o equivalente à valorização que lhe aproveita diretamente. Todavia, esta interpretação não se sustenta à luz do sistema. Com efeito, se o contribuinte for chamado a pagar mais do que a valorização, estará sendo injustamente tributado, porque desproporcionalmente.

Nisso estará sendo violado o princípio constitucional da igualdade, e, portanto, haverá inconstitucionalidade da cobrança.

Ademais, vista a questão por outro ângulo, ocorreria um confisco, que a Constituição também veda. Assim, a mudança de redação não significa a eliminação do limite individual." (in *Comentários à Constituição Brasileira*, Ed. Saraiva, 5ª edição, 1984, pág. 146)

Lembre-se, enfim, que esta Corte tem afirmado que, quando cabível a contribuição de melhoria, não tem o Poder Público a opção de instituir, alternativamente, taxa remuneratória:

"Taxa de Pavimentação do Município de Santos. Fato gerador idêntico ao da contribuição de Melhoria. Ilegalidade da cobrança por ofensa ao Decreto-lei n. 195/67.

RE conhecido e provido." (RE 83.516, RTJ, 90/162).

"Taxa. Contribuição de melhoria. Diversidade de conceitos.

Inconstitucionalidade da Lei de Caçapava n. 1.340, de 7.11.1969, que retroativamente mandou cobrar, como taxa de pavimentação e assentamento de guias, a contribuição de melhoria correspondente a obras iniciadas ou concluídas nos exercícios de 1967 a 1969.

RE conhecido e provido." (RE 74.467, RTJ 63/829).

"Taxa de pavimentação cobrada pelo Município de Anápolis.

Inconstitucionalidade por constituir hipótese de contribuição de melhoria, instituída sem os requisitos desta." (RE 89.749, RTJ 94/327).

"Tributário. Pavimentação de logradouros.

Tratando-se de obra pública a que, segundo o Decreto-lei n. 195, de 24.2.67, pode corresponder contribuição de melhoria, não tem o poder público a opção de instituir, alternativamente, taxa remuneratórias (RE 87.604, Pleno de 21.2.79). Ilegitimidade da taxa de pavimentação do Município de Itapeva." (RE 90.090, RTJ 94/340).

"1. Tributário. Taxa de pavimentação lançado por Município em razão do asfaltamento de via pública no perímetro urbano.

2. Tratando-se de obra pública a que, segundo o Decreto-lei n. 195, de 24.11.67, pode corresponder contribuição de melhoria, não tem o poder público a opção de instituir, alternativamente, taxa remuneratória.

3. Ilegitimidade da taxa de pavimentação de via pública urbana do Município de Assis Chateaubriand.

4. RE conhecido e provido." (RE 95.348, RTJ 103/1251).

No presente caso, em que pese a opinião do ilustre órgão do Ministério Público, não há como se aplicar o citado art. 4º, I, do CTN, pois, para configurar contribuição de melhoria, seria necessário que a base de cálculo do tributo houvesse considerado o limite individual do benefício, e isso não ocorreu.

Meu voto é, pois, pelo provimento do recurso.

Extrato da ata

RE 116.147-7-SP

Rel.: Ministro Célio Borja. Recte.: Maria Aparecida Rodrigues (Advs.: Conceição Martin e outros). Recda.: Prefeitura Municipal da Estância Turística de Embu (Advs.: Armenio Marques e outro).

Decisão: após o voto do Sr. Ministro Relator conhecendo do recurso e lhe dando provimento, pediu vista dos autos o Sr. Ministro Carlos Velloso. Os demais aguardam. 2ª Turma, 19.2.91.

Presidência do Senhor Ministro Aldir Passarinho.

Presentes à sessão os Senhores Ministros Célio Borja, Paulo Brossard, Carlos Velloso e Marco Aurélio.

Suprocurador-Geral da República, o Dr. Affonso Henriques Prates Correia.

Beatriz Ventura Teixeira Coimbra — Secretária

VOTO (VISTA)

EMENTA: CONSTITUCIONAL. TRIBUTÁRIO. CONTRIBUIÇÃO DE MELHORIA. VALORIZAÇÃO IMOBILIÁRIA. CF/67, com EC n. 23/83, art. 18, II. CF/77, art. 145, III.

I. — Sem valorização imobiliária, decorrente de obra pública, não há contribuição de melhoria, porque a hipótese de incidência desta é a valorização, e a sua base é a diferença entre dois momentos: o anterior e o posterior à obra pública, vale dizer, o *quantum* da valorização imobiliária.

II. — Recurso Extraordinário conhecido e provido.

O Sr. Ministro Carlos Velloso: O eminente Ministro Célio Borja, Relator, assim assumariou a espécie:

"O recurso extraordinário é aqui interposto contra acórdão do Primeiro Tribunal de Alçada Civil do Estado de São Paulo que deu provimento ao recurso da Fazenda Municipal, para julgar improcedente ação ordinária de anulação de lançamento de Taxa de Pavimentação.

A v. decisão recorrida entendeu que, a partir da Emenda Constitucional n. 23/83, ficou afastado o requisito da valorização do imóvel, para a cobrança da contribuição de melhoria, dividindo-se o custo da obra pelos beneficiários, que seriam os proprietários dos imóveis lindeiros.

Nesse passo, concluiu que, realizada a obra, proporcionado o benefício e publicado o edital, com os requisitos do art. 82 do CTN e art. 5º do DL n. 295/67, "não há dúvida nenhuma de que a expressão "taxa de pavimentação", mal empregada pela lei municipal, representava verdadeira contribuição de melhoria, com todas as exigências legais atendidas."

Em seu recurso, fundado nas alíneas "a", "c" e "d", inciso III, do art. 119 da CF/67, argúi a Recorrente ofensa aos arts. 18, I e II e 153 § 29 daquela Carta, bem como dissídio com a jurisprudência desta Corte.

Alega que, utilizando-se a testada do imóvel, como base de cálculo, e, não, a valorização do imóvel, está-se desnaturando o tributo (contribuição de melhoria).

O Recorrido sustenta o descabimento do recurso.

A douta Procuradoria-Geral da República opina pelo não conhecimento, com base no art. 4º, do CTN."

O Sr. Ministro Relator proferiu, em seguida, minucioso e erudito voto no sentido do conhecimento e provimento do recurso, por isso que, segundo S. Exa, "não se pode conceder a contribuição de melhoria sem a ocorrência da valorização, sob pena de degenerar o tributo."

Pedi vista dos autos e os trago, afim de retomarmos o julgamento do recurso.

II

Abrindo o debate, lembro que, no voto que proferi por ocasião do julgamento da ADIn. n. 447-6-DF, registrei que os tributos, nas suas diversas espécies, compõem o Sistema Constitucional Tributário brasileiro, que a Constituição inscreve nos seus artigos 145 a 162. Tributo, sabemos todos, encontra definição no artigo 3º do CTN, definição que se resume, em termos jurídicos, no constituir ele uma obrigação que a lei impõe às pessoas, de entrega de uma certa importância em dinheiro ao Estado. As obrigações são voluntárias ou legais. As primeiras, decorrem da vontade das partes, assim do contrato; as legais resultam da lei, por isso são denominadas obrigações *ex lege* e podem ser encontradas tanto no direito público quanto no direito privado. A obrigação tributária, obrigação *ex lege*, a mais importante do direito público, "nasce de um fato qualquer da vida concreta, que antes havia sido qualificado pela lei como apto a determinar o seu nascimento." (Geraldo Ataliba, "Hermenêutica e Sistema Constitucional Tributário", in *Diritto e Pratica Tributaria*, volume L, Padova, Cedem, 1979)

As diversas espécies tributárias, determinadas pela hipótese de incidência ou pelo fato gerador da respectiva obrigação (CTN, art. 4º), são as seguintes: a) os impostos (CF art. 145, I, arts. 153, 154, 155 e 156); b) as taxas (CF art. 145, II), c) as contribuições, que podem ser assim classificadas: c.1) de melhoria (CF art. 145, III); c.2) sociais (CF art. 149), que, por sua vez, podem ser c.2.1) de seguridade social (CF art. 195) e c.2.2.) salário-educação (CF art. 212, § 5º); c.3) especiais: c.3.1) de intervenção no domínio econômico (CF art. 149) e c.3.2) de interesse de categorias profissionais ou econômicas (CF art. 149). Constituem, ainda, espécie tributária, d) os empréstimos compulsórios (CF art. 148).

Aqui, cuidaremos, apenas, da espécie tributária denominada contribuição de melhoria.

III

A contribuição de melhoria surge, pela primeira vez, na ordem jurídica brasileira, na Constituição de 1934, art. 124, que estabelecia:

> "Art. 124. Provada a valorização do imóvel por motivo de obras pública, a administração, que as tiver efetuado, poderá cobrar dos beneficiados contribuição de melhoria."

Bilac Pinto escreveu, em 1938, livro que se tornou clássico — *Contribuição de Melhoria*, editado pela Forense. O saudoso mestre, que foi dos grandes juízes desta Casa, fixou, em caráter definitivo, os traços fundamentais da contribuição de melhoria, registra Luiz José de Mesquita, "mostrando que o fato gerador do tributo é a valorização produzida no imóvel pela obra pública, cujo ressarcimento, pelos beneficiários, à administração é necessário para não haver enriquecimento ilícito." (Luiz José de Mesquita, "Contribuição de Melhoria", LTr. 59/86).

IV

A Constituição de 1946 manteve o tributo, ao estabelecer, no art. 30, I, par. único:

> "Art. 30. Compete à União, aos Estados, ao Distrito Federal e aos Municípios cobrar:
>
> "I — contribuição de melhoria, quando ao verificar valorização do imóvel, em conseqüência de obras públicas;
>
> "II — ....
>
> "III — ....
>
> "Parágrafo único. A contribuição de melhoria não poderá ser exigida em limites superiores à despesa realizada, nem ao acréscimo de valor que da obra decorrer para o imóvel beneficiado."

V

A reforma tributária advinda com a EC n. 18/65, que instituiu o Sistema Constitucional Tributário brasileiro, estabeleceu, no seu art. 1º, que "O sistema tributário nacional compõe-se de impostos, taxas e contribuição de melhoria...". No art. 19 prescreveu: "Compete à União, aos Estados, ao Distrito Federal e aos Municípios, no âmbito de suas respectivas atribuições, cobrar contribuição de melhoria para fazer face ao custo de obras públicas de que decorra valorização imobiliária, tendo como limite total a despesa realizada e como limite individual o acréscimo de valor que da obra resultar para cada imóvel beneficiado." Tem-se, então, na EC 18/65, explicitados: a) a hipótese de incidência (valorização imobiliária decorrente de obra pública), b) o limite total (a despesa realizada), c) o limite individual (o acréscimo de valor que da obra resultar para cada imóvel).

O CTN, Lei n. 5.172, de 25.10.66, vigente a partir de 1.1.67, dispôs a respeito, na linha da EC n. 18/65, complementando a matéria, nos seus artigos 81 e 82.

Veio a lume, em 24.2.67, o Decreto-lei n. 195, que também cuidou do tema.

VI

A Constituição de 1967 manteve a contribuição de melhoria como espécie tributária (art. 18). No art. 19, III, § 3º, estabeleceu:

"Art. 19. Compete à União, aos Estados, ao Distrito Federal e aos Municípios, arrecadar:

" I — ....

" II — ....

"III — Contribuição de melhoria dos proprietários de imóveis valorizados pelas obras públicas que os beneficiarem.

§ 1º — ....

§ 2º ....

§ 3º — A lei fixará os critérios, os limites e a forma de cobrança da contribuição de melhoria a ser exigida sobre cada imóvel, sendo que o total da sua arrecadação não poderá exceder o custo da obra pública que lhe der causa."

A hipótese de incidência, claro ficou, seria a valorização de imóveis decorrente de obras públicas que os beneficiarem. O total da arrecadação não excederia o custo da obra pública; mas a Constituição não se referiu, expressamente, ao *limite individual*, implícito, entretanto, no texto.

VII

A EC n. 1, de 1969, art. 18, II, estabeleceu:

"Art. 18. Além dos impostos previstos nesta Constituição, compete à União, aos Estados, ao Distrito Federal e aos Municípios instituir:

" I — ....

"II — Contribuição de melhoria, arrecadada dos proprietários de imóveis valorizados por obras públicas, que terá como limite total a despesa realizada e como limite individual o acréscimo de valor que da obra resultar para cada imóvel beneficiado."

A EC n. 1, de 1969, bem se vê, explicitou a hipótese de incidência, a valorização imobiliária decorrente de obra pública, o limite total, a despesa realizada, e o limite individual, o acréscimo de valor que da obra resultar para cada imóvel beneficiado.

VIII

Sobreveio, em 1983, a Emenda Constitucional n. 23, que deu ao inciso II, do art. 18, a seguinte redação:

"Art. 18. Além dos impostos previstos nesta Constituição, compete à União, aos Estados, ao Distrito Federal e aos Municípios instituir:

" I — ....

"II — Contribuição de melhoria, arrecadada dos proprietários de imóveis beneficiados por obras públicas, que terá como limite total a despesa realizada."

A expressão *imóveis valorizados* por obras públicas foi substituída por imóveis *beneficiados* por obras públicas. O texto continuou a se referir ao limite total, ou seja, a despesa realizada, mas não se referiu ao limite individual.

IX

A Constituição de 1988 simplificou o enunciado, ao dispor, no art. 145, III:

"Art. 145. A União, os Estados, o Distrito Federal e os Municípios poderão instituir os seguintes tributos:

" I — ....

" II — ....

"III — Contribuição de melhoria, decorrente de obras públicas."

X

Examinemos a questão, primeiramente, diante do texto da EC n. 23, de 1983, que, dando nova redação ao inc. II, do art. 18, da CF/67, com a EC n. 1/69, substituiu a expressão *imóveis valorizados* por *imóveis beneficiados* e que, não obstante referir-se ao limite total, que seria a despesa realizada, não se referiu ao limite individual.

Geraldo Ataliba, Aires F. Barreto e Cléber Giardino, em trabalho que escreveram sobre a reforma tributária advinda com a EC n. 23/83, dcixaram expresso que a contribuição de melhoria manteve-se intacta, "como da tradição do nosso direito constitucional, em coerência com a melhor doutrina." E acrescentaram:

> "Sabidamente, o "limite individual" para cobrança da contribuição correspondia, tão-só, à indicação constitucional explícita da sua base de cálculo. Ora, recaindo o tributo — como ainda recai — sobre o acréscimo de valor de bens imóveis por força de obras públicas, sua base de cálculo, mesmo sem a citada explicitação constitucional, permanece imodificada a expressão econômica desse "acréscimo de valor". Assim, a exemplo do que ocorre com todos os demais tributos referidos na Constituição, também a base de cálculo da contribuição de melhoria passa a ser aludida apenas implicitamente. Por conseqüência, o limite "total" da despesa realizada (com a obra pública) persiste atuando como mero parâmetro externo da arrecadação, isto é, sem prejuízo do limite individual implícito. Este, à sua vez, corresponde ao nível, ou grau, de "benefício" que, para os imóveis, objetivamente considerados, advém da obra pública realizada." (Geraldo Ataliba, Aires F. Barreto e Cléber Giardino, "Reforma Tributária (EC. n. 23, de 1.12.83)", in Rev. de Inf. Legislativa, 81/385).

A hipótese de incidência continuou sendo a *valorização imobiliária* decorrente de obra pública, certo que a dicção *imóvel beneficiado* não tem outra significação que *imóvel valorizado*.

Paulo de Barros Carvalho lecionou, sob o pálio da EC n. 23, de 1983, que, "se as taxas pressupõem serviços públicos ou o exercício regular do poder de polícia, as contribuições de melhoria levam em conta a realização de obra pública que, uma vez concretizada, determine a valorização dos imóveis circunvizinhos." Depois de se referir ao texto anterior à EC n. 23, de 1983, que cogitava, expressamente, dos limites global — a despesa total da obra — e individual — o acréscimo de valorização — esclareceu que o texto decorrente da reforma advinda com a EC n. 23, de 1983, suprimiu o limite individual. Contudo, acrescentou o eminente tributarista: "Cremos que a alteração foi simplesmente na expressão lingüística do texto, pois não podemos conceber que alguém seja compelido a pagar, a título de contribuição de melhoria, uma importância que extrapasse o *plus* de valor originado pela concretização da obra pública. Preferimos entender que existe um limite global, coincidente com os gastos totais, necessários para a realização da obra, e outro individual, circunscrito ao *quantum* de valor, determinado pela atuação do Estado, promotor da obra pública. Só o primeiro — limite global — é explícito. O outro — individual — há de estar, necessariamente, nas dobras do limite global." (Paulo de Barros Carvalho, *Curso de Direito Tributário*, Saraiva, 3ª ed., 1988, pág. 31).

O Ministro Celso de Mello também examinou a questão diante da EC n. 23, de 1983, lecionando que a simples alteração redacional introduzida pela mencionada EC n. 23 não autoriza o entendimento no sentido de que poderia ser cobrada a contribuição de melhoria em face da mera existência da obra pública, já que "o fato gerador da contribuição de melhoria continua sendo a real valorização da unidade imobiliária, beneficiada pela obra pública executada." (José Celso de Mello Filho, *Constituição Federal Anotada*, 2ª ed., Saraiva, 1983, pág. 117).

O que é preciso fazer é atentar-se para a natureza do tributo. Ensina Aliomar Baleeiro que a "a contribuição de melhoria oferece matiz próprio e específico: ela não é contraprestação de um serviço público incorpóreo, mas a recuperação do enriquecimento ganho por um proprietário em virtude de obra pública concreta no local da situação do prédio. Daí a justificação do tributo pelo princípio do enriquecimento sem causa, peculiar ao Direito Privado. Se o Poder Público, embora agindo no interesse da coletividade, emprega vultosos fundos desta em obras restritas a certo local, melhorando-o tanto que se observa elevação do valor dos imóveis aí situados, com exclusão de outras causas decorrentes da diligência do proprietário, impõe-se que este, por elementar princípio de justiça e de moralidade, restitua parte do benefício originado do dinheiro alheio." (A. Baleeiro, *Direito Tributário Brasileiro*, Forense, 10ª ed., 1986, pág. 359).

Destarte, não haveria contribuição de melhoria sem que houvesse valorização de imóvel em razão de obra pública. E se é certo que esse tributo foi posto, na Constituição, ao lado das taxas — e se as taxas decorrem da prestação de serviço público ou do poder de polícia — está claro que, para a ocorrência da contribuição de melhoria exige a Constituição mais do que isto, assim mais do que a mera existência de uma obra pública. É necessário a obra pública e que desta decorra a valorização do imóvel.

XI

A Constituição de 1988 simplificou, ainda mais, o texto. No art. 145 está escrito que "A União, os Estados, o Distrito Federal e os Municípios poderão instituir" "contribuição de melhoria, decorrente de obras públicas". Nem por isso, entretanto, Paulo de Barros Carvalho deixou de lecionar que as contribuições de melhoria "pressupõem uma obra pública e não serviço público; e dependem de um fator intermediário, que é a valorização do bem imóvel." (Paulo de Barros Carvalho, *Curso de Direito Tributário, Saraiva, 4ª ed., 1991, pág. 35).*

Geraldo Ataliba, dirante do texto da CF/88, (Hipótese de Incidência Tributária, Ed. RT, 4ª ed., 1991), leciona que "A h.i. da contribuição de melhoria é a valorização imobiliária causada por obra pública. É tal o único critério objetivo, isônomo e mensurável, para a aplicação do art. 145, III da Constituição." Depois de afirmar que a contribuição de melhoria não tem caráter remuneratório, sustenta que não é correto agregar "ao conceito de contribuição de melhoria a frase "para fazer face ao custo da obra pública". Nem sob a perspectiva da ciência das finanças esse conceito é correto. É que isso seria nota típica de taxa..." O pensamento do eminente mestre de Direito Constitucional Tributário é enunciado, em seguida, de modo claro, a respeito da contribuição de melhoria:

> "65.9. É de sua natureza tomar por critério a valorização causada. A obra pode custar muito e causar diminuta valorização. Pode custar pouco e causar enorme valorização. O gabarito da contribuição de melhoria é sempre a valorização, não importando o custo da obra. Se este for posto como critério do tributo, estar-se-á desvirtuando, com interposição de critério de taxa e não de contribuição de melhoria.
>
> 65.10. Foi dispensável, expletiva, a dicção (revogada) da Carta Constitucional de 1967/1969 dizendo que seu "limite individual" é "o acréscimo de valor que da obra resultar para cada imóvel beneficiado" (art. 18, II). Isto é da própria natureza deste tributo. Tanto que persiste

claramente implícito no art. 145, II da Constituição de 1988.

65.11. Quanto ao limite "custo", antes estabelecido na norma constitucional, não é conatural à contribuição de melhoria. Resultou de preconceito — e uma pitada de ignorância — do legislador. Em boa hora desapareceu do texto constitucional. Não há relação ontológica entre custo de obra e valorização de imóveis por esta causada." (Geraldo Ataliba, *Hipótese de Incidência Tributária*, Ed. RT, 4ª ed., 1991, págs. 173-174).

Em síntese, na lição de Ataliba: a valorização imobiliária, decorrente de obra pública, é da natureza da contribuição de melhoria, por isso que constitui a sua hipótese de incidência. Sem essa valorização não há contribuição de melhoria. Não importa o custo da obra para a caracterização e para a cobrança do tributo, já que a obra pode ter tido custo pequeno e ter causado grande valorização, como pode ter custado muito e causado diminuta valorização. Importa, sim, o limite individual — o acréscimo de valor que da obra resular para o imóvel beneficiado — que isto, sim, é da essência do tributo. Esse acréscimo, aliás, é que proporciona a realização do princípio da igualdade (CF art. 5º, *caput*, art. 5º, I, art. 150, II), mesmo porque o princípio informador da contribuição de melhoria, segundo Ataliba, é o da proporcionalidade ao benefício especial recebido em decorrência da obra pública realizada. Por isso, a contribuição de melhoria, registra Roque Carraza, "deverá ser cobrada na proporção do especial benefício que causou". (*Curso de Direito Constitucional Tributário*, Ed. RT, 2ª ed., 1991, pág. 260).

XII

Sem valorização imobiliária, decorrente de obra pública, não há contribuição de melhoria, porque a hipótese de incidência desta é a valorização e a sua base a diferença entre dois momentos: o anterior e o posterior à obra, vale dizer, o *quantum* da valorização imobiliária.

Do exposto, adiro ao voto do Sr. Ministro Relator, pelo que conheço do recurso e dou-lhe provimento.

VOTO

O Senhor Ministro Paulo Brossard: Senhor Presidente, também conheço do recurso e lhe dou provimento. Desde que S. Exa. proferiu o seu brilhante e fundamentado voto, como acaba de anotar o eminente Ministro Carlos Velloso, que, aliás, trouxe valiosas achegas ao tema, estava como esta convicção, meu voto estava mentalmente formulado.

Ainda guardo, Senhor Presidente, embora o tempo decorrido tenha sido longo, as lições ouvidas do meu sábio Professor de Finanças, Edgar Luis Schneider, quando magistralmente dissertava sobre essas matérias. Tenho para mim que, conceitualmente, a contribuição de melhoria há de supor uma obra pública e benefício ou benefícios individuais, em outras palavras, valorização do patrimônio de alguém em decorrência de obra pública. E é exatamente isto que enseja e justifica a contribuição da melhoria, na medida da mencionada valorização.

Dou por encerrado o voto com estas singelíssimas palavras, mas feliz pela oportunidade de render homenagem à memoria do meu insígne mestre Edgar Luis Schneider, que foi Diretor da Faculdade de Direito de Porto Alegre, Reitor da Universidade Federal do Rio Grande do Sul e Parlamentar de grande expressão, graças ao quilate de sua inteligência e de sua variada cultura.

Extrato da ata

RE 116.147 -7 — SP

Rel.: Ministro Célio Borja. Recte.: Maria Aparecida Rodrigues (Advs.:

Conceição Martin e outros). Recda.: Prefeitura Municipal da Estância Turística de Embu (Advs.: Armenio Marques e outro).

Decisão: Após o voto do Sr. Ministro Relator conhecendo do recurso e lhe dando provimento, pediu vista dos autos o Sr. Ministro Carlos Velloso. Os demais aguardam. 2ª Turma, 19.2.91.

Decisão: Por unanimidade, a Turma conheceu do recurso e lhe deu provimento, nos termos do voto do Sr. Ministro Relator. 2ª Turma, 29.10.91.

Presidência do Senhor Ministro Célio Borja, na ausência justificada do Sr. Ministro Néri da Silveira, Presidente.

Presentes à sessão os Senhores Ministros Paulo Brossard, Carlos Velloso e Marco Aurélio.

Subprocuradora-Geral da República, a Dra. Odília Ferreira da Luz Oliveira.

José Wilson Aragão — Secretário.

JURISPRUDÊNCIA

TRIBUNAL REGIONAL FEDERAL DA 3ª REGIÃO

REEXAME NECESSÁRIO DE DECISÃO CONTRÁRIA À FAZENDA PÚBLICA — ART. 475.11, DO CPC — INCONSTITUCIONALIDADE

Apelação Cível n. 94.03.17049-2
Apelante: União Federal
Apelado: Salim Jorge Mansur
Relator: Juiz Silveira Bueno — 4ª Turma

RELATÓRIO

O Senhor Juiz Silveira Bueno: Trata-se de apelação interposta de decisão que julgou procedente a ação de repetição de indébito dos valores recolhidos a título de empréstimo compulsório incidente sobre a aquisição de veículo, instituído pelo Decreto-lei n. 2.288/86.

O M. Juiz "a quo", por entender inconstitucional o art. 475, II do Código de Processo Civil, deixou de submeter a decisão ao reexame necessário.

A Fazenda Nacional, em suas razões, sustenta a constitucionalidade da remessa e defende a legalidade do empréstimo compulsório.

Com contra-razões.

É o relatório.

VOTO

Preliminarmente, examino a questão relativa à constitucionalidade do reexame necessário como condição de validade das sentenças proferidas contra a Fazenda Pública.

Sempre me causou espécie o esforço que, na condição de Juiz, tinha que desenvolver no exame das causas decididas em 1º grau contra a Fazenda Pública. Deveras, o magistrado, em sede de reexame necessário, fica obrigado a desempenhar o papel de advogado das partes para levantar todos os possíveis argumentos favoráveis ou contrários à tese prestigiada pela sentença, a fim de confirmá-la ou não. Esforço este que, sobre ser estranho à atividade jurisdicional — distanciada dos interesses das partes —, redunda em desfavor do particular.

Por estas razões, ao desenvolver a pequena obra agora publicada, teci considerações que agora vêm a pelo com a questão suscitada pelo Juiz Luís Antônio Johonson di Salvo, pois, como ele, entendo que a regra do art. 475, n. II, do Código de Processo Civil, bem como a do art. 12, § único da Lei n. 1.533/51, não foram recepcionadas pela atual Constituição. Vamos a elas:

"7.4. O REEXAME NECESSÁRIO DAS DECISÕES PROFERIDAS CONTRA O ESTADO OU O RECURSO "EX-OFFICIO" EM MATÉRIA CRIMINAL

Estes dispositivos processuais tiveram a sua defesa sustentada, entre outros, por José Frederico Marques.

Dizia o grande mestre paulista que o reexame necessário é instrumento eficaz para evitar o conluio entre juízes fracos e indignos e funcionários relapsos da administração, ou ainda para suprir a inação ou atuação pouco enérgica do Ministério Público. A simples leitura destes argumentos mostra o quanto são eles insuficientes para justificar o privilégio adotado pelo legislador.

Aliás, o Prof. Alfredo Buzaid insurgiu-se contra este instituto, aliás, que remonta ao sistema medieval e não tem correspondência no direito comparado, como anotou Nelson Nery Jr. na excelente obra *Teoria Geral dos Recursos*, Ed. Rev. Tribs., 1990, p. 135.

Neste passo, portanto, a razão está com Rogério Lauria Tucci e José Rogério Cruz e Tucci quando afirmam ser patente a inconstitucionalidade da regra do art. 475 do Código de Processo Civil. Pecha esta que deve ser estendida ao art. 574 do Código de Processo Penal e demais leis extravagantes que contemplem iguais disposições.

Com efeito, por mais que se queira qualificar os interesses do Estado, não se pode exigir que a validade da sentença jurisdicional fique condicionada à confirmação por julgamento superior, mesmo quando não tenha sido oferecido o recurso voluntário. Este dispositivo, aliás, contraria tudo o quanto se disse antes a respeito da necessidade de observância de comportamento de Administração de acordo com os princípios da legalidade e moralidade. Deveras, se se coloca sob suspeita até decisões proferidas por Juízes, os quais, por força da Constituição e da lei, figuram como parte desinteressada na causa e se apresentam no processo com todas as garantias e restrições próprios dos integrantes da magistratura, o que dizer daquelas advindas do administrador que atende uma pretensão de particular. Fosse para se desconfiar dos Juízes e dos Procuradores das entidades públicas, o que dizer das decisões tomadas entre quatro paredes em sede administrativa com conseqüências imprevisíveis no funcionamento do Estado. Como ninguém pensa em submeter as decisões administrativas tomadas por servidores que não ostentam todos os predicamentos e restrições próprios dos Juízes a um segundo grau, penso absolutamente injustificável a submissão das sentenças judiciárias ao reexame necessário quando proferidas contra o Estado. É preciso eliminar esta desconfiança que pesa sobre quem decide contra o Estado, até para se cobrar mais responsabilidade dos que têm o poder de decisão.

Em suma, portanto, são arbitrárias as regras processuais contidas nos arts. 475 e 574 respectivamente do Código de Processo Civil e Código Penal, que submetem a validade das sentenças à confirmação pelos Tribunais e, como tal, irritam o princípio da isonomia, daí porque não foram recebidas pelo atual Texto Magno." (*O Drieito à Defesa na Constituição*, Ed. Saraiva, 1994, p. 24).

Ora, a falta de razão lógica ou jurídica para justificar a decisão legislativa em apreço leva-me a concluir, como Carlos Roberto de Siqueira Castro, que a norma veiculadora do Código de Processo Civil não respeitou o princípio da razoabilidade das leis, princípio este cuja observância, como demonstra o ilustre publicista em sua obra *O Devido Processo Legal e a Razoabilidade das Leis na Nova Constituição do Brasil*, tornou-se indispensável a partir da Constituição de 1988.

De relevo as anotações do ilustre autor quando averba:

"Atenta a essa forçosa contingência do legislador, a moderna teoria constitucional tende a exigir que as diferenciações normativas sejam razoáveis e racionais. Isto quer dizer que a norma classificatória não deve ser arbitrária, implausível ou caprichosa, devendo, ao revés, operar como meio idôneo, hábil e necessário ao atingimento de finalidades constitucionalmente válidas. Para tanto, há de existir uma indispensável relação de congruência entre a classificação em si e o fim a que ela se destina. Se tal relação de identidade entre meio e fim — *means-end relationship*, segundo a nomenclatura norte-americana — da norma classificatória não se fizer presente, de modo que a distinção jurídica resulte leviana e injustificada, padecerá ela do vício da arbitrariedade, consistente na falta de "razoabilidade" e de "racionalidade, vez que nem mesmo ao legislador legítimo, como mandatário da soberania popular, é dado discriminar injustificadamente entre pessoas, bens e interesses na sociedade política. Tudo porque, em suma, as regras de direito vão ter necessariamente utilidade pública na esteira da exigência pioneira que se continha no art. 5º da Declaração Universal dos Direitos do Homem de 1789 ("la loi n'a le droit de defendre que les actions nuisibles à la sociéte"), princípio esse em boa hora transportado para o art. 179, II, da nossa Constituição Imperial de 1824 que, no aspecto cogitado, iluminou para sempre o constitucionalismo brasileiro ao determinar: "nenhuma lei será estabelecida sem utilidade pública".

Nessa visão limitadora do arbítrio legislativo, a cláusula do devido processo legal erige-se em escudo contra as normas jurídicas e as decisões administrativas irrazoáveis ou irracionais. Afasta-se, assim, o totalitarismo na tomada de decisões capazes de interferir com a esfera de liberdade ou com os bens individuais dotados de utilidade social. Por exigência insuprimível de limitação de mérito ou de conteúdo nas decisões de caráter normativo, a nenhuma autoridade constituída, nem mesmo ao legislador legitimamente investido da representação política, é dado deliberar de forma arbitrária e incondicionada.

...

Esse campo da investigação constitucional, como se verá adiante, conjuga o princípio da isonomia ou da igualdade jurídica com a garantia do devido processo legal, associando-os num feixe de proteção contra as normas e toda sorte de decisões arbitrárias ("irrazoáveis" ou "irracionais") do Poder Público. Impede, em suma, que as discriminações legislativas e os atos decisórios dos agentes estatais sejam fonte de injustiças e de perplexidades atentórias ao paradigma de coerência exigido nas deliberações do Estado e de seus delegados, aprumando-nos ao padrão aceitável de moralidade, de eficiência e racionalidade." (*O Devido Processo Legal e a Razoabilidade das Leis na Nova Constituição do Brasil*", Ed. Forense, 1989, p. 156/158).

Aliás, o eminente Juiz Américo Lacombe já acenara para a falta de razoabilidade do instituto quando do voto vencedor proferido no julgamento dos Embargos Infringentes n. 4.167-SP, ao afirmar que o princípio da igualdade somente seria preservado caso a remessa "ex-officio" permitisse a revisão do julgado em prol do particular.

Por todas estas razões, e pedindo venia para discordar dos que pensam de forma contrária, tenho que a regra do art. 475, II, do Código de Processo Civil peca pelo arbítrio e pela falta de razoabilidade, sendo por isto incompatível com o atual sistema constitucional brasileiro. Conseqüentemente, tenho por incabível o reexame necessário da sentença, eis que a regra em exame não foi recepcionada pela Constituição de 1988, argumentação esta que pode ser oposta, também, à regra do artigo 2º da Lei 1.533/51 que trata do Mandado de Segurança.

Quanto ao apelo voluntário, dele conheço para lhe negar provimento, eis que a inconstitucionalidade do Decreto-lei n. 2.288/86 restou declarada pelo Plenário desta Corte.

Isto posto, nego provimento ao apelo.

É como voto.

Silveira Bueno — Juiz Relator.

TRIBUTÁRIO — Revisão de lançamento por alteração de classificação tarifária — Possibilidade durante o prazo decadencial.

— Quando necessária prova para impugnar ato administrativo, que invalida lançamento anterior, deve ser requerida em Juízo.

— Julgamento antecipado da lide (art. 330) expressamente pedido pela autora.

— Se a prova pericial, seria impossível depois de a aparelhagem haver se incorporado em unidade completa, havia possibilidade de ser requerida a produção antecipada de prova (arts. 850 e 851).

— Apelação que se refuta, confirmando-se a sentença monocrata.

Apelação Cível n. 2.013
Registro n. 89.03.04928-4 — (Provisório 2.013-SP)
Apelante — Mafersa S/A
Apelada — União Federal
Relatora — Exma. Sra. Juíza Lúcia Figueiredo

ACÓRDÃO

Vistos, relatados e discutidos estes autos em que são partes as acima indicadas, decide a 4ª Turma do Tribunal Regional Federal da 3ª Região, por unanimidade, negar provimento ao recurso, nos termos do voto da Sra. Relatora, e na conformidade da ata de julgamento, que ficam fazendo parte integrante do presente julgado.

São Paulo, 20 de setembro de 1989 (data do julgamento) — Juiz Oliveira Lima, Presidente da 4ª Turma — Juíza Lúcia Figueiredo, Relatora.

RELATÓRIO

A Senhora Juíza Lúcia Figueiredo: O MM. Juiz, Dr. Américo Masset Lacombe, então Juiz Federal, assim relatou o feito:

MAFERSA S/A propõe a presente ação de procedimento ordinário contra a UNIÃO FEDERAL, objetivando anulação de decisão administrativa e repetição do indébito. Narra que, amparada pela Guia de Importação 01-76/44371 e Aditivo n. 01-76/21190, importou 40 (quarenta) conjuntos de equipamento de bordo elétrico-eletrônico de cab-signal, de 3 (três) indicações e de controle de velocidade, para trem-unidade TTM, bidirecional, com cabines de controle em carros "T" e "M", consistindo nos componentes discriminados no Anexo II da Declaração de Importação 026940, de 10.8.76. Narra ainda que recolheu o imposto de importação e IPI, no total de Cr$ 12.979.794,05 (doze milhões, novecentos e setenta e nove mil, setecentos e noventa e quatro cruzeiros e cinco centavos), sendo Cr$ 10.959.702,61 (dez milhões, novecentos e cincoenta e nove mil setecentos e dois cruzeiros e sessenta e um centavos) em razão do primeiro, e Cr$ 2.320.054,44 (dois milhões, trezentos e vinte e mil, cincoenta e quatro cruzeiros e quarenta e quatro centavos) a título do segundo. Esclarece que a fiscalização, por ocasião do desembaraço, mesmo de posse do respectivo catálogo, tendo em vista a variedade de peças que compunham a importação, teve dúvidas quanto ao devido enquadramento na Nomenclatura Brasileira de Mercadorias e, conseqüentemente, sobre a classificação na Tarifa Aduaneira do Brasil (TAB).

Solicitou, então, exame técnico do material despachado, o qual foi realizado por engenheiro devidamente registrado na DRF em Santos. O laudo conclui que se tratava de conjuntos incompletos de equipamento de bordo, vale dizer, partes e peças dos conjuntos destinados a três cabines, sendo uma em carro "T" e duas em carro "M". Em conseqüência, entendeu a fiscalização condicionar o desembaraço à emissão de uma Declaração Complementar de Importação, uma vez que o material não poderia ser incluído em uma única posição tarifária. Esclarece ainda que a soma dos impostos devidos alcançou Cr$ 11.437.621,00 (onze milhões, quatrocentos e trinta e sete mil, seiscentos e vinte um cruzeiros) o que resulta um recolhimento a maior de Cr$ 1.542.143,05 (Hum milhão, quinhentos e quarenta e dois mil, cento e quarenta e três cruzeiros e cinco centavos). Salienta que, em decorrência desses fatos, protocolou, na Delegacia da Receita Federal em Santos, pedido de restituição, que lhe foi reconhecido, não lhe sendo possível o levantamento imediato de vez que o valor a ser restituído excedia o limite de competência da Delegacia. Subiu então o procedimento à Superintendência Regional da Receita Federal em São Paulo, onde foi feita exigência de complementação do laudo técnico. Com isso, retornou o processo administrativo à Delegacia em Santos. Salienta ainda que, para tal complementação, foi nomeado novo perito, o qual não procedeu ao exame físico, pois a mercadoria já havia sido desembarcada. Baseando-se em catálogo fornecido pelo fabricante, concluiu o novo experto tratar-se de conjunto completo. Com base em tal laudo, a Superintendência reformou a decisão da Delegacia, negando a restituição. Houve recurso ao Sr. Secretário da Receita Federal, o qual não foi conhecido, com base em manifestação da Coordenação do Sistema de Tributação. Sustenta a Autora que o laudo efetuado com base em catálogo não pode prevalecer sobre um laudo elaborado a partir do exame físico das mercadorias importadas. Com a inicial, vieram os documentos de fls. 8 a 28. Regularmente citada, a UNIÃO contesta o feito de fls. 37 a 40, juntando os documentos de fls. 41 a 47. Sustenta a Ré que o lançamento, como ato administrativo que é, pode, enquanto não decorrido o lapso de 5 anos, ser revisto, ou, até mesmo, anulado pela Administração. Alega que, impedir o órgão hierarquicamente superior de rever os atos administrativos do subordinado, é considerar os princípios que informam o Direito Administrativo. Réplica da Autora às fls. 49. Às fls. 52, consta despacho mandando que as partes especifiquem provas. A Autora manifesta-se às fls. 53 requerendo a requisição do procedimento administrativo. A Ré manifesta-se, no mesmo sentido às fls. 55. As peças extraídas do procedimento administrativo constam de fls. 61 a 201. A Autora requer o Julgamento antecipado da lide às fls. 205. A Ré manifesta a sua concordância, pela cota de fls. 206 e 206 verso. É o relatório.

Julgada improcedente a ação, foi interposto o competente recurso pela autora. Intimada a União disse aguardar a subida dos autos (fls. 225).

No Egrégio Tribunal Federal de Recurso, houve o parecer pela manutenção da sentença.

É o Relatório.

VOTO

A Senhora Juíza Lúcia Figueiredo: O MM. Juiz concluiu na sentença pela possibilidade de o lançamento ser revisto durante o prazo decadencial.

Não obstante para impugnação do ato administrador "revogador", como afirmou S. Exa. e, melhor dizendo, invalidador do primeiro ato, dependeria de prova pericial não feita em Juízo por pedido expresso da autora que requereu o julgamento no Estado.

Não procede a alegação de que a prova pericial em Juízo seria impossível, uma vez que a aparelhagem já se incorporava em unidade completa, perdendo sua identidade.

Ora, deveria a autora ter, então, antes da perda da individualidade, requerido judicialmente a produção antecipada de prova, nos termos dos arts. 850 a 851 do Código de Processo Civil.

Posto isso, rejeito a apelação confirmando a sentença de primeira Instância.

É como voto.

TRIBUTÁRIO. FORNECIMENTO DE CERTIDÃO NEGATIVA DE DÉBITO.

I — Em se tratando de débitos objeto de parcelamento e garantidos por penhora, outros pendentes de decisão na esfera administrativa ou de inscrição judicial não há como considerá-los exigíveis.

II — Aplicação das Súmulas 29 e 38 do extinto Tribunal Federal de Recursos.

III — Apelação improvida.

Apelação em Mandado de Segurança n. 0667

Registro n. 89.03.02184-3

Relator: Juiz Márcio Moraes

Apelante: Instituto de Administração Financeira da Previdência Social — IAPAS

Apelado: S/A Hospital de Clínicas Dr. Paulo Sacramento

ACÓRDÃO

Vistos e relatados estes autos, em que são partes as acima indicadas. Decide a 3ª Turma do Tribunal Regional Federal da 3ª Região, à unanimidade, negar provimento à apelação, na forma do relatório e voto do Sr. Juiz Relator.

São Paulo, 8 de novembro de 1989 (data do julgamento) — Juíza Ana Scartezzini, Presidente — Juiz Márcio Moraes, Relator.

RELATÓRIO

Trata-se de apelação em mandado de segurança interposta de sentença concessiva que veio a determinar a expedição de certidão negativa de débitos previdenciários a favor do impetrante, ao fundamento de que todos os débitos indicados pelo impetrado como motivadores da recusa não estavam definitivamente constituídos e, de conseqüência, não eram exigíveis.

A Subprocuradoria da República opinou pelo provimento do recurso.

É o relatório.

VOTO

Conforme noticiam as informações, a recusa na expedição da certidão pretendida é motivada pela existência de 5 débitos em nome do impetrante, dos quais, segundo comprovam os documentos acostados aos autos, 2 são objeto de parcelamento garantidos por penhora, 2 outros encontram-se pendentes da decisão na via administrativa e estão garantidos por fiança bancária e o último, embora decidido administrativamente, ainda não foi inscrito.

Correta, pois, a decisão de primeiro, aliás, da lavra do então Juiz da 9ª Vara da Justiça Federal de São Paulo, Dr. Américo Lourenço Masset Labombe, hoje ilustre membro deste Tribunal e desta Turma, que determinou a expedição da certidão negativa ao fundamento de que todos os débitos apontados não estão definitivamente constituídos e, assim, não são exigíveis.

Esse entendimento vem sendo afirmado de há muito por pacífica jurisprudência cristalizada nas Súmulas ns. 29 e 38 do extinto Tribunal Federal de Recursos, com os seguintes verbetes:

Súmula n. 29 — "Os Certificados de Quitação e de Regularidade não podem ser negados, enquanto pendente de decisão, na via administrativa, o débito levantado."

— Súmula n. 38 — "Os Certificados de Quitação e de Regularidade de Situação não podem ser negados, se o débito estiver garantido por penhora regular (CTN, art. 206).

Assim, voto pelo improvimento da apelação.

TRIBUTÁRIO. IMUNIDADE. ENTIDADES DE ASSISTÊNCIA SOCIAL. REQUISITOS.

I — As entidades de assistência social, para gozarem de imunidade tributária, devem satisfazer os requisitos da lei (CF 67/69, art. 19, III, "c").

II — Esses requisitos são os dos artigos 9º e 14 do Código Tributário Nacional.

III — O recibo da entrega da declaração de isenção, criado pela IN n. 71, de 13.6.80, do Secretário da Receita Federal e firmado pela repartição fazendária competente, é apto à comprovação de a entidade satisfazer às exigências legais (Decreto n. 83.740/73 e RIR, aprovado pelo Decreto n. 76.186/75, art. 110).

IV — Apelação provida.

Apelação em Mandado de Segurança n. 3.569
Registro 89.03.04854-7
Apelante: Fundação Antônio Prudente
Apelado: Banco Central do Brasil
Relator: Juiz Oliveira Lima

ACÓRDÃO

Vistos, relatados e discutidos esses autos em que são parte as acima indicadas.

Decide a Quarta Turma do Tribunal Regional Federal da Terceira Região, à unanimidade, dar provimento à apelação para conceder a segurança.

São Paulo, 5 de setembro de 1990 (data do julgamento) — Juiz Oliveira Lima, Presidente e Relator.

RELATÓRIO

O Juiz Oliveira Lima: Fundação Antônio Prudente impetrou a presente segurança visando a ser desobrigada do recolhimento do imposto de renda a ser descontado, na fonte, por ocasião da remessa de juros para o exterior em decorrência da aquisição financiada de equipamentos hospitalares. Alegou ela, em prol de sua pretensão, gozar da imunidade prevista pelo artigo 19, III, "c", da Constituição Federal anterior.

A sentença monocrática, proferida pelo Juiz Américo Lacombe, hoje integrando esta Corte, denegou a segurança à alegação de não haver a requerente provado a satisfação dos requisitos legais.

Inconformada, recorreu a impetrante alegando que o recibo da entrega da declaração de isenção do imposto de renda é suficiente a substituir todos os demais documentos exigidos por lei.

Contra-arrazoado o recurso, sobem os autos, opinando o douto Ministério Público Federal pelo provimento da apelação.

É o relatório.

VOTO

O Juiz Oliveira Lima (Relator): O artigo 19, inciso III, letra "c", da Constituição Federal anterior vedada à União, aos Estados, ao Distrito Federal e aos Municípios instituírem imposto sobre o patrimônio, a renda ou os serviços dos partidos políticos e das instituições de educação ou assistência social, *observados os requisitos da lei.*

A impetrante, enquadrando-se entre as instituições da assistência social, requereu o reconhecimento dessa imunidade para a remessa de juros ao exterior, sem o pagamento do imposto de renda da fonte.

A sentença monocrática denegou a segurança à alegação de não haver a impetrante comprovado não distribuir qualquer parcela de seu patrimônio ou de suas rendas, a título de lucro ou participação, aplicar integralmente no País os seus recursos e manter a escrituração de suas receitas e despesas em livros revestidos das formalidades essenciais, tais como previsto nos artigos 9º e 14, do Código Tributário Nacional.

Com isso não se conforma a impetrante, dizendo que o recibo de entrega da declaração de isenção do imposto de renda é apto a substituir todos os demais documentos exigidos por lei, com o que, expressamente, concorda o ilustrado Ministério Público Federal. Examino essa alegação.

O Secretário da Receita Federal, através de sua Instrução Normativa n. 71, de 13.6.80 e em cumprimento ao disposto no Decreto n. 83.740, de 18.7.73, que estatuiu o Programa Nacional de Desburocratização, resolveu:

> 1. Instituir o formulário de Declaração de Isenção de Imposto de Renda Pessoa Jurídica e o respectivo Recibo de Entrega, para uso das entidades isentas pela finalidade ou objeto, compreendidas nos artigos 110 e 113, do Regulamento do Imposto de Renda, aprovado pelo Decreto n. 76.186, de 2 de setembro de 1975, conforme modelos que acompanham esta Instrução Normativa.
>
> 2. A apresentação anual da declaração de que trata o item 1 desta Instrução Normativa, nos prazos que forem estabelecidos, substituirá plenamente o pedido de reconhecimento de isenção e a declaração de rendimentos, atualmente exigida através do formulário II — Pessoa Jurídica.

O artigo 110 do RIR aprovado pelo Decreto n. 76.186/75, referido pela aludida IN é o que exige, para o reconhecimento da imunidade, a apresentação dos três documentos mencionados pela sentença e que foi substituído pelo documento criado por aquele ato administrativo. Tanto isso é verdadeiro que o recibo de entrega da declaração de isenção do imposto de renda, firmado pelo órgão da Secretaria da Receita Federal, é expresso em dizer que:

> A primeira via deste Recibo, devidamente autenticada por órgão da Secretaria da Receita Federal, servirá como Documento Hábil de insenção do pagamento do Imposto de Renda de pessoa jurídica, podendo para essa finalidade, inclusive, servir como comprovante dessa condição junto a terceiro.

Assim, a simples apresentação desse documento, firmado — repita-se — pela repartição fazendária, é suficiente para comprovar que a entidade, por satisfazer a todos os requisitos legais, tem direito à imunidade aqui questionada.

Esclareça-se, por fim, que o Decreto-lei n. 401/68, em seu artigo 11, parágrafo único, elegeu como contribuinte do imposto, para os casos da espécie, o remetente dos juros e não o seu beneficiário.

Isto posto e trazendo como subsídio as judiciosas ponderações do Ilustrado Ministério Público Federal, meu voto dá provimento à apelação para conceder a segurança.

Juiz Oliveira Lima (Relator).

TRIBUTÁRIO. EXECUÇÃO FISCAL. PENHORA. RESPONSABILIDADE TRIBUTÁRIA. SÓCIO DE SOCIEDADE LIMITADA. EMBARGOS DE TERCEIROS.

I — Respondem pelo débito fiscal os bens de sócio de pessoa jurídica de direito privado, como responsável por substituição, quando agir ele com excesso de poderes ou infração à lei ou ao estatuto social (CTN, art. 135, III). Contudo, há necessidade de prova de que tais irregularidades hajam ocorrido. Precedentes do TFR e STF.

II — Para a validade da penhora de bens do sócio, como substituto tributário, deve ele ser citado, em nome próprio, antes da realização do ato de constrição, não sendo suficiente a citação da empresa.

III — Remessa oficial improvida.

Remessa *Ex Officio* n. 8.966
Registro 89.03.61408-9
Partes: Sleiman Osman Nassin e sua mulher e União Federal
Remetente: Juízo de Direito da 1ª Vara Cível de Franca — SP
Relator: Juiz Oliveira Lima

ACÓRDÃO

Vistos, relatados e discutidos estes autos, em que são partes as acima indicadas,

Decide, a Quarta Turma do E. Tribunal Regional Federal da Terceira Região, à unanimidade, negar provimento à remessa oficial, nos termos do voto do Relator.

São Paulo, 12 de dezembro de 1990 (data do julgamento) — Juiz Oliveira Lima, Presidente e Relator.

RELATÓRIO

O Juiz Oliveira Lima: Sleiman Osman Nassim e sua mulher embargaram de terceiros penhora realizada em execução fiscal promovida pela Fazenda Nacional contra Calçados Nassim Ltda., alegando que o débito exeqüendo é do exercício de 1981, ocasião em que o embargante-varão não mais pertencia à empresa executada. Por outro lado, a constrição atingiu a meação da mulher casada, que em nada se viu beneficiada com o débito ora em execução. Terminam pedindo a insubsistência da penhora.

A sentença singular julgou procedentes os embargos e submeteu-se ao duplo grau de jurisdição.

Sem recurso voluntário subiram os autos ao extinto Tribunal Federal de Recursos, onde a Subprocuradoria Geral da República opina pela manutenção da sentença.

É o relatório.

VOTO

O Juiz Oliveira Lima (Relator): Preliminarmente, algumas irregularidades devem ser assinaladas no processo de execução fiscal, cujos autos se encontram em apenso. Por primeiro, verifica-se que o imóvel penhorado foi doado pelos seus antigos proprietários à embargante-virago e a mais quatro pessoas (fls. 29). Assim, os embargantes possuem apenas 1/5 do imóvel, conforme, aliás, assinalam eles em sua declaração de bens (fls. 15). Não obstante, a penhora foi realizada sobre a totalidade do bem (fls. 38), o que a nulifica.

Por outro lado, ainda que se admita, em casos especiais, responda o sócio, como responsável por substituição, pelo débito fiscal da empresa, é necessário que, antes da penhora de seus bens, seja ele citado em nome próprio, não bastando a citação da pessoa jurídica. Confiram-se, a respeito, alguns arestos do extinto Tribunal Federal de Recursos:

Tributário e Processual Civil, Embargos de terceiros. Responsabilidade fiscal do sócio gerente de sociedade por quotas. Falta de citação. Nulidade da penhora. Meação da mulher casada.

I — Ainda que se admita, na espécie, a responsabilidade do sócio gerente pelos débitos fiscais da sociedade executada, não se lhe deve penhorar os bens particulares sem antes chamá-lo ao Juízo da execução, com a citação pessoal, a fim de se defender (CPC, art. 213 c/c art. 596) através de embargos do devedor (CPC, art. 745 c/c o art. 16, § 2º, da Lei n. 6.830/80), pois, para que se tenha como válido o processo, é indispensável a citação inicial do réu (CPC, art. 214).

(AC n. 77.500-SP, Rel. Ministro Geraldo Sobral, *DJU* 17.11.83, p. 17.861)

Contribuições previdenciárias. Sociedade por cotas. Sócio-gerente. Responsabilidade.

I — Embora o sócio-gerente responda solidária e ilimitadamente pela falta de pagamento das contribuições previdenciárias na época própria, por se caracterizar como ato praticado com violação da lei, é indispensável que, nesse caso, seja citado, em nome próprio, no feito executório, devendo, em tal hipótese, ser respeitada a meação da sua mulher (Súmula n. 112, do TFR).

(AC n. 95.121-PR, Rel. Ministro Antônio de Pádua Ribeiro, *DJU* 7.2.85, p. 772)

Processual Civil e Tributário — Execução fiscal — Responsabilidade tributária do sócio-gerente — Citação.

Para efeito de chamamento a Juízo do sócio-gerente, como responsável tributário, não há confundir-se a citação da sociedade, na pessoa do representante legal, com a citação pessoal daquele, impondo-se, para aquele efeito, essa última formalidade.

Penhora de bens do sócio-gerente. Necessidade de sua prévia citação como responsável tributário.

(AG n. 45.005-PE, Relator Ministro Sebastião Reis, *DJU* 12.9.85, p. 15.360)

Outro não é o entendimento do Supremo Tribunal Federal, consoante se verifica pelas seguintes ementas:

EMENTA: Execução fiscal. Embargos à execução. Sociedade por cotas. Citação. Prescrição: Interrupção. Inocorrência.

Tendo sido citada a firma executada, mas não o sócio sobre cujo bem veio a incidir a penhora, não pode esta subsistir. Embora pudesse ser tal sócio responsável, em substituição, pelo débito fiscal da sociedade, incabível admitir-se a penhora de seus bens sem que tivesse ele sido previamente citado.

(RE 101.067-3-RS, Relator Ministro Aldir Passarinho, *DJU* 25.10.85, p. 19.149)

Execução fiscal. Sociedade por quota de responsabilidade limitada. Penhora de bem do sócio-gerente. Súmula 283.

A sujeição dos bens do sócio-gerente, na execução por dívida tributária da sociedade, nos casos e condições previstos em lei, reclama a citação dele para a constituição da relação processual, facultando-lhe o oferecimento de embargos de devedor.

(RE 108.318-2-SP, Relator: Ministro Rafael Mayer, *DJU* 2.5.86, p. 6.916)

Execução fiscal. Sociedade por cotas de responsabilidade limitada. Penhora de bem dos sócios.

A citação dos sócios, sobre cujos bens incidiu a apenhora, é imprescindível para constituição da relação processual. Não a supre a citação feita à firma executada por dívida tributária. Precedentes da Corte.

(RE 114.657-5-SP, Relator Ministro Carlos Madeira, *DJU* 20.11.87, p. 26.015)

No caso, a empresa foi citada na pessoa de seu sócio Massim Calil Isper (fls. 6 v.), mas nenhuma penhora foi realizada pela inexistência de bens (idem).

Pedidas informações à Secretaria da Receira Federal, encaminhou ela ao Juízo cópia das declarações de bens dos sócios (fls. 12 a 16), o que levou o Juízo a determinar a penhora do imóvel ora questionado (fls. 31 v.). O ato de constrição se efetivou sem a citação dos embargantes (fls. 33/34).

Resulta, daí, pois, a nulidade do ato de penhora, por falta de satisfação de pré-requisito.

Contudo, ainda que assim não fosse, melhor não seria a situação da exeqüente. O Código Tributário Nacional.

em seu artigo 135, inciso III, torna responsável pelo débito, como substituto, o diretor de pessoas jurídicas de direito privado que tenha agido com excesso de poderes ou infração de lei. Assim, para que seus bens respondam pelo débito tributário é necessária a prova de que tenha ele praticado aquelas irregularidades. Confira-se a jurisprudência, a respeito, de nossa Corte Suprema:

1. Tributário. A responsabilidade pelo imposto é daquele devedor vinculado pelo fato gerador da respectiva obrigação.
2. Na sociedade por cotas de responsabilidade limitada, o sócio responde até o limite do capital social. Não provando a Fazenda os requisitos da responsabilidade dos sócios, não pode a execução recair sobre os bens destes.
(RE 98.996-0-RJ, Relator Min. Alfredo Buzaid, *DJU* 25.3.83, p. 3.468)

Execução fiscal. Sociedade por quotas de responsabilidade limitada. Penhora sobre bens particulares de sócios. Inviabilidade, sem demonstração dos pressupostos do artigo 135 do Código Tributário Nacional.
(RE n. 95.177-6-RJ, Relator Min. Oscar Corrêa, *DJU* 16.9.83, p. 14.010)

Execução fiscal. Sociedade de cotas de responsabilidade limitada. Penhora em bens de sócios.
Incabível a penhora em bens dos sócios, indistintamente, sem qualquer prova de sua responsabilidade solidária. O que tem admitido a jurisprudência do Supremo Tribunal Federal é a possibilidade de penhora em bens do sócio-gerente, independentemente de ter ele figurado na certidão de inscrição da dívida da sociedade, desde que haja alegação de que agiu com excesso de poderes ou infração da lei ou do contrato social. Precedentes.
(RE n. 96.095-3-RJ, Relator Min. Aldir Passarinho, *DJU* 4.11.83, p. 17.146)

Execução fiscal. Penhora de bens particulares de sócio gerente, de sociedade por quotas de responsabilidade limitada. Decreto n. 3.708, de 1919, art. 10; CTN, art. 135. Necessária se faz prova de o sócio nessa condição, tenha agido com excesso de mandato ou infringência à lei ou ao contrato social.
(RE n. 102.920-0 — RJ, Relator Ministro Néri da Silveira, *DJU* 26.10.84, p. 18.003)

No presente caso, a exeqüente nem chegou a fazer qualquer afirmação da espécie. Pediu a penhora de bens dos embargantes apenas por não serem encontrados bens da empresa, que não teve liquidação irregular mas sim sua falência decretada pelo Juízo de Direito de Franca (fls. 27 v. dos autos dos embargos). Esses fatos, pois, são suficientes à insubsistência da penhora.

Os embargantes estribam seus embargos em duas alegações: não ser mais o embargante, à época do fato gerador do tributo, sócio da executada e não poder a penhora recair sobre a metade pertencente à embargante-mulher. O débito exeqüendo resulta de lucro arbitrado pelo fisco e referente ao exercício de 1981, ano-base de 1980 (fls. 3 da execução fiscal). Embora o embargante junte documento, firmado em 5.1.81, pelo qual se retirou da empresa (fls. 12/13 dos embargos), tal fato não pode ser oposto a terceiros, vez que não registrado na repartição competente, a Junta Comercial do Estado de São Paulo (fls. 27 v. destes autos). Não pode, pois, prevalecer sua afirmação.

Entretanto, caso não fosse insubsistente a penhora questionada, dela deveria ser excluída a meação da embargante-virago. É que, além de nenhum benefício haver-lhe resultado do débito em execução, recebeu ela sua parte no imóvel penhorado por doação de seus pais (fls. 10 destes autos), o que justifica tal exclusão.

Entretanto, nenhuma dessas duas afirmações tem aqui relevância, face à nulidade que atinge o ato de constrição aqui atacado.

Isto posto, meu voto nega provimento à presente remessa oficial.

Juiz Oliviera Lima (Relator).

JURISPRUDÊNCIA

— Empréstimo compulsório — ELETROBRÁS — Incompatibilidade com a Constituição, a partir de 1989

SENTENÇA

Vistos, etc.

1) Trata-se de ação objetivando eximir-se do pagamento do Empréstimo Compulsório incidente sobre consumo de energia elétrica.

2) Afirma-se na inicial que empresas do ramo industrial enquadram-se na categoria de contribuinte do Empréstimo Compulsório Eletrobrás (ECE).

Lembra-se que o ECE foi instituído pela lei 4.156, de 28.11.62, e que, após as inúmeras alterações legislativas, formou-se o seguinte quadro:

a) O ECE será cobrado até o exercício de 1993, inclusive;

b) Estão sujeitos à incidência do ECE, apenas os consumidores industriais, cujo consumo seja igual ou superior a 2.000 Kwh;

c) O prazo de resgate do ECE passou a ser de 20 anos;

d) Sobre o valor do ECE incidem juros de 6% ao ano e correção monetária; e

e) O valor do ECE de cada consumidor poderá, por decisão unilateral de Assembléia Geral de ELETROBRÁS, vir a ser convertido em participação acionária dessa empresa.

Sustenta-se a seguir, que o empréstimo compulsório, na vigência da Constituição de 1967, com a redação da EC 1/69, adquiriu natureza tributária, como reconhecido pela doutrina e pela jurisprudência, ante o que a sua exigência se tornou inconstitucional, visto o art. 21, VIII da EC 1/69 vedava a incidência de qualquer tributo sobre as operações de produção, importação, circulação, distribuição ou consumo de energia elétrica, ressalvado apenas o próprio Imposto único sobre Energia Elétrica.

Conclui-se que se o ECE tem natureza tributária, evidente que não pode incidir sobre o consumo de energia elétrica, por expressa vedação constitucional.

Afirma-se também, que, ainda que se admita a constitucionalidade do ECE na vigência da Constituição de 67 e da EC 1/69, passou ele a ser inconstitucional com a entrada em vigor do sistema tributário da Constituição de 1988, por incompatibilidade com o disposto no parágrafo terceiro do art. 155 da nova Carta, já que o disposto no parágrafo 12 do art. 34 do Ato das Disposições Transitórias teve vigência tão somente até 01.03.90.

Ao fim se requer seja declarada a inexistência de relação jurídica que obrigue ao pagamento do mencionado empréstimo compulsório, condenando-se as Rés a restituírem o que indevidamente receberam, ou a União a aceitar a compensação com outros tributos federais. Pede, ainda, seja autorizada a efetuar o depósito das parcelas vincendas, fazendo-se a devida comunicação à empresa concessionária dos serviços de energia elétrica.

3) Inicial instruída com os documentos de fls.

4) Deferido o depósito, foram citadas as rés, que apresentaram suas contestações (União Federal e Eletrobrás).

Preliminarmente, sustenta a União Federal ser parte ilegítima no feito, posto que o questionado empréstimo compulsório é arrecadado pela Eletrobrás, que dele é a única beneficiária. No mérito, diz ser constitucional a exigência, expressamente preservada pelo art. 34, parágrafo 12 das Disposições Transitórias da Carta de 88. E conclui: não há como taxar de inconstitucional aquilo que a própria Constituição prevê e reforça.

5) A Eletrobrás sustenta a constitucionalidade do empréstimo em questão, que recebeu da Carta de 88 tratamento diverso do que foi dado aos tributos, o que se afina com a súmula 418 do Supremo Tribunal Federal.

Diz que não existe incompatibilidade do ECE com a Constituição anterior, já que ele não era cobrado dos contribuintes do Imposto único sobre Energia Elétrica. Além do mais, teve ele sua criação autorizada por lei complementar, a de n. 13, ficando assim atendida a exigência constitucional.

Sustenta ainda que, inexiste incompatibilidade entre o ECE e o ICMS, sob a égide da Constituição de 88. O imposto teria sua incidência postergada até 1993, quando será extinto o empréstimo, caso contrário sem razão a norma do art. 34, parágrafo 12 do Ato das Disposições Transitórias.

6) Sobre as contestações manifestou-se a autora.

7) Às fls. a Carta Precatória expedida para citação da Eletrobrás.

8) Sem outras provas, e estando assim relatados, *decido*.

Fundamentação do julgado

9) Ao argumento de ser inconstitucional o Empréstimo Compulsório instituído em favor da Eletrobrás, ajuizou-se a presente ação ordinária objetivando não apenas eximir-se dos pagamentos futuros, como também obter a restituição do que considera indevidamente recolhido.

Em sua defesa, a União Federal sustenta, preliminarmente, sua ilegitimidade passiva, ao argumento de que não arrecada o empréstimo em questão e nem é dele beneficiária, posto que pertence totalmente à Eletrobrás.

Entendo que razão não lhe assiste.

A autora pede a restituição do que pagou, o que somente é possível por parte de quem recebeu. Mas o fato de o empréstimo ter sido criado por lei federal tem força, por si só, de atrair a União para o pólo passivo de demandas em que se questiona a constitucionalidade da exigência. No caso, a União nada recebeu mas criou a constrição. Não pode ser condenada a restituir, é certo, mas sofrerá os efeitos da sentença na hipótese de ser declarada a sua ilegalidade e/ou inconstitucionalidade.

A Eletrobrás é uma sociedade por ações com personalidade jurídica e patrimônio próprio, beneficiária do empréstimo impugnado por ordem da União, expressa em lei, expedida pela sua legislatura. Então a União pode unilateralmente instituir deveres pecuniários, sem conseqüências? Assim, a preliminar de ilegitimidade desacolho.

10) Vejamos o mérito. Conquanto o Empréstimo Compulsório sobre Energia Elétrica tenha sido criado em 1962, através da Lei 4.156, questiona a autora sua compatibilidade com o sistema tributário da Emenda Constitucional 1/69

e principalmente com o sistema da nova Carta, argumentando que o disposto no parágrafo 12 do art. 34 das Disposições Transitórias partiu do pressuposto que o referido empréstimo era constitucional sob a égide da EC 1/69, o que no seu entender, não é verdade.

E afirma que, ainda que tenha sido constitucional no regime anterior, deixou de sê-lo a partir de 01.03.90, quando entrou em vigor o sistema tributário da Carta de 88 e perdeu validade o parágrafo 12 do art. 34 do ADCT.

11) Cumpre, "ab initio", definir a natureza jurídica do empréstimo compulsório.

Ausente de qualquer dispositivo expresso das Constituições do Brasil até a Emenda n. 18, de 1 de dezembro de 1965, o empréstimo compulsório significa:

"O dever de prestação pecuniária, não voluntariamente desejada, que o Estado impõe, mediante regra jurídica, a determinadas pessoas que realizam determinados fatos ou se encontram em determinados estados de fato, correlacionando a efetivação daquela a prestação pecuniária com sua posterior devolução por parte do Estado, à mesma pessoa" (Alfredo Augusto Becker, *Teoria Geral do Direito Tributário*, Saraiva, 2ª ed. 1972, pp. 357/359).

12) Geraldo Ataliba chega mesmo a acentuar que: "As controvérsias em torno da natureza jurídica do empréstimo compulsório estão inteiramente superadas, porque uma disposição constitucional veio dispor que a ele se aplica o regime tributário ... De modo que nos parece pacífico que o empréstimo compulsório é sempre tributo". ("Questões Tributárias", *Resenha Tributária*, 1975, p. 19).

13) Na verdade, outra não poderia ser a conclusão, por dois motivos bastante óbvios: a perfeita adequação do empréstimo compulsório ao conceito de tributo (art. 3 do CTN) e sua inclusão no capítulo V da Constituição Federal de 69, dedicado ao Sistema Tributário Nacional, bem como no próprio Código Tributário Nacional. "O que não é tributo constitui excrescência num código tributário", sustentava Baleeiro (*Direito Tributário Brasileiro*, Forense, 8ª ed., p. 114).

Vale acrescentar que o fato de se prever a restituição não retira do empréstimo compulsório sua natureza tributária, pois o tributo não se qualifica nem pelo nome e nem pela destinação do produto de sua arrecadação (art. 4 do CTN).

Enquadrado o empréstimo compulsório como tributo, examinemos agora o tratamento que lhe deu a Emenda Constitucional n. 1/69.

14) Sob a vigência da Constituição de 69 o empréstimo compulsório podia ser criado por lei ordinária (ou decreto-lei, como acabou admitindo a jurisprudência), desde que a situação ensejadora de sua instituição fosse previamente estabelecida em lei complementar.

15) Para atender a exigência constitucional foi aprovada a Lei Complementar n. 13 de 11.10.72, que autorizou a criação do Empréstimo Compulsório em favor da Eletrobrás, "verbis":

"Art. 1 — Fica a União autorizada a instituir, na forma da lei ordinária, empréstimo compulsório, em favor das Centrais Elétricas Brasileiras SA — Eletrobrás — destinado à aquisição de equipamentos materiais e serviços necessários à execução de projetos e obras da seguinte natureza:

a) centrais hidroelétricas de interesse regional;

b) centrais termonucleares;

c) sistemas de transmissão, em extra-alta tensão;

d) atendimento energético aos principais polos de desenvolvimento da Amazônia".

"Art. 2 — Enquanto não ocorrer o lançamento do empréstimo aludido no artigo anterior, fica ratificada e mantida a cobrança do atual empréstimo compulsório, efetuada com base na lei 4.156, de 28 de novembro de 1962, com suas alterações posteriores, limitada a referida cobrança até 31 de dezembro de 1973, sem as restrições contidas na presente lei complementar."

Definido pressuposto autorizativo do empréstimo, sua criação, ou recriação, nos moldes ainda hoje existentes, foi efetivada pela Lei 5.824, de 14.11.72, que o limitou aos consumidores industriais.

16) Em conseqüência, com a Lei Complementar 13/72 e a Lei Ordinária 5.824/72, o Empréstimo Compulsório da ELETROBRÁS, atendia, à primeira vista, todos os requisitos constitucionais.

Um outro problema restou incontornado, no entanto. É que a EC 1/69, como de resto já haviam feito a EC 18/65 e a Carta de 67, ao promover a discriminação das competências tributárias, e atribuir à União o imposto sobre as operações com energia elétrica, estabeleceu que ele seria único, e que uma vez incidindo o imposto sobre qualquer operação — produção, importação, circulação, distribuição ou consumo — ficava vedada a incidência de qualquer outro tributo, ainda que sobre operação diversa da tributada.

Ora, como já era cobrado o Imposto único sobre Energia Elétrica, incidente no consumo, e sendo o empréstimo compulsório tributo, não poderia ele ser cobrado simultaneamente com o imposto, por expressa vedação constitucional.

O problema foi resolvido pelo Decreto-lei 1.512, de 29.12.76, que:

a) limitou o ECE aos estabelecimentos industriais com consumo mensal superior a 2.000 Kwh (art. 5).

b) limitou a incidência do Imposto sobre Energia Elétrica no caso dos estabelecimentos industriais, à hipótese de consumo mensal até 2.000 Kwh.

17) Evitou-se, assim, a incidência concomitante dos dois tributos no caso dos estabelecimentos industriais, ficando plenamente atendidas as exigências constitucionais. Se o ECE cobrado dos estabelecimentos industriais se tornara inconstitucional com a EC 18/65, ante a unicidade ou exclusividade do Imposto sobre Energia Elétrica, criado pela Lei 2.308/64, a partir do Decreto-lei 1.512/76, tornou-se ele absolutamente ajustado aos termos da Constituição então vigente, posto que afastada sua exigibilidade em relação aos contribuintes do Imposto único, vale dizer, os estabelecimentos industriais com consumo mensal igual ou inferior a 2.000 Kwh. Superados os obstáculos de ordem constitucional, o empréstimo compulsório da Eletrobrás teve seu prazo de cobrança, que se expiraria em dezembro de 1973, prorrogado para dezembro de 1983 (Lei 5.824/72) e finalmente para dezembro de 1993 (Lei 7.181/83).

18) Em 05 de outubro de 1988 foi promulgada a nova Constituição da República Federativa do Brasil.

Em primeiro lugar, a nova Carta limitou as possibilidades de criação de empréstimo compulsório, que teve reforçada sua natureza tributária, a saber: a) sua instituição somente seria possível através de lei complementar; b) apenas poderia ser criado para atender despesas extraordinárias, decorrentes de calamidade pública, de guerra externa ou sua iminência, e ainda no caso de investimentos públicos de caráter urgente e de relevante interesse nacional (art. 148).

Entendeu o Constituinte que o empréstimo compulsório da Eletrobrás se enquadrava na última hipótese, tendo em vista que se destinava a investimentos no setor energético e fora autorizado por uma lei complementar, a de n. 13.

Contudo, faltava-lhe o caráter de urgente. Daí procurando adequá-lo à nova ordem constitucional, o Constituinte inseriu, no Ato das Disposições Transitórias, a regra do parágrafo 12 do art. 34, "verbis":

"A urgência prevista no art. 148, II não prejudica a cobrança do empréstimo compulsório instituído, em benefício das Centrais Elétricas Brasileiras SA (Eletrobrás), pela Lei n. 4.156, de 28 de novembro de 1962, com as alterações posteriores".

19) Em segundo lugar, a Constituição pôs fim aos antigos impostos únicos, ou especiais, entre eles o da energia elétrica, que passou a ser tributada pelos Estados, através do Imposto sobre Circulação de Mercadorias e Serviços (ICMS).

Com algumas exceções, o sistema tributário teve o início de sua vigência marcado para 01.03.89 (art. 34 do ADCT), prevalecendo, até essa data, o sistema antigo.

Logo, assumiram os Estados competência para tributar a energia elétrica em 01.03.89, data em que entrou em vigor também o disposto no parágrafo terceiro do art. 155 da nova Carta, que estabelece:

"A exceção dos impostos de que tratam o inciso I, b, do caput deste artigo e os arts. 153, I e II, e 156, III, nenhum outro tributo incidirá sobre operações relativas a energia elétrica, combustíveis líquidos e gasosos, lubrificantes e minerais do País".

Em outras palavras, a partir de 01.03.90 as operações relativas a energia elétrica somente estão sujeitas ao ICMS, ao Imposto de Importação e ao Imposto de Exportação, não podendo sofrer a incidência de qualquer outro tributo, o que inclui o Empréstimo Compulsório da Eletrobrás dada a sua natureza tributária.

20) A conclusão a que se pode chegar é que a regra do parágrafo 12 do art. 34, sabiamente inserida nas Disposições Constitucionais Transitórias, teve aplicação limitada ao início da vigência do novo Sistema Tributário.

É que, não houvesse a ressalva, o ECE teria se tornado inconstitucional com a promulgação da Carta de 88, posto que lhe faltava o requisito de urgência, e o disposto no art. 148, embora inserido no Sistema Tributário, teve vigência imediata (art. 34, parágrafo primeiro do ADCT).

No entanto, entrando em vigor o novo Sistema Tributário, o ECE tornou-se absolutamente incompatível com o novo ordenamento constitucional, ante a regra do art. 155, parágrafo terceiro, que proíbe a incidência de qualquer outro tributo sobre as operações relativas à energia elétrica, salvo as exceções expressamente previstas, entre as quais não se enquadro o Empréstimo Compulsório.

21) A Constituição tão-somente liberou o ECE do requisito de urgência para que pudesse continuar sendo exigido enquanto atendesse aos demais requisitos constitucionais. Isso foi possível até 01.03.89, quando entrou em vigor a regra do parágrafo terceiro do art. 155 e retirou do ECE a constitucionalidade que, transitoriamente, ainda ostentava, tornando-o incompatível com a nova ordem constitucional.

Dispositivo

Isto posto, *julgo procedentes* os pedidos constantes da inicial para, reconhecendo a inconstitucionalidade do Empréstimo Compulsório da Eletrobrás a partir de 1.3.89, declarar enexistente relação jurídica que obrigue a Autora ao seu pagamento. Condeno a Eletrobrás a restituir o que indevidamente recebeu, monetariamente atualizado desde a data do recolhimento e acrescido de juros moratórios de 1% ao mês a contar do trânsito em julgado desta decisão. Fica, ainda, a ré condenada ao reembolso das custas e em honorários de advogado, que fixo em 5% (cinco por cento) do que se apurar em liquidação. Condeno a União também em 5% (cinco por cento) e determino a ineficácia, por inconstitucional, de sua legislação ordinária sobre o assunto.

P.R.I.

Belo Horizonte, 5 de novembro de 1990 — Sacha Calmon Navarro Coêlho — Juiz Federal da 12ª Vara/MG.

Impressão e Acabamento
GRÁFICA E EDITORA FCA
com filmes fornecidos pelo Editor.
AV. HUMBERTO DE ALENCAR CASTELO BRANCO, 3972 - TEL.: 419-0200
SÃO BERNARDO DO CAMPO - CEP 09700 - SP

RDT 62

CADERNOS DE DIREITO TRIBUTÁRIO: ISS E "PLANOS DE SAÚDE" — INCONSTITUCIONALIDADE DO ITEM 6 DA NOVA LISTA DE SERVIÇOS — **Xavier de Albuquerque** • ILÍCITO TRIBUTÁRIO (NOTAS FRIAS) — **Celso Antônio Bandeira de Mello** • IMPOSTO DE RENDA E BOLSA DE ESTUDOS — **Geraldo Ataliba** • MANDADO DE SEGURANÇA EM MATÉRIA TRIBUTÁRIA — **Lúcia Valle Figueiredo** • PUBLICAÇÃO DA LEI E TERMO INICIAL DE VIGÊNCIA DA LEI — **Eros Roberto Grau** • A OBRIGAÇÃO TRIBUTÁRIA — NASCIMENTO E MORTE — A TRANSAÇÃO COM FORMA DE EXTINÇÃO DO CRÉDITO TRIBUTÁRIO — **Sacha Calmon Navarro Coêlho** • A IMUNIDADE RECÍPROCA, O PRINCÍPIO FEDERAL E A EMENDA CONSTITUCIONAL N. 3, DE 1993 — **Misabel Abreu Machado Derzi** • SERVIÇO PÚBLICO: INTRIBUTABILIDADE POR MEIO DE IMPOSTO — SERVIÇOS DE TRANSPORTES URBANOS E ISS — **Cléber Giardino e Aires Barreto** • *CONFERÊNCIAS E DEBATES:* LIMITAÇÕES CONSTITUCIONAIS AO PODER DE TRIBUTAR — **Geraldo Ataliba** • EL PRINCIPIO DE SEGURIDAD JURIDICA EN LA CREACIÓN Y APLICACIÓN DEL TRIBUTO — **Humberto Medrano C.** • *DIREITO TRIBUTÁRIO ATUAL:* OPERAÇÃO FINANCEIRA DE RENDA FIXA — CARACTERIZAÇÃO • TRATAMENTO TRIBUTÁRIO DAS OPERAÇÕES DE "FACTORING" • A NÃO INCIDÊNCIA DO ICMS NA EXPORTAÇÃO DE PRODUTOS INDUSTRIALIZADOS • *NOTICIÁRIO* • *JURISPRUDÊNCIA*

MALHEIROS EDITORES

Revista de Direito Tributário

82